秦始皇全传

林若初 著

http://www.hustp.com

中国·武汉

图书在版编目(CIP)数据

秦始皇全传/林若初著. ——武汉：华中科技大学出版社，2018.8（2022.3重印）
ISBN 978-7-5680-4268-0

Ⅰ.①秦… Ⅱ.①林… Ⅲ.①秦始皇（前259-前210）-传记 Ⅳ.①K827=33

中国版本图书馆CIP数据核字(2018)第139658号

秦始皇全传
Qinshihuang Quanzhuan

林若初 著

策划编辑：亢博剑
责任编辑：沈　柳
封面设计：刘红刚
责任校对：张会军
责任监印：朱　玢
出版发行：华中科技大学出版社（中国·武汉）　　　电话：(027)81321913
　　　　　武汉市东湖新技术开发区华工科技园　　　邮编：430223
印　　刷：天津中印联印务有限公司
开　　本：710mm×1000mm　1/16
印　　张：18.5
字　　数：345千
版　　次：2018年8月第1版第1次印刷　　2022年3月第1版第6次印刷
定　　价：39.80元

本书若有印装质量问题，请向出版社营销中心调换
全国免费服务热线：400-6679-118　竭诚为您服务
版权所有　侵权必究

【序言】

战国末年，中华大地风起云涌，群雄逐鹿，长年冲突不断，战事频仍，安居乐业成了天下百姓的夙愿。公元前259年1月27日深夜，在中国的极西之地（秦国）上空忽然划过一道道刺眼的闪电，大地恍如白昼，与此同时，一阵阵炸雷响彻天际，似乎要唤醒一位沉睡千年的巨人。也正是在这个时候，秦始皇嬴政诞生了。

嬴政13岁继承王位，年纪虽小，却满怀雄心壮志，但因羽翼未丰、势力单薄，为了保全性命，他只能韬光养晦、隐忍待时；22岁那年，他开始崭露锋芒，铁腕出击，除面首，罢权臣，平内乱，使秦国进入全新的嬴政时代。嬴政并不满足于做一个小小的秦国国君，他有高居万邦之上的野心与一统天下的抱负。他目光长远，虑事周到，并不急于求成，而是效仿先祖的仁德，礼贤下士，广泛搜罗人才，其中包括英勇善战的大将王翦、王贲、蒙武、蒙恬等人，才思敏捷的外交官顿弱、姚贾等人，谋略过人的国相尉缭、李斯等人。这些文臣武将积极建言献策，使嬴政攻打六国的战略规划稳步推进。

在一切条件具备之后，嬴政开始努力实现自己统一天下的雄伟抱负，首先将攻击目标瞄准韩国。韩国与秦国相邻且实力较弱，最重要的是，平灭韩国可以打通秦国进攻其他国家的通道。秦对韩采取了扶植亲秦势力以逐步肢解的策略。公元前241年，楚、赵、魏、韩、卫合纵攻秦，至函谷，秦国军队积极迎战，五国军队败走。公元前233年，韩王向秦割地称臣，使韩非出使秦国，秦用李斯的计谋害死韩非。公元前231年，韩国南阳郡守腾向秦国献出南阳郡。公元前230年，秦国派十分了解韩国虚实的内史腾再次进攻韩国，俘获韩王安，将韩国的全部国土据为己有，改称颍川郡，韩国彻底灭亡。

公元前231年，赵国发生大地震，公元前230年又发生了大饥荒，公元前229年嬴政下诏任命王翦为大将军，领兵攻赵。赵国派李牧、司马尚率兵抵御，双方交战一年，秦国没有攻下赵国半座城池。面对僵局，人困马乏的秦军使出了离间计，以重金收买赵王的宠臣郭开，让郭开在朝廷内外散布李牧、司马尚企图谋反的消息，赵国都城内外一时流言四起。赵王决定派赵葱、颜聚替代李牧为大将军。李牧识破了秦军的诡计，拒不交权，但他的做法使赵王深信流言并非空穴来风，于是暗中派人将他逮捕并处死。秦军就此扫清了进攻的障碍，俘获了赵王迁。赵国公子嘉率数百人仓皇逃跑，到代郡（今河北蔚县一带）自立为代王。公元前222年，秦国大将王贲进攻代郡，俘虏代王嘉，赵国从此灭亡。

吞并韩赵两国后，嬴政将目光投向燕国。为了避免国家灭亡的命运，燕太子丹派荆轲以献督亢（今河北涿州市东）土地为名，刺杀嬴政，不料行刺失败，还给秦国提供了进攻燕国的口实。公元前227年，嬴政派大将王翦、辛胜率兵出征，大举进攻燕国。燕军被破于易水之西。第二年，秦国再次发兵，将燕军打得落荒而逃。秦军乘胜追击，直取燕都蓟城（今北京西南）。燕王喜北逃至辽东。秦军穷追不舍，到衍水（今辽河一带）打败了燕太子丹的军队，燕王喜为了保命，被迫将太子丹的人头献给秦国。公元前222年，王贲攻打辽东，俘虏燕王喜，燕国彻底灭亡。

公元前225年，嬴政又将目标转向魏国，命王贲为大将军，率军攻魏。魏军凭借城高墙固，拒不出战。王贲决定采用水攻，他命令士兵修筑鸿沟，将黄河之水引入魏都大梁（今河南开封）。三个月后，大梁城破，魏王假请降，至此，魏国灭亡。

接连吞并四国后，秦国士气空前高涨，嬴政乘势挥师南下。公元前225年，李信等率二十万大军进攻楚国，结果大败而归。接着，嬴政又下令由王翦为大将军，率兵六十万再次伐楚。王翦进入楚境后,吸取李信轻敌冒进的教训,采取屯兵练武、坚壁不出、麻痹敌人、以逸待劳的战略。一年后,秦军适应了楚地情况,士气高昂,体力充沛;而楚军斗志日益松懈,加上粮草补给不足,打算东撤。王翦抓住时机,一举重创楚军主力,并长驱直入,挺进楚国内地,楚军统帅项燕身死。公元前223年,秦军攻占楚都寿春(今安徽寿县),俘虏了楚王负刍,楚国灭亡。

最后只剩下齐国了。齐王苟且偷安,长期屈服于秦国,与秦国签订了互不侵犯的君子协定,既不与他国结盟,也不加强军备。直到秦灭掉五国后,齐王才意识到狼真的要来了,连忙下令加固城防。可惜为时已晚,公元前221年,王贲大军由燕南下,一举攻破齐国,俘获齐王建,齐国灭亡。

嬴政用了整整十年时间扫平六国,在公元前221年建立了大秦帝国,称始皇帝。

大秦帝国建立后,为了将权力牢牢掌握在自己手中,以便更好地管理这个空前强大的帝国,秦始皇采取李斯的建议,对中央官职和权力进行了明确的划分,实行三公九卿,废除地方分封制,代之以郡县制。这套行政制度的设置对秦始皇巩固统治起到了巨大作用。为了国家的长治久安,秦始皇还采取了一些更有力的措施:一是将王公贵族全部迁到都城咸阳,置于自己眼皮底下,使他们失去根基,没有造反的机会;二是将民间的兵器全部没收,运到咸阳销毁;三是将六国都城的城墙以及国与国之间的边防全部拆除,连成一个整体的国家;四是修筑驰道(今属战备国道),无论哪里发生战事,四通八达的驰道可以使中央军队火速增援。以上一系列措施表现了秦始皇治国安邦的伟大智慧。

为了使国家的统治有法可依,秦始皇以魏国李悝所著的《法经》为基础,改"法"为"律",增加了参夷法(即夷灭三族法,犯了重罪,子孙、长辈皆不得幸免),结束了全国法律不一致的混乱状况。另外,秦始皇还统一了文字、货币、度量衡,对社会发展起到了重大作用。

在北疆治理方面，公元前214年，为了解除匈奴对秦的威胁，秦始皇命蒙恬率大军北击匈奴。蒙恬实行东西夹击之策，匈奴不敌败逃。秦遂取河南地（今内蒙古乌加河以南及鄂尔多斯），并沿河置四十四县，移民垦守。为了彻底消灭匈奴，清除后患，公元前213年秋，秦始皇命蒙恬率军北渡黄河，取高阙（今内蒙古狼山中部计兰山口）、占阳山（今内蒙古乌加河北的狼山、阴山）、北假（今乌加河以南夹山带河地区）。匈奴大败，向北迁徙。秦置九原郡（郡治九原，内蒙古包头西北）。同时，为防止匈奴南下，秦始皇在燕、赵、秦长城的基础上，修筑了西起临洮、东到辽东的万里长城，对巩固秦北部地区边防发挥了重要作用，同时也使之成为人类历史上一个伟大的奇迹。

在南疆治理方面，秦始皇同样采取军事措施，统一岭南。当时，为了方便运输粮草，他在广西兴安开凿了兴安运河，时称灵渠，连通湘江和漓江，同时将长江、珠江两大水系连接起来；修筑新道，大大便利了内地与岭南的交通。他还设置了南海、桂林、象三个郡，作为秦国南部边陲，鼓励内地百姓迁徙于此，与当地人通婚，使大秦的南疆边域繁荣稳定。

秦始皇的以上措施，使大秦帝国东到辽东，北至阴山，西达陇西，南至南海，实现了全国大统一，也使他赢得了"千古一帝"的称号。不过，后世不少历史学家认为他建宫室、筑陵墓、谋长生、求仙丹、焚诗书、坑儒士，是大秦帝国的葬送者。那么，秦始皇到底是一代明君，还是千古罪人呢？

本书结合现实与历史的思辨，试图通过复杂的矛盾和冲突，客观反映秦始皇波澜壮阔的一生。同时，本书又以丰富的史料为基础，正本清源，重现特定时期、特殊背景下那一幅幅惊心动魄的历史画面，为读者奉上一部传奇、一篇史诗！

目录
Contents

第一章　嬴秦变法终崛起 1

一、嬴秦的起源 1

二、变法图强 5

三、纵横家苏秦和张仪 12

四、南征北战 16

第二章　落魄王孙遇贵人 20

一、奇货可居的异人 20

二、游说华阳夫人 22

三、异人归秦 29

四、嬴政继位 31

第三章　王风初显欲亲政 …… 46

一、嫪毐乱政 …… 46
二、赈灾救民 …… 49
三、长安君叛乱 …… 57

第四章　大权在握任能臣 …… 63

一、铲除太后面首 …… 63
二、仲父之死 …… 66
三、迎接太后回宫 …… 69
四、李斯与《谏逐客书》 …… 72
五、韩非与《韩非子》 …… 78
六、谋臣尉缭 …… 81
七、外交家姚贾、顿弱 …… 84
八、勇冠三军的悍将们 …… 87

第五章　削平群雄灭六国 …… 94

一、灭韩之战 …… 94
二、灭赵国，雪前耻 …… 97
三、水淹大梁 …… 107
四、荆轲刺秦难救燕 …… 114

五、秦楚大战 …………………………………… 122

　　六、智取齐国 …………………………………… 131

第六章　修明法度定律令 …………………………… 138

　　一、收兵器，迁富豪 …………………………… 138

　　二、创帝号，废谥号 …………………………… 141

　　三、建立三公九卿制 …………………………… 144

　　四、推行郡县制 ………………………………… 150

　　五、监察与谏官制度 …………………………… 154

　　六、完善军事制度 ……………………………… 157

　　七、制定《秦律》 ……………………………… 166

　　八、同文、同轨、统一货币和度量衡 ………… 172

　　九、改革土地制度 ……………………………… 179

　　十、完善户籍制度 ……………………………… 183

　　十一、开疆土，修灵渠 ………………………… 186

第七章　宣示威权游四方 …………………………… 190

　　一、西巡祭祖，体察民情 ……………………… 190

　　二、东巡祭天，威服四海 ……………………… 193

　　三、为求长生，再东巡 ………………………… 200

　　四、北巡得图谶 ………………………………… 205

　　五、驱逐胡人 …………………………………… 210

第八章　苛政虐民失人心 ································ 218

一、扩宫苑，建阿房 ································ 218

二、修建骊山陵墓 ································ 222

三、焚烧诗书 ································ 229

四、坑杀儒生 ································ 235

五、后宫成谜 ································ 240

第九章　身死沙丘遇变局 ································ 244

一、异象频生 ································ 244

二、南巡消解"天子气" ································ 246

三、病死沙丘阴谋起 ································ 250

第十章　二世亡国论功过 ································ 259

一、秦二世暴政 ································ 259

二、蒙氏兄弟之死 ································ 263

三、李斯惨死 ································ 267

四、奸臣赵高的下场 ································ 274

五、王朝覆灭功与过 ································ 279

第一章　嬴秦变法终崛起

一、嬴秦的起源

嬴秦族属是嬴姓族群的一个分支，而嬴姓族群宣称自己是黄帝后裔。1976年，在陕西凤翔秦公大墓出土的一块编磬上有一行铭文——"高阳有灵，四方以鼐"，这行铭文说明，秦人自认是高阳的后代。高阳就是上古时期的颛顼，即黄帝的孙子，五帝之一。也就是说，嬴姓秦氏认为颛顼是他们的祖先，其母系血统属于黄帝一脉。

世界上有许多民族把神话中的英雄视为自己的民族起源，而且凡是把神话中的英雄人物当作自己祖先看待的民族，都会有一些本民族的神话传说。同样，嬴姓族群也有一个关于英雄始祖的神奇传说。

据传，颛顼有一位名叫女修的后人，非常优秀，聪明伶俐。有一天，女修正在织布，从远方飞来一只玄鸟，玄鸟生了一枚蛋，女修把它吞到肚子里，结果怀孕了，生下来的儿子就是秦人的始祖，名叫大业。后来，大业娶了炎黄后裔少典氏的女华为妻，生了儿子大费，大费是第一个以嬴为姓的人。由此可知，嬴姓的祖先来自一个以玄鸟为图腾的族类。

纵观人类历史不难发现，许多杰出人物都说自己是天人感应而出生的，将自己与上天攀上关系。传说华夏族的始祖黄帝是其母附宝感应雷电巨星而生；神农是其母感应神龙而生；尧是其母感应赤龙而生；最为夸张的当数汉高祖刘邦，史书记载他的母亲与蛟龙结合而生下了他，这件事光明正大地被记载在官方史书中，如果不是汉家帝王授意，想必没有史官敢编造这样的荒唐故事。

显而易见，秦人与玄鸟大概也没什么关系，之所以会有这样的传说，只是为了神化自己的民族，建立自己的民族优越感。实际上，玄鸟并不是什么神鸟，而是普通的燕子。燕子上体蓝黑，前胸黑褐相间，主色是黑色，而黑色为玄，所以古人称之为玄鸟。燕子虽普通，但这种原始的图腾崇拜对秦人后来的习俗产生了重大影响。秦人崇尚黑色，这也是玄鸟的本色，秦始皇统一六国后，群臣皆穿黑色朝服，黑色成为秦国的"国色"，秦国百姓也因此被称为"黔首"。

秦国在西北，但秦人的祖先并非生活在西北，作为炎黄后裔，他们最初也是在中原地区活动。大约在尧舜时期，大费曾辅佐大禹治水，受到嘉奖，大禹将黄帝的后人嫁给大费，并赐"嬴"姓。大费辅佐舜驯服了许多鸟兽，为人类的文明进步作出了不朽的贡献。后来，有人考证大费的所作所为，认为大费和伯益是同一个人，因为他们都是舜的属下，也都曾辅佐大禹治水，主要职责也都是驯服鸟兽。如果真是这样，秦人的先祖还曾拥有过一次和平得到天下的机会，遗憾的是，禹没有实行禅让制，而是把王位传给了儿子启，开创了家天下的时代。

大费有两个儿子，一个叫大廉，另一个叫若木。嬴姓后人在各地繁衍、迁徙，其中有许多分支先后成为诸侯、贵族。这些嬴姓分支同出一祖，其封地多在东方。诸侯、贵族通常以封邑为姓氏，嬴姓子孙由于受封不同的封邑而获得了不同的姓氏。司马迁在《史记》中写道："秦之先为嬴姓。其后分封，以国为姓，有徐氏、郯氏、莒氏、终黎氏、运奄氏、菟裘氏、将梁氏、黄氏、江氏、修鱼氏、白冥氏、蜚廉氏、秦氏。"其中，嬴秦族属是大廉的后人，后来的秦国王族和赵国王族都来自嬴姓的这个分支。由此可见，秦国与赵国同宗。

嬴姓子孙是一个善于驾驭车马的族群，他们继承祖先的特长，拥有高超的调驯鸟兽的技能，后人多以养马善御而立功于当时，在历史上相当出名。其中，若木的玄孙费昌投奔商汤，凭借高超的驾驶技术成了商汤的马车驾驶员，并参加了商汤灭夏的"鸣条之战"①。在这场战役中，费昌立下了大功，得以跻身权贵之列。大廉的两个玄孙孟戏、中衍也成了商朝国君的御用驾驶员。就这样，嬴姓后人经过不断繁衍，凭借自身优秀的技艺，许多分支发展成诸侯和贵族。

到商纣王时，中衍的后人中潏成为商朝西部地区的一名将领，负责保卫西部边疆地区。中潏的儿子叫蜚廉，蜚廉生了许多儿子，其中一个叫恶来。恶来天生神力，纣王对蜚廉、恶来父子极为宠信，不时给予厚赏，于是他们助纣为虐，做了不少祸国殃民的事情。武王伐纣时，恶来被杀，蜚廉则下落不明，史书记载不一，有的说他被杀了，有的说逃走了，但其部族为避难而举族西迁却是不争的事实。

乱世可以成就一个英雄，也可以毁灭一个人，秦人的祖先在商周风云变幻之际站错了队，致使整个部族蒙受了巨大损失，被迫西迁。他们来到西北黄土高原，向西周王朝俯首称臣，并与当地的戎羌等族杂居在一起。但秦人也是顽强的，他们凭借祖传的技艺和艰苦奋斗的精神，很快在新王朝中站稳了脚跟，重新抓住机会，为后来秦国和赵国的崛起奠定了基础。

周穆王时期，嬴氏族群中出现了一位善于养马御马的杰出人物——造父。造父是蜚廉的另一个儿子季胜的后人，他的驾驭技术相当出色，很快赢得了周穆王的赏识，成为周穆王的御用驾驶员。造父十分能干，不仅善于驾车，还善于养马，他亲自培育出了温骊、骅骝、骥、騄耳等八匹良驹，经常载着周穆王四处巡游。

有一次，周穆王乘坐马车向西巡游，行至中途，淮河地区的徐偃王②趁机叛乱，造父载着周穆王日行千里，以最快的速度回到都城，为平定叛乱作出了很大的贡献。为了表彰造父的功绩，周穆王将造父封到

---

① 鸣条之战：约公元前1600年，夏桀残暴，商汤率领部族在鸣条（今山西夏县西）与夏军进行的一场决战。

② 徐偃王：嬴姓，徐氏，名诞。西周时徐国国君，统辖今淮、泗一带，建都徐城（今江苏宿迁泗洪县）。

赵城，造父便以封邑为氏，赵氏由此产生。由此可见，造父是赵氏的祖先，也是赵国王室的祖先。晋文公的重要辅臣赵衰就是造父的直系后代，而晋国的许多名臣如赵盾、赵简子、赵襄子等，都是赵衰的后人。赵盾在晋灵公时曾身居正卿①之位，独揽朝政，成为晋国卿大夫专政的第一人。赵简子、赵襄子都是参与晋国"六卿专政"的异姓卿大夫之一，他们出则为将，入则为卿。赵襄子又是"三家分晋"的主角之一。后来，赵氏传人还建立了战国七雄之一———赵国。

起初，嬴秦族属依附于赵氏，以赵为姓。秦人的直系祖先名叫女防，是恶来的儿子。他的族人因造父受到周王的恩宠而承蒙恩荫，住在赵城，姓赵氏。这进一步证明，秦赵同祖，同出于嬴姓的蜚廉一支，而且同因"造父之宠"而被赐赵姓。

由此可以推算，嬴姓秦氏是秦国的开山始祖，出自女防一支，到女防的三世孙非子的时候，嬴姓秦氏开始发展起来。

非子善于养马，在犬丘（今甘肃东南与陕西西南交界处）之地非常有名。犬丘人把他推荐给了周孝王，周孝王非常赏识非子的才能，并让他管理马政。在非子的努力下，马群繁衍很快。为了表彰非子的功绩，周孝王将非子封在秦地，位置大约在今天陕甘交界地区。从此，嬴秦族属成为周朝的附庸。

非子的食邑是秦，又身为钦定的嬴氏继承人，所以"号曰秦嬴"，嬴姓秦氏一族由此而形成。"汧渭之会"②是嬴秦族属政治上的发祥地。由于嬴秦的采邑在秦，所以这一支嬴姓后裔被称为"秦人""秦族"，其首领称为"秦某"，如秦嬴、秦侯、秦仲、秦王等。

这一时期，嬴秦族属一方面作为周朝的附庸与戎征战不休，一方面又与戎有通婚关系。

周厉王时期，秦人的首领是秦仲。当时，周厉王暴虐无道，引起了

---

① 正卿：春秋时部分诸侯国的执政大臣兼军事最高指挥官，上卿兼执政卿于一身。
② 汧渭之会：也称"千渭之会"，是秦人从甘肃天水向咸阳逐渐东迁时建立的都邑。据考证，具体地点在今千河与渭河交汇的地方。

国内各阶层的不满，西部边陲的犬戎反叛王室，不断进攻周王朝的西部。国人也在都城发起暴动，驱逐了无道的周厉王。不久，周宣王即位。周宣王励精图治，任命秦仲为西部边陲的大夫，负责镇压西戎，保卫王室。从此，秦人正式成为周王朝的一员。

秦仲没有辜负周宣王的任命，率领秦人与西戎进行了二十多年的战斗，保卫了周王室西部边疆的安全，可惜秦仲后来战死沙场。秦仲死后，他的儿子继位，即秦庄公，他也被周王室任命为西陲大夫。周宣王给了他七千人马，让他继续率军讨伐西戎，保卫周王室。秦庄公死后，他的长子世父率军与犬戎作战，而把国君位置让给秦襄公①。秦襄公在位期间，进一步强化了与周王室的关系，而秦也成为保障西周西方安全的重要屏障。

二、变法图强

作为周王室的西部屏障，很快秦就得到了一个表现的机会。

周幽王十一年（公元前771年），申国（今河南南阳）之君申侯联合犬戎进攻西周国都镐京（今陕西西安长安区），在骊山下杀掉了周幽王。秦襄公领兵解救了西周。随后，周平王东迁，秦襄公以兵相护。为了奖赏秦襄公，周平王封他为诸侯，并把周王室无力控制的岐山以西的土地封赏给秦国，至此，秦国正式成为西周的诸侯国。秦人终于挺直了腰杆，结束了附庸地位，取得与中原诸侯平起平坐的资格。但这时的秦国还是一个弱小而尴尬的角色，在中原人眼中，它是夷狄；而在夷狄眼中，它又是西周的诸侯。

秦国取得诸侯地位后，开始认真经营自己的邦国，不再凭借为君王御车使马、镇守边陲去赢得宠幸，而是开始运用使人之术、开疆辟土之战，一步步地稳固自己国家的地位。秦始皇的先祖们以周天子的名义南

---

① 秦襄公：嬴姓，赵氏，名开，秦庄公次子，是春秋时期秦国被正式列为诸侯的第一任国君，公元前778年至公元前766年在位。

征北战，不断扩大自己的地盘，壮大自己的势力。秦国建立之初，便向东越过陇阪（即陇山），沿渭水向下游拓展疆土，迅速向东发展。周平王五年（公元前766年），秦襄公开始向东征讨，伐西戎而到达岐山（今陕西宝鸡东）。周平王八年（公元前763年），秦文公①完全占领岐山一带，周朝击退了戎人，占据岐西，收编周民，使秦国在关中西部站稳了脚跟。周桓王六年（公元前714年），秦宪公②徙居平阳（今陕西陈仓区），第二年秦军与亳戎交战，亳王逃奔到戎地，遂灭荡社。周庄王四年（公元前693年），秦武公③挥军东进，"伐彭戏氏"，直抵华山下。周庄王十年（公元前687年），秦"初县杜、郑，灭小虢"，在一批被攻灭的诸侯国设置县，并开始向西北进发。经过襄公、文公、宪公、武公四世八十年的艰苦奋斗，秦国先后扫荡了关中一带的丰、亳、彭戏氏三戎，消灭了关中地区的一些诸侯国，控制了关内周地的大部分地区，把秦国的势力发展到华山一带。

公元前659年，秦国迎来一位深谋远虑、具有雄才大略的君王——秦穆公④。他选贤任能，西进东出，几定秦室，并国二十。刚即位他就亲率大军东进，攻打茅津（今山西平陆县西南）之戎，并取得了胜利，将秦国的势力范围推进到黄河一带。四年后，他迎娶晋献公的女儿为夫人，结为秦晋之好。第二年，他又亲自出征，在河曲（今山西、陕西交界一带）一带与晋军交战。

秦穆公九年（公元前651年），晋献公逝世，晋国内部发生战乱。公子夷吾平庸而又多疑，他请秦国帮助他夺取君位，许诺割晋国的河西八城给秦国。秦穆公认为这是一个"立庸君而弱晋，得城池而强秦"

---

① 秦文公：嬴姓，赵氏，名不详，秦襄公之子，春秋时期秦国国君，公元前765年至公元前716年在位。
② 秦宪公：嬴姓，赵氏，名立，秦文公之孙，秦静公之子，春秋时期秦国国君，公元前715年至公元前704年在位。
③ 秦武公：嬴姓，赵氏，名说，秦宪公长子，春秋时期秦国国君，公元前697年至公元前678年在位。
④ 秦穆公：嬴姓，赵氏，名任好，秦德公少子，秦宣公、秦成公之弟，春秋时期秦国国君，公元前659年至公元前621年在位。被《史记》认定为春秋五霸之一。

的好机会，于是命谋臣百里奚①率兵护送夷吾回国。在秦国的帮助下，夷吾继承了晋王位，即晋惠公。令秦穆公没想到的是，晋惠公一即位就背弃了与秦国的约定。秦穆公愤怒至极，但经过权衡之后，他没有兴兵讨伐。

　　秦穆公十三年（公元前647年），晋国发生了严重的自然灾害，晋惠公向秦国求救，秦穆公采纳百里奚的意见，答应向晋国输送粮食，以救济灾荒，"以船漕车转，自雍相望至绛"。不久秦国也遇到了灾荒，于是向晋国求助，然而，晋惠公不但不向秦国伸出援助之手，反而趁机兴兵伐秦。秦穆公亲率大军，与晋惠公在韩原（今陕西韩城境内）展开会战，这就是历史上著名的韩原之战。这一战秦军打败晋军，取得了胜利，而且还俘虏了晋惠公。晋惠公被送回晋国后，被迫献出晋国河西的土地，并把太子圉送到秦国当人质。秦国把同宗的女儿嫁给太子圉。秦穆公在河西设置政权机构，至此，秦国的地盘向东已经扩展到黄河一带。在秦穆公的带领下，秦国跻身于强国之列，秦穆公也成为春秋五霸之一。

　　秦穆公三十九年（公元前621年），秦穆公去世，之后很长一段时间里，秦国没有出现什么有作为的君主，一直到二百多年后的秦献公②即位。当时已经进入战国时代，赵、魏、韩三家分晋，田氏代齐，各国都掀起了新兴地主阶级领导的变法运动。

　　由于秦献公的王位是通过宫廷政变夺得的，因此，秦国国内发生了不小的动乱，魏国趁机夺走了秦国的河西之地。

　　秦献公即位当年就废除了落后的人殉制度，立志改革，使秦国恢复了穆公时的强盛地位。第二年，秦献公力排众议，下令将秦国都城由雍

---

　　① 百里奚：姜姓，百里氏，名奚，字子明，春秋虞国（今山西平陆北）人。春秋时虞国大夫，后入秦做大夫。著名的政治家、思想家，辅佐秦穆公倡导文明教化，实行"重施于民"的政策，并内修国政，外图霸业，开地千里，称霸西戎，统一了今甘肃、宁夏等地区，帮助秦国崛起。

　　② 秦献公：嬴姓，赵氏，秦灵公之子，战国时期秦国国君，公元前384年至公元前362年在位。他的改革为秦孝公时期的商鞅变法奠定了基础。

城（今陕西宝鸡凤翔县南）迁到栎阳（今陕西西安阎良区武屯镇）。栎阳地处关中腹地，距离东方列国较近，可以及时处理与各国的外交事务，同时方便各国的先进文化传入秦国。此外，这次迁都也显示出秦国平定西部后，再次将东出争霸作为基本国策。

经过秦献公几年的精心治理，秦国的国力有了很大起色。秦献公二十一年（公元前364年），秦国与魏国爆发了战争，秦军大胜，斩首六万。不久，两国再次发生军事冲突，秦国俘获了魏国名将公孙痤[1]。眼看着秦国国力日盛，国运即将扭转，秦献公却病死了。不过，秦献公的去世并没有阻断秦国求强求富的前进道路，因为他的继任者是一个更加奋发图强的君王，他就是在秦国掀起改革浪潮的秦孝公[2]。

公元前361年，秦孝公即位。他是一个具有远见卓识的君王，带领秦国走向了另一个巅峰。

秦孝公即位的时候刚刚21岁，有年轻人特有的魄力，刚即位就开始了变法图强的大计。他和秦献公一样重视人才，下令求贤，结果求来了秦国历史上响当当的人物——商鞅。

商鞅姓公孙，名鞅，卫国人，原名卫鞅。他来到秦国后，因变法有功，秦孝公封他于商邑，故号商君，称商鞅。

商鞅自幼师从尸佼[3]，好利名之学，是战国时期著名的法家学者。他来到秦国后，通过秦孝公的宠臣景监引荐，三次见到秦孝公。第一次，商鞅给秦孝公大讲特讲帝道，直讲得秦孝公昏昏欲睡，显然，这些大道理根本入不了秦孝公之耳。第二次，商鞅又跟秦孝公讲王道，但秦孝公仍然不置可否。第三次，商鞅转而向秦孝公讲霸道，这一次的论道拨动了秦孝公的心弦。第四次商鞅见到他，他听得如痴如醉，听着听着就把坐着的席子挪到商鞅的面前，对商鞅所讲的强国之术深以为然，赞

---

[1] 公叔痤：战国时期魏国大臣。他在田文死后担任魏国相国，并娶魏国公主为妻。他善于识人，但又很善妒，尽管识出不少人才，却都没能善用。

[2] 秦孝公：嬴姓，赵氏，秦献公之子，战国时期秦国国君，公元前361年至公元前338年在位。

[3] 尸佼：战国时期著名的政治家、思想家，先秦诸子百家之一。

叹不已。后来又经过好几次的深谈，商鞅才算真正赢得了秦孝公的信任。

秦孝公六年（公元前356年），秦孝公力排众议，任命商鞅为左庶长，负责制定和推行新政。在秦孝公的支持下，商鞅先后进行了两次变法，其主要内容有以下几个方面：

第一，废除世卿世禄制，实行军功爵制。自周朝以来，一直实行世卿世禄制，秦国是周王室的诸侯，当然也不例外。可是，这个制度有着明显的缺陷。它选取人才的范围有限，使统治阶级无法及时充分地补充优秀人才，从而失去活力，走向腐朽。另外，在世卿世禄制度下，许多官吏都有属于自己的一块领地，家族世代为官，如果经营得当，就会越来越强，最后威胁到君权，诸如三家分晋、田氏代齐等事变便是如此。商鞅正是因为认识到了世卿世禄制的危害，才在秦国推行郡县制，以取代世卿世禄制。郡守和县令由国君任免，没有世袭的权利。这就打击了秦国的地方势力，加强了秦国的中央集权。

废除世卿世禄制以后，除了由国君任命郡守、县令外，商鞅还创造了一种选拔官吏的办法——军功爵制，也就是将杀敌立功与做官联系起来。士兵在战场上打仗，每杀死一个敌人、带回一个人头，就升一爵；带回来两个人头，升二爵，以此类推。军功爵制给了那些原本不可能做官的普通百姓一个做官的机会，而出身旧贵族的人如果不上战场拼杀，地位就会越来越低，因此，这项制度极大地激发了秦国士兵的杀敌欲望，大大提高了秦国军队的战斗力。

第二，严明法律，实行什伍连坐制。为了加强国家对民力的控制，商鞅在变法时实行了两个办法：一是连坐，二是告奸。连坐就是把全国老百姓组织起来，五家是一伍，十家为一什，只要其中一家犯法，十家人都要受到株连。但这样的话，有可能十家同时包庇隐瞒，于是，商鞅又制定了告奸法，就是鼓励百姓告发奸人，有人犯罪了，你只要出来揭发他，就不在连坐的行列。而且告发有功，和杀一个敌军是一样的功劳。但是，如果有奸不告，就会被处以腰斩的酷刑，家人也会受到连坐。

第三，废除井田制，奖励耕织，强制分户。商周时期，各国实行的土地制度都是井田制，也就是把一块土地按照"井"字形分为九块，每块100亩，中间的一块叫公田，周围的八块叫私田。中间的公田由周围的八户人家共同耕种，收成全部上交国家，私田的收成归自己。到战国初期，井田制开始显露出弊端。随着人口的增加，每户100亩土地变得越来越不现实。而且，人们更愿意在自己的私田上花工夫费精力，导致公田的收成难以保证。商鞅针对这一弊端废除了井田制，对土地制度进行了改革，调动了劳动者的积极性，从而提高了秦国粮食的产量，增加了国家的财政收入。

为了进一步调动农民的生产积极性，商鞅还奖励耕织。古代社会讲究男耕女织，如果有人无法通过杀敌来提高自己的社会地位，则可以通过耕作的办法，多生产粮食。生产的粮食多了，照样可以获得国家的奖励和爵位。

古代的税收通常是按户征收的，为了增加国家税收，商鞅采取了强制分家、增加户数的办法。他在变法法令中规定：如果一个家庭有两个成年男子，必须分家；如果不分，则要缴纳加倍的赋税。

在各种措施的推动下，秦国的户口数、人口数迅速增加，国家的财政收入也因此受益，没过几年，秦国就富裕起来了。

第四，实行主民客民分业的政策。在古代，国家最大的财富就是人口和土地，因此，各诸侯国纷纷出台相关优惠政策，以吸引他国的劳动者到自己的国家来，增加国家的劳动力。商鞅把本国的人口称为主民，外来人口称为客民，对主民和客民实行不同的政策。秦霸西戎以后，土地面积急剧扩大，但是秦国的人口较少，而邻国韩、赵、魏则恰好相反，它们都是人口多，土地少。商鞅在变法法令中规定，凡是到秦国来耕作的人，都可以得到秦国提供的土地和房屋，而且三年内不用服劳役。这一规定吸引了大批的外国农民，尤其是韩、赵、魏三国的农民。

不过，在商鞅的心目中，主民远比客民可靠，作战也更勇猛，所以秦国的主要兵源仍然是主民。

通过商鞅的两次变法，原来国力居于二三流之列的秦国迅速成为战国群雄中最强大的国家，实现了秦孝公的改革目的。

秦孝公八年（公元前354年），秦国与魏国发生战争，秦军获胜，夺取了魏国的少梁（今陕西韩城南）。两年后，商鞅率兵围攻魏国的安邑（今山西运城夏县西北），魏军投降。后来，商鞅又带兵围困魏国的固阳（今陕西延安东），魏军再次投降。秦孝公十八年（公元前344年），秦国公子少官带人参加了逢泽之会①，从此改变了秦国的外交地位。

商鞅变法五年后，秦国的强盛令各诸侯国刮目相看。秦孝公二十年（公元前342年），周天子赏赐祭祀时供神的肉给秦孝公，诸侯们也纷纷前来祝贺，到此，秦国的霸主地位得到了承认。

秦孝公二十二年（公元前340年），秦国以商鞅为将，联合齐国、赵国共同进攻魏国。商鞅出奇计大败魏国，并俘获魏国公子卬，魏国割河西之地求和，并将都城迁至离秦国更远的大梁城（今河南开封西北一带）。至此，曾经位居诸侯之首、对秦国威胁最大的魏国沦为二流国家，再也无力与秦国抗衡。一年后，秦国与魏国再次发生战争，秦军大胜，再次俘获魏军主帅。至此，商鞅变法大显成效，秦军在军事上占据了明显的优势。

经过二十多年的励精图治，秦孝公和商鞅不仅使秦国恢复了穆公时的地位，还使秦国以更具侵略性的姿态和发展势头令六国胆战心惊。

然而，好景不长，在秦国的诸侯地位被承认四年后，秦孝公英年早

---

① 逢泽之会：公元前344年，在商鞅的游说下，魏惠王想以周天子的名义在诸侯间发号施令，于是邀请宋、卫、邹、鲁等国君主及秦公子少官在逢泽（今河南开封）会盟，然后又带领众人去朝见周天子。魏惠王想借此确立魏国在列国中的统治地位，但这次会议却受到了韩国等大国的抵制。

逝。商鞅失去了秦孝公的保护，地位岌岌可危，因为他的变法严重地打击和削弱了秦国旧贵族的势力。果然，秦孝公一死，商鞅就受到了包括太子嬴驷①的老师公子虔在内的守旧势力的疯狂报复，嬴驷一即位，公子虔就诬陷商鞅谋反。商鞅作为一个客卿，在秦国毫无根基，无处可逃，最终被秦军杀死，尸身被施以车裂之刑。

商鞅虽死，但秦法犹存，各项政策仍然在执行，所以秦国继续在富强的道路上稳步前进，国力迅速超过东方各国。因此可以说，正是这次变法改变了秦国的命运，也为秦国最终统一中国奠定了坚实的基础。

三、纵横家苏秦和张仪

经过商鞅变法，秦国变得越来越强盛，一跃成为诸侯国之首。这一变化引起了东方列国的担忧，为了寻求自保，各国可谓绞尽脑汁。中华大地的这种局势使纵横家有了用武之地，其代表人物就是苏秦和张仪。

苏秦，字季子，雒阳（今河南洛阳）人，战国时期著名的纵横家、外交家和谋略家。苏秦早年没有什么出息，时常遭到家人的嘲笑和愚弄。他下定决心，要彻底改变家人对自己的看法。为了安身立命，摆脱困境，他费了不少心思与精力，终于找到了一本奇书——《阴符》。从此，他昼夜苦读，认真揣摩，困了就用锥子刺自己的大腿，这就是"头悬梁，锥刺股"这个成语中"锥刺股"典故的来源。苏秦刻苦研读了一年，对自己的口才满怀信心，便走出家门，准备四处游说君王，以求获得荣华富贵。

此时周王室正处于周显王在位时期，周朝虽然已经衰落，但是名号依然存在，各诸侯国仍然承认周天子的地位。于是，苏秦先去求见周显王，但是周显王根本不把他放在眼里。第一次游说失败后，苏秦没有气

---

① 嬴驷：即秦惠文王，嬴姓，名驷，秦孝公之子，战国时期秦国国君，公元前337年至公元前311年在位。他当政期间，北扫义渠，西平巴蜀，东出函谷，南下商於，为秦统一中国打下了坚实的基础。

馁，转而把目光投向了当时最强大的秦国。可惜他来得不是时候，当时秦惠文君刚刚杀了商鞅，对游说之士甚为讨厌。于是，苏秦的第二次游说还是以失败而告终。

苏秦对自己的口才还是很有信心的，所以遭遇两次失败后仍然没有放弃。他又来到了赵国，但赵国的奉阳君①很讨厌他，对他的说辞持强烈的反对态度。苏秦只得转而北上去游说燕国。他在燕国等了将近一年的时间，才得到了觐见燕文侯②的机会。这次他决定采取迂回的方法来施展自己的才华，先是向燕文侯夸赞了燕国的富有与燕军的强大，然后才转入正题。他神情严肃地问燕文侯："大王，您知道秦国为什么没有进攻燕国吗？"还没等燕文侯回答，他便自问自答道："这是因为燕国南面有赵国这个屏障，赵国可以说是燕国最好的长城，为燕国抵挡住了强秦的侵犯，如此燕国才得以长久居于安全之地。所以，燕国一定要处理好与赵国的关系，如果你和秦国关系不好，有赵国挡着；但是你如果和赵国的关系不好，赵国的军队十几天就可以打到燕国的国都。"最后，苏秦建议道："是故愿大王与赵从亲，天下为一，则燕国必无患矣。"

这一次苏秦的游说终于成功了，得到了燕文侯的认可。燕文侯给他加官晋爵，并赏赐了很多金银珠宝，派他前往赵国游说。当苏秦再次来到赵国时，奉阳君已经去世。没有了这个反对者，苏秦很快便说动了赵肃侯，让他接受了自己的合纵建议。赵肃侯也赐给苏秦大量金银珠宝，让他继续游说其他诸侯国。

苏秦的口才的确了得，很快他就接连说服了韩、魏、齐、楚各国，完成了合纵六国的大计。六国推苏秦为纵约长，苏秦得以身佩六国相印，风光无限。回到赵国后，赵王封苏秦为武安君，并将六国合纵之事告知秦国，秦国十五年不敢出兵函谷关。

―――――――

① 奉阳君：本名李兑，战国时赵国大臣。赵武灵王让位少子何，引起内乱。他和公子成一起发兵保赵惠文王，杀太子章，进围沙丘（今邢台广宗县境内）宫，逼死赵武灵王，从此独专国政，由司寇升任相国。

② 燕文侯：姬姓，名不详，燕后桓公之子，战国时期燕国国君，公元前361年至公元前333年在位。

然而，合纵并不是牢固的，合纵之国都有自己的国家利益，因此很容易被离间。只要有人看破并利用这一弱点，合纵就会被击破。果不其然，很快有人抓住这一弱点，打破了六国联合抗秦的局面，这个人就是张仪。

张仪是魏国安邑张仪村人，出身于魏国贵族，战国时期著名的纵横家、外交家和谋略家。他和苏秦都是中国历史上极为著名的鬼谷子的学生。张仪早年也和苏秦差不多，诸事不顺，四处寻找施展才华的机会，但都遭到了拒绝。

苏秦到赵国做官后，最害怕的事情就是秦国攻打赵国。如果赵国被秦国打败，六国合纵的局面就会被打破。为此，苏秦想到了自己的同门师兄张仪，他觉得如果张仪到秦国去，就能帮他牵制住秦国，使秦国不来进攻赵国。于是，他派人告诉张仪，说他可以帮助张仪从政。当时张仪正四处碰壁，对此信以为真，很快便来到赵国找苏秦。

然而，令张仪没想到的是，他来到苏府后，根本见不到那个声称要帮助自己的师弟苏秦。每次上门，他都被以各种各样的理由拒之门外，场面实在尴尬。就这样过了好多天，苏秦见火候差不多了，才决定与张仪见一面。二人相见后，苏秦不仅没有帮张仪的忙，反而把张仪羞辱了一番，然后把他赶走了。

张仪极为生气，决心报仇雪耻。他仔细想了想，能够打败赵国的只有秦国，于是就踏上了去秦国的道路。

而这正是苏秦想要的。张仪走后，苏秦派了一个人跟着张仪，并让此人和张仪做朋友。这个人非常慷慨，一路上对张仪照顾有加，不仅包吃包住，还嘘寒问暖，关怀备至，张仪根本没受什么罪就到达了秦国。到达秦国后，秦惠文君召见了张仪，张仪凭借自己的三寸不烂之舌，赢得了秦惠文君的信任，之后留在秦国做了客卿。

安顿好后，张仪想到了那位一路照顾自己的朋友，想要报答他。但那位朋友说，他所做的一切都是苏秦安排的，并把苏秦的激将法告诉了张仪。张仪这才恍然大悟，对苏秦的感激之情油然而生，心想：苏秦让我到秦国就是为了让我劝秦不要攻赵,既然苏秦有恩于我,我怎能辜负他,让秦国攻打赵国呢?

但张仪已经向秦惠文君讲述了自己的连横之策,而秦惠文君也是因此才重用他,现在反悔已经来不及了,在其位就要谋其政,如果不做点什么,他就等于在秦国白吃白喝了。张仪想,既然不能找赵国的麻烦,那就拿被秦军打怕的魏国开刀,这样也不算是以怨报恩了。主意已定,张仪先来到了魏国。

张仪本来就是魏国人,很快就得到了魏王的信任,被任为魏相。魏王哪里知道张仪暗通秦国。张仪上任后一直劝说魏国尊秦,并让魏王劝其他五国一起尊秦。但魏王十分固执,坚持不违背合纵之约。张仪见劝说无效,就暗中派人通知秦国两次进攻魏国。魏国战败后,齐国趁火打劫,也来进攻魏国,魏国又失败了。魏王一连败给两个国家,心生畏惧,只得采纳张仪的建议去尊秦。张仪完成任务后,很快回到了秦国。

但是张仪一离开,魏王又放弃尊秦之策去合纵了。魏王一合纵,秦国就出兵攻打;秦国一进攻,魏王又马上转而连横。这样两面三刀的次数多了,魏王在诸侯国中就失去了信用,就像那只似鸟非鸟、似兽非兽的蝙蝠一样,两头不是人,六国之间的信任就此被打破。紧接着,张仪又施展同样的手段去游说楚国。

公元前 313 年,张仪来到楚国。楚怀王是一个贪财好利、独断专行的昏君,张仪利用这一点,以 600 里土地为诱饵,劝楚怀王与齐国绝交。楚怀王信以为真,马上和齐国绝交,这让齐国很恼火,于是联合秦国讨伐楚国。结果,楚国不但没有得到秦国的半寸土地,反而遭到了秦齐联军的攻打。楚军大败,楚怀王心中充满恐惧。此时又传来了苏秦被刺杀的消息,张仪趁机对楚怀王威逼利诱,昏庸的楚怀王只得答应与秦国交好。

当时齐国、楚国都是诸侯国中极为强大的国家,在六国合纵中占据着核心地位,它们一旦内讧,六国合纵就会瓦解。在这种形势下,张仪的连横策略进展神速,他通过恐吓的方式说服了韩国,又跑到齐国说服了齐王，再凭三寸不烂之舌摆平燕赵，至此，六国合纵彻底瓦解，合纵败给了连横。

四、南征北战

秦惠文君在位期间，诸侯国之间的斗争十分激烈，这一时期列国合纵连横波澜壮阔，并纷纷称王。

在诸侯国中，楚国于春秋时期最先称王。而魏惠王则是战国时期最早称王的君主，因为当时魏国的实力最强。秦孝公十八年（公元前344年），魏国在逢泽召集诸侯国君主会盟，即前面所说的"逢泽之会"。魏惠王自恃强大，率先称王，他"乘夏车，称夏王"，宫室、衣服、仪仗等都依照天子的规格。然而好景不长，魏国败给了齐国，胜利后的齐威王也开始称王。公元前334年，魏惠王和齐威王在徐州（今山东滕州东南）会盟，相互承认了对方王的称号。公元前325年，秦国实力远超六国，秦惠文君也称王；接着，弱小的韩国、郑国的国君也相继称王。两年后，燕、赵、魏、韩、中山五国结盟，相互承认了王的称号。不久，卫、宋等小国国君也相继称王。

商周时期，王是最高统治者的称呼，各国纷纷称王，表明各国已经成为独立的王国，不再尊重周天子的"天下共主"地位。从此，各国之间的战争也不再打着周王室的旗号，而是属于统一战争的范畴。

公元前311年，秦惠文王去世，秦武王嬴荡继位。秦武王进一步完善了秦国的官僚制度，初置丞相，拜樗里子、甘茂为左右丞相。作为一位颇有野心的君王，秦武王企图"车通三川，窥周室"，打通秦国到周室的通道。他派甘茂率兵进攻韩国，甘茂不辱使命，于秦武王四年（公元前307年）攻占宜阳，并杀敌六万。之后秦军又渡河攻占武遂（今山西运城垣曲东南），筑城设防。至此，秦国将势力扩展到中原大地，并在周王室面前耀武扬威。

面对秦国的强势，周天子也害怕了，秦武王派樗里子带领百乘车辆前去觐见周天子，周天子只能曲意逢迎。可惜秦武王太贪恋权势，一心想将象征最高权力的周鼎据为己有，于是不顾众人的反对，执意举鼎，结果受伤而亡。

秦武王没有儿子，于是，他的异母弟弟嬴稷继承了王位，也就是秦国历史上在位时间最长的君主秦昭襄王。秦昭襄王刚即位时，一心扑在国内事务上，没有对六国展开大规模的进攻。直到秦昭襄王六年（公元前301年），秦国才开始征战他国。从这一年开始，秦国连续四年进攻楚国，消灭了楚国大量的有生力量，占领了楚国八城。秦国这一辉煌战果令六国恐慌不已，于是再次商议联合攻秦。后来，赵、魏、韩、齐、宋五国合纵攻秦，但联军内部矛盾重重，各国只顾自己的利益，结果五国大军浩浩荡荡地出发，连秦国大军都没见到，在山西就分崩离析，各自回国了。

五国联合抗秦的行动虽然夭折了，却引起了秦国的注意，秦昭襄王马上展开了报复行动。秦昭襄王十三年（公元前294年），秦昭襄王派向寿①、白起②向韩国发起进攻；第二年，秦昭襄王再派白起为帅，领军与韩魏联军交战，此战秦军获胜，斩首二十四万，占领五座城池。秦昭襄王十六年（公元前291年），白起率领秦军攻击魏国和楚国，夺取了魏国的垣城（今山西垣曲县东南）、宛城（今河南南阳）。此后，司马错③率军多次攻打魏国，攻占了多座城池，魏国被逼无奈，只得割地求和。从此，秦国将东部战线又大大向前推进了一步，在河东站稳了脚跟。

一次又一次的胜利，使秦昭襄王的欲望迅速膨胀起来，觉得"王"这个称呼已经和自己现在的地位不匹配了，完全体现不出自己的尊贵身份，理应再提升一个级别才行，他想到了"帝"这个至尊的称呼。但是，他又害怕称帝会给秦国带来不好的影响，他思来想去，决定拉上齐

---

① 向寿：秦昭襄王的母亲宣太后娘家亲戚，自幼与秦昭王一起长大，战国时期秦国将领。
② 白起：战国时期秦国郿县（今陕西眉县常兴镇白家村）人，战国时期杰出军事家、秦国名将，兵家代表人物。与廉颇、李牧、王翦并称为战国四大名将，位列战国四大名将之首。
③ 司马错：秦国少梁（今陕西韩城南）人，史学家司马迁八世祖，战国时期秦国著名将领，历仕秦惠文王、秦武王、秦昭襄王三朝。

王和自己共同称帝,这样风险共担,对秦国的影响会减弱一些。秦昭襄王十九年(公元前288年),秦昭襄王自称"西帝",并派出使者尊齐湣王为"东帝"。秦、齐称"帝"后,当时正在齐国的苏秦劝齐湣王取消帝号,以向众诸侯示好,孤立秦国。于是齐湣王取消帝号,秦国见此情景也只好重新又恢复了"王"的称号。

秦昭襄王二十二年(公元前285年),秦昭襄王派大将蒙武率领大军进攻齐国,夺取了齐国九座城池。随后,秦国又积极联合燕、韩、魏、赵、楚五国共同伐齐,燕将乐毅率军攻下齐国七十余城。这一战差点使齐国亡国,齐国从此一蹶不振。次年,秦军进攻魏国,矛头直指魏国国都大梁,幸好燕赵联军赶来救援,魏国才得以保全。秦国这次本想一口吞并魏国,没想到半路杀出了个赵国,秦昭襄王很生气,便把怒气撒向赵国。秦昭襄王二十五年(公元前282年),秦军攻下赵国两座城池,两年后,秦国大将白起再次攻赵,夺取赵国光狼城(今山西高平西南)。

此时的秦国已不满足于在东线开战,还在南部开始了掠夺,秦军从蜀地出发,不停地蚕食楚国。司马错多次攻楚,夺取了楚国鄢(今湖北宜城东南)、邓(今湖北襄阳北)二城。秦昭襄王二十八年(公元前279年),白起领兵攻打楚国,很快占领楚国都城郢(今湖北江陵西北),并在那里设置了南郡。一年后,蜀地太守出兵攻楚,在占领地设置黔中郡。此后,秦国接连不断对六国用兵,连战连捷,实力不断壮大。

这一时期,秦昭襄王采纳范雎①的远交近攻的建议,将进攻的矛头指向韩国,企图一举消灭韩国。白起等大将率领秦军不断攻打韩国,占领了韩国二十多座城池。之后,秦军进攻上党(今山西长治),韩国上党郡守私自决定将上党献给赵国,从而引发了秦赵之间的一场战略决战——长平(今山西高平西北)之战。秦军举全国之力与赵军对峙,并用反间计使赵王换掉了老将廉颇,任命只会纸上谈兵的赵括担任主帅。

---

① 范雎:字叔,魏国人,著名政治家、军事谋略家,秦国宰相。因其封地在应城,故又称为"应侯"。

弱将对战神，赵国注定要一败涂地。在白起的指挥下，秦军俘虏赵军四十万人，主帅赵括被射杀。秦军顺利占领了上党，并将四十万俘虏全部坑杀。第二年，秦军乘胜围攻赵国都城邯郸，信陵君①窃符救赵，秦军失利。赵、魏、韩收回了部分失地。但长平之战后，秦国统一天下的大局渐定，六国再也无法组织起像样的抵抗了。

邯郸之围失败后，秦国稍作休整，又开始对东方六国发动攻势。秦昭襄王五十一年（公元前256年），秦军攻韩，杀敌四万，夺取了两座城池，随后掉转矛头去进攻赵国，夺取二十多城，斩杀并俘虏赵军九万人。秦军的攻势令各诸侯国不由大为震惊。

周赧王为了保全自己，联络诸侯列国共同抗秦。秦昭襄王得知消息后，勃然大怒，派兵猛攻洛邑（今河南洛阳附近）。在强大的秦军面前，抵抗无异于以卵击石，周赧王只得乖乖俯首投降，献出三十六城和三万户人口。不久，周赧王去世，延续了八百多年的周王朝就此寿终正寝，象征天下统治权的九鼎也被秦国获得。

秦昭襄王五十三年（公元前254年），东方各国派使臣向秦国朝贺，表示对秦国的恭顺，但魏国使臣迟到，秦昭襄王大怒，发兵攻魏取得吴城（今山西平陆县北）。为了苟延残喘，魏国不得不"委国听令"。至此，秦昭襄王的威望达到了顶点。三年后，秦昭襄王在咸阳安然辞世，走完了他辉煌的一生。

秦昭襄王在位的五十六年，是秦国与六国斗争最激烈的时期。在此期间，秦国通过艰苦卓绝的战争，确立了自己的绝对地位。秦昭襄王深信，他的子孙一定能完成统一大业。正如他所料，三十年后，他的曾孙嬴政帮他圆了统一之梦。

---

① 信陵君：即魏无忌，魏国公子，魏昭王少子、魏安釐王的异母弟，战国时期魏国著名的军事家、政治家。公元前276年封于信陵（今河南宁陵），故后世皆称其为信陵君。与春申君黄歇、孟尝君田文、平原君赵胜并称为"战国四公子"。

第二章 落魄王孙遇贵人

一、奇货可居的异人

秦王嬴政的成长之路并非一帆风顺，他的父亲秦庄襄王原名异人，是秦昭襄王的孙子、秦孝文王的儿子，当初作为秦国的质子被送往赵国。当时各国战乱，弱国为了取得强国的信任，就派人质到强国作为抵押，多为王子或世子，故称质子。有时强国为了取得弱国的服从和支持，也会派质子到弱国去，异人被送往赵国就属于这种情况。

当时赵国还比较强大，秦昭襄王为了稳住赵国，破坏三晋联合抗秦的局势，便在渑池（今属河南三门峡）聚会上假意与赵国结盟。为了让赵国相信自己，秦昭襄王决定把一名王子皇孙送到赵国当人质。

孩子都是父母的心头肉，身为一国之君，秦昭襄王也很爱自己的孩子，不忍心把他们送往赵国，于是决定从太子安国君的儿子中选一个。安国君妻妾众多，有二十多个儿子，而异人排行居中，按理说，无论好事还是坏事都不会落到他头上。然而，异人的母亲夏姬不受安国君宠爱，生下异人之后就难得再见安国君一面。夏姬是个简单平凡的女人，没有争斗的心计，所以也无法引起安国君的注意与垂爱。母亲不受宠，连带儿子异人也变得无足轻重，最终成了坏事的承担者，到赵国做人质的重任理所应当地落到了异人肩上。异人来到赵国后，秦国的政客根本不关心这个客居赵国的公子。后来秦国违背盟约，数次与赵国交战，异人受到牵连，不仅得不到正常的礼遇，还遭到憎恨和冷落。与此同时，秦国给他的资助又特别少，因此他的生活非常窘迫清贫，完全成了一个流落异国他乡的落魄王孙。

生不逢时的异人，仅凭自己的能力，根本无法摆脱任人摆布的命运。但幸运的是，他遇到了生命中的贵人——商人吕不韦。

吕不韦是战国末年卫国濮阳（今河南濮阳县西南）人，后来成为阳翟（今河南禹州）巨商。他非常有经济头脑，专门从事投机生意，通过在各地往来，低买高卖的方式，最终成为富甲一方的大富商。为了谋求进一步的发展，满足一窥天下的心愿，他来到了赵国的繁华之地邯郸。在这里，他偶然遇见了羁旅邯郸的异人，认为异人是奇货可居，决定通过异人来谋取比寻常买卖获利更多的利益。

不过，要想让一位落魄王孙登上王位并不容易，这是一件极为冒险的大事，更是一场生死攸关的政治赌博，需要有极大的勇气和极强的心理承受能力。为此，吕不韦还专门向父亲征询意见。

吕不韦找到父亲，沉吟片刻之后问道："您老人家知道耕田可以得到多少利润吗？"

父亲笑着说："年成好的话可以赚得十倍的利润。"

"贩卖珠宝又能得多少利润呢？"

父亲摆摆手说："碰巧了可得百倍的利润呢！"

吕不韦接着问："那如果拥立一个大王，可以得到多少好处？"

父亲站起来，望着吕不韦说："帮人取得天下，那好处就多得难以计算了！"

吕不韦把自己想要帮助异人登上秦国王位的想法告诉了父亲，并说："立君定国，利大无比，而且可遗传后人，其利润自然无法计算。我决心去结交异人，为他谋取秦国的君位，同时使吕氏家族飞黄腾达。"

吕父不愧是一位具有远见卓识、有胆有识之人，经过一番仔细的思考，他认为不妨一试，并叮嘱儿子小心行事。

吕不韦得到父亲的支持后，终于下定决心去做这件事，并向父亲保证说："放心吧，父亲，孩儿一定将吕家祖业发扬光大，让吕家成为世人瞩目的显赫之家。"

随后，吕不韦找到异人，开门见山地说："公子，我能光大你的门庭。"异人笑着回答："你说什么，光大我的门庭？你还是先光大自己的门庭吧！"异人的话中明显带有嘲讽的意味，因为当时的社会重农轻商，吕不韦虽然是一个大富豪，但地位并不高。吕不韦是个聪明人，当然听出了异人的话中之意，但他并没有生气，而是郑重其事、不卑不亢地说："公子有所不知，我的门庭要等你的门庭光大后才会光大。"异人听吕不韦话中有话，于是马上请吕不韦到府中就座，两人进行了一次深谈。

吕不韦向异人分析了眼下的形势及异人被立为国君的可能性："秦王年事已高，安国君被选为太子，说不定哪天就会即位成为秦王。我听说安国君非常宠幸华阳夫人，而华阳夫人没有子嗣，在立子嗣方面，华阳夫人有很大的决定权。如今您的兄弟有二十多人，而您又居中，并不受安国君的重视，所以作为质子平衡各诸侯。即使大王薨逝，安国君继立为王，您不是长子，又没有办法像其他兄弟那样早晚侍奉于前，争得太子之位的概率可以说是微乎其微。"

听了吕不韦这番话，异人的内心再也无法平静，他忍不住问道："你说得很对，可是我能怎么办呢？"吕不韦说："您如今贫困，客居于邯郸，没有什么可以拿来结交宾客的资本。不韦虽然地位低下，但愿出千金为公子去秦国游说，劝说安国君和华阳夫人立您为嗣。"

异人听了十分高兴，顿首而拜道："如果事情像先生说的那样，得到秦国后定与先生共享天下。"

于是，吕不韦送给异人五百金，让他平时注意结交宾客；又拿出五百金购买珍奇玩物，前往秦国咸阳为异人打通关系。

二、游说华阳夫人

吕不韦说动异人后，不几日便风尘仆仆地赶到繁华的咸阳城。他此行的主要目的是求见华阳夫人。然而，作为一个外国商人，要想见到居于深宫的华阳夫人，谈何容易？世上无难事，只怕有心人。吕不韦经过多方打听，终于打听到华阳夫人的弟弟阳泉君住在宫外，而且他们姐弟的感情很好，于是，吕不韦决定先去说服阳泉君，再由他去游说华阳夫人。

吕不韦把自己所带的礼品分成两份，一份送给阳泉君，另一份则请阳泉君转交给华阳夫人。但他来到阳泉君的府第门前之后，看门人根本不让他进，后来他花了许多钱财，这才哄得看门人露出笑脸，前去禀告阳泉君。

阳泉君对这个不速之客的到访感到十分纳闷，脸色不是很好，在偏厅见了吕不韦。但吕不韦毫不介意，他十分恭敬地送上准备好的见面礼，然后施礼道："小商乃阳翟人吕不韦，今日冒昧前来拜访大人，请大人海涵。"

阳泉君见吕不韦出手阔绰，礼物价值不菲，脸上这才有了点笑意，他在椅子上欠了欠身，问道："你来找我有什么事，是不是想在咸阳做生意？"

吕不韦赶忙解释说："小商虽然与贵国也有生意上的往来，但这次来不是为了经商，而是受在赵国做人质的公子异人委托前来拜见。"

阳泉君更为不解地说："这跟我有什么关系？"

吕不韦继续解释道："从表面上看，这确实与大人没有多大关系，但大人听我说完，或许就不这样认为了。小商斗胆问一句，大人您有今日之威名是不是完全靠一己之力而毫无华阳夫人之功？"

吕不韦的问话令阳泉君愣了一下，随即收起刚才的得意之态，睁大眼睛看了吕不韦半天，才支支吾吾地说："嗯……这个问题嘛，怎么说呢，如果不是借助吾姐之力，我虽然也能达到今日的地位，但恐怕还要花上几年的时间。"

吕不韦暗笑阳泉君嘴硬，但是依然笑着恭维道："现在大人位高权重，府中家仆无数，无数名士也投奔到大人府上，而且大人的姐姐贵为太子宠妃，日后一定能当上王后。但不知大人是否想过，现在大人的姐姐还无子嗣，即便成为王后，一旦其夫君百年，她一定会因为失去了依靠而遭人冷落，而且长王孙子傒一直对王位虎视眈眈，万一他日以此为借口谋反，一定会使朝廷大乱，大人也会因此受到排挤。"

阳泉君听得直冒冷汗，噌的一下站起来，惊慌失措地说："我一直以为自己已经成就了万年不败的基业，现在听先生之言才幡然醒悟。不知先生有何高见，我愿洗耳恭听。"

吕不韦见状，知道自己的计谋已经得逞，于是提议道："人无远虑，必有近忧。依小商之见，大人要尽早为自己也为华阳夫人做长远打算啊！"

"是，是！吕先生说得极是！可是该如何打算呢？还请先生赐教！"此时阳泉君已经把吕不韦当成保全自己荣华富贵的贵人了。

"大人，华阳夫人现在虽无子嗣，但她可以过继一位德才兼备的后辈中人为义子，到时此子继承安国君的王位，就可以断了子傒等人的觊觎之心，大人不就可以高枕无忧了吗？"

"妙计，妙计！只是不知道宫里后辈中谁比较适合呢？"

"如果大人没有合适的人选，小商倒有一人可以推荐，就是小商刚才提到的公子异人，他生性老实笃厚，而且颇为仰慕华阳夫人，不知大人意下如何？"

接着，吕不韦开始向阳泉君夸赞异人，说异人对父母孝顺，对兄弟友爱，对朋友仁义，对国家忠诚，是个忠孝双全、德才兼备、义薄云天、行为世范的大好人；还说异人虽然出质在外，但在赵国结交了许多朋友，将来一定前途无量。最后，吕不韦话锋一转，说异人对华阳夫人的感情深厚，常常叨念"我把夫人看成天一般，日夜哭泣思念太子和夫人"。

阳泉君听得频频点头，但他表示这件事还要看华阳夫人的意思，几天后他正好要进宫，到时会向华阳夫人面陈此事。吕不韦连忙拿出自己置办的另一份礼物，托阳泉君转交给华阳夫人，以期得到华阳夫人的好感。

这天，阳泉君进宫去看望华阳夫人，姐弟二人拉了一会儿家常后，阳泉君说："姐姐现在貌美，故得安国君宠爱，但若干年后，姐姐年老色衰，安国君还会宠爱你吗？"

这话正说中华阳夫人心事，她不由紧张起来，忙问："那如何是好？"

阳泉君说："姐姐不如趁早从众公子中选一个贤明孝顺之人，立他为继承人，这样安国君生前生后，姐姐都不会失去权势，永保富贵。"

"依你看，应该立谁为好呢？"华阳夫人又问。

"依我看，异人贤明孝顺，最为可靠。姐姐可选他为嗣子。"阳泉君答道。

华阳夫人点头表示同意，决定收异人为子，并让安国君立异人为嗣。

吕不韦一边静候着阳泉君的好消息，一边想方设法接近秦国的大臣们，并以重金贿赂，请他们在咸阳城内多多为远在邯郸的异人宣传一下，宣传异人的仁义德行、贞节操守。他要让全秦国人都知道异人的存在，知道异人是一个非常完美的王室接班人。

很快，阳泉君便带回了好消息，吕不韦心中大喜，又做了一番准备，才前往东宫太子府去拜见华阳夫人。华阳夫人生得娇美大方，虽然已有些年纪，却更显雍容华贵，而且一看便知她不似阳泉君那么肤浅粗陋。

吕不韦恭恭敬敬地向华阳夫人献上自己的礼物——一串用硕大的珍珠制成的项链。华阳夫人阅宝无数，但还是头一回见到如此硕大滚圆、光洁照人的珍珠。不过，诧异归诧异，她随手接过礼物放在一边，示意吕不韦坐下，有些冷淡地扫了吕不韦一眼，而后语气平静地问道："不知先生此来咸阳所为何事？"对于收纳义子之事只字不提。

吕不韦知道华阳夫人有意考验自己，他略一沉吟，开口说道："敢问夫人现在有几子？"

吕不韦一句话直击华阳夫人的痛处，她的神情顿时黯淡下来，说：

"我曾育有一子,但后来不幸夭亡,从此再无生育。"

吕不韦见状连忙说道:"夫人,小商听说'以色事人者,色衰而爱弛'。现在夫人受宠于太子殿下,但后嗣兹事体大,殿下终会立他人为王储,而夫人也会因此失去宠幸。夫人何不趁此机会收一合意子侄后辈为义子,这样不论形势怎样,夫人仍能执掌后宫。不知夫人意下如何?"

华阳夫人长叹一声,有些无奈地说:"其实我也曾有此想法,可惜子侄后辈之中没有十分合适的人选,我也只能徒呼奈何了。"

"小商听说长王孙子傒一直在打王位的主意,而且对太子殿下始终怀有敌意,认为他才是真正的王位继承人。夫人,有这样一个人在身旁虎视眈眈,等到殿下百年之后或是出个什么意外,夫人该何去何从?谁能保证您能逃过此人的暗算呢?所以,收子之事迫在眉睫啊!"

"本来我已经打消了这个念头,今日听先生之言,这才考虑到万一我在宫中失势,那么我的诸多亲友也难逃一劫。不知先生对于我的义子人选有何见教?"

吕不韦见火候已到,趁势说道:"小商与贵国遭于赵国的质子异人曾有数面之缘,此人德才兼具,而且极想亲近夫人,如果夫人能收他为义子,终生无忧了。"

"异人为质邯郸数年,并没有什么恶行传入咸阳,想来德行应当不错,但他的母亲夏姬当初执拗地认为是我和殿下力主让异人去赵国,因此对我们出言忤逆,十分无礼,殿下已经冷落她多年了。"华阳夫人心中有些疑虑不安。

"敢问夫人,殿下是否因夏氏姿色平庸才将其冷落呢?"

"非也!其实夏姬生得样貌可人,亦是一难寻美女,只因她生性执拗,出言无忌,因此才受殿下冷落。"

"那样就更好了,当初夏氏夫人会因其子远遣而迁怒于夫人,而今也一定会因其子受惠于夫人而欢喜愉悦。子为母宝,夫人收夏氏夫人的儿子为义子,她必会感念夫人恩赐。夫人到时再因势利导,使她重得殿下宠幸,从而效仿娥皇女英之佳话。到那个时候,他们母子尊荣皆是夫人一手所赐，还会对夫人心生异志吗？"

华阳夫人连连点头称是，嘴里也不住地感谢吕不韦。吕不韦正暗自高兴，忽见华阳夫人脸色一变，冷冷地说："感念先生赐教，但我绞尽脑汁也想不出先生能从中获得什么利益，不知先生为何对此事如此热心？"

吕不韦心想，华阳夫人果然不是泛泛之辈，幸好他早有打算，当下不动声色地说：

"小商经常往来于各国经商，久闻夫人与安国君以仁义德行而昭示天下，而且小商与贵国有很多生意合作，如果大秦落入他人之手，不但会使黎民百姓惨遭涂炭，小商的生意也会受到很大的影响，所以小商才热心于此事。更何况，大秦地域辽阔，近年来更是经济繁荣，物阜民丰，隐隐现出一派王者风范。如今许多商人都像小商一样苦于战事频繁而无法扩大自己的生意，一心盼望四海统一，而这个光耀千古的大业恐怕要落到安国君及其子孙身上。夫人您说小商会一点好处都没有吗？"

听了吕不韦的话，华阳夫人的脸色才有所好转，更让她高兴的是，吕不韦话语之中已把大秦喻为天下之主。他们又谈了一会儿，华阳夫人让吕不韦先回驿站等候消息。

第二天，安国君用过晚饭后，像往常一样前往华阳夫人的住处。华阳夫人见安国君心情不错，装作不经意的样子提到了在赵国做人质的异人。华阳夫人说，异人非常有才能，也很贤明，从赵国来的人都对他赞不绝口。

但安国君没有明白她的话外之意，表现得无动于衷，华阳夫人无奈，只得拿出女人的撒手锏——哭。她抽抽搭搭地说："臣妾有幸能服侍殿下，遗憾的是没有儿子，不能为您增添香火，这实在是臣妾的不贤惠啊！这几日臣妾突然想到，等到臣妾年老色衰时，您不再宠爱臣妾了，而臣妾又没有儿子，就什么依靠都没有了……"华阳夫人说着又哭了起来，"殿下，臣妾以后怎么办呢？"

安国君见华阳夫人伤心落泪，马上心软了，连连向她保证会一直宠爱她，永不变心，但华阳夫人的眼泪仍然没有收起来。安国君想了半天，终于开了窍，他一拍脑袋，开心地抱着华阳夫人说："你可以从我的儿子中选一个作为你的义子，我会保证，让你一辈子都有享不尽的荣华富贵。"

"那——选谁好呢？我毕竟比不上他们的亲生母亲啊。"华阳夫人暂时止住了抽泣，但眼泪还在不停地往下流。安国君轻轻拭去她的眼泪，说："我有这么多的儿子，不管你选中哪一个，我都马上立他为嫡长子，以后立为太子。不管是谁，都一定会照顾你的。"

听到此话，华阳夫人终于止住了眼泪，试探地说："臣妾听说异人很有能力，又很孝顺，而且懂得知恩图报。不知殿下意下如何？"

"好，只要是你提出来的要求，我都答应。好了，不用担心了！"安国君一口答应了华阳夫人的要求。

华阳夫人觉得安国君虽然答应了，但口说无凭，于是要求安国君立字为据。安国君无奈，只得和华阳夫人刻下玉符，决定立异人为继承人。

事成之后，华阳夫人连忙派人通知阳泉君。第二天，在阳泉君的带领下，吕不韦来到东宫拜见了安国君和华阳夫人。安国君请求吕不韦做异人的老师。华阳夫人再三叮嘱吕不韦要好生照料指导异人，使其德才兼修，更好地完成身为质子的职责，改善秦赵两国之间的关系，同时争取早日回国，向安国君学习治国之道，辅佐安国君执掌朝政。

安国君还设宴款待了吕不韦，一是答谢吕不韦的恩惠，同时也为吕不韦饯行。吕不韦眼见自己的计划一步一步成为现实，心中十分高兴，亲口在酒宴上保证会很好地照顾并指导异人，改善他在赵国的处境，敦其奋进。

随后，吕不韦拜别安国君和华阳夫人，兴高采烈地回到寓所，收拾行装返回邯郸。

三、异人归秦

在吕不韦四处打通关系的同时，异人在赵国的处境却越来越艰难。在赵国身为质子期间，异人已经娶妻生子，这个孩子就是嬴政——完成统一大业的秦始皇。

嬴政的母亲赵姬是邯郸豪族之女，长得貌美如花，而且能歌善舞。她本是吕不韦的妻妾，有一次，吕不韦宴请异人时，席间命赵姬献舞。异人看到赵姬时顿觉眼前一亮，而赵姬的高超舞技更让他看得热血沸腾，于是请求吕不韦将赵姬送给自己。吕不韦虽心中不舍，但为了自己的谋国大业，只得忍痛割爱，将赵姬嫁给了异人。

秦昭襄王四十八年（公元前259年）正月，赵姬生下了一个男婴，因为这个孩子生于正月，所以起名为政，又因为生于赵国都城邯郸，所以当时名为赵政，后来才改叫嬴政。

有些史书说赵姬只是吕不韦经营牟利的一颗棋子。吕不韦曾费尽心机为异人物色美女，以增加成功的砝码。他特意将年轻貌美的赵姬娶进门，使她怀上身孕，然后刻意安排宴会，献给异人。如果真是这样，那么嬴政的亲生父亲就不是异人，而是吕不韦。关于秦始皇的生父，《史记》有两种不同的记载。《史记·秦始皇本纪》说"秦始皇帝者，秦庄襄王子也"，即异人之子；而《史记·吕不韦列传》说"姬自匿有身，至大期时，生子政。"就是说赵姬在嫁给异人时已有身孕，而后生下嬴政，那么嬴政就是吕不韦的儿子。不过嬴政乃"大期"而生，"大期"指怀胎满10月或12月生产，说明赵姬嫁给异人后足月生下嬴政。这样看来，嬴政的父亲应该是异人。不管哪种说法是事实，毋庸置疑的是，无论秦始皇身世如何，都不会撼动他在历史上"千古一帝"的崇高地位。

嬴政出生以前，秦赵两国就征战不休，他出生时，历时三年之久的长平之战刚刚结束，这场恶战以赵国的惨败而告终。赵军主将赵括惨死在战场上，赵国先后损失四十五万生力军，被迫割地求和。两国虽然订立了和约，但是赵国百姓对秦国的仇恨并没有消除。在这种情况下，异人一家的处境可想而知。然而，双方没有和平多久，又爆发了战事。赵国拒不履行和约割让六城给秦国，还联合齐国一起对抗强秦，秦国便派重兵进攻赵国。秦昭襄王四十八年（公元前259年），秦军以王陵为将攻打赵都邯郸，遭遇顽强抵抗，损失惨重。随后，秦军改换郑安平为将继续进攻赵国，结果被围兵败，郑安平及其手下两万余人投降了赵国。秦昭襄王四十九年（公元前258年），秦昭襄王又派王龁率领大军围攻赵都邯郸，赵国形势万分危急，赵王一方面派平原君率毛遂等人奔赴楚国求援，一方面打算杀掉秦国质子异人。

吕不韦作为大商人，在各地有不少情报人员。他提前得知了这一情况，并为此准备了两套方案。

吕不韦首先派人游说赵王，说杀了异人于事无补，还有可能激怒秦国，不如放异人回国，一旦异人继位，一定会对赵国感恩戴德，使两国之间实现友好往来。然而，赵国的当权者并不相信这套说辞，吕不韦只得启用第二套方案——带着异人逃回秦国。

当时邯郸城戒备森严，对异人的看管很严，要想出逃并不容易。这个时候，吕不韦又起了关键作用，他拿出六百斤黄金贿赂看守异人的赵国士兵，终于使异人脱身。随后，异人和吕不韦抛妻弃子，奔向秦军大营，然后辗转回国。

异人逃跑后，赵国想杀掉他的妻儿以泄愤。赵姬靠着资财和自己在赵国的人脉，躲躲藏藏地活了下来。这时嬴政只有两三岁。

异人逃回咸阳后，打算到东宫拜见对自己有再生之恩的华阳夫人。吕不韦建议异人穿楚国服饰，因为华阳夫人是楚国人，看到后一定会很高兴。

果然不出吕不韦所料，华阳夫人看到异人穿着楚国服饰拜见自己，高兴地说："你知道我是楚国人，真是孝顺！"于是让异人正式更名为子楚。

后来，子楚去拜见父亲安国君的时候，建议父亲派出使节安抚他在赵国结交的各方人士，安国君对子楚的谋略非常认同。据说安国君还找了术士给子楚算命，术士说子楚的面相在安国君的二十多个儿子中是最尊贵的，自此，子楚的继承人地位稳如泰山。

子楚回到秦国后过上了荣华富贵的日子，华阳夫人不仅为他建造了府邸，还给他安排了几个小妾。与此同时，身在赵国的赵姬母子则陷入了"四面赵歌"的境地。为了躲避赵国的搜捕，母子二人不得不屡迁住所，最后不得不迁入市井深巷之中，与平民杂居在一起。躲得了官差，却躲不过周围百姓的辱骂与欺凌，母子二人就像是过街老鼠一般人人喊打。

嬴政的整个童年都是在赵国度过的，他和母亲赵姬作为人质生活在赵国，受尽欺辱，加上当时秦国与赵国不和，秦国对赵国多次发动进攻，他们母子更是成了人们唾弃和鄙视的对象。由此推测，秦始皇后来的残暴和他童年的经历不无关系，当时的他地位低下，受人歧视，所有人都在伤害他，从而在他心中埋下了仇恨的种子。

四、嬴政继位

就在赵姬母子饱受欺凌的时候，远在咸阳的子楚也在经受着思念赵姬和嬴政的煎熬。他虽然已在安国君的安排下娶妻生子，但他始终没有忘记曾与他患难与共的赵姬。他多次暗中派人前去寻找赵姬母子，但赵姬总是频繁变换住所，因而派出的人总是无功而返。子楚为此非常失望，有时他甚至怀疑赵王已经残忍地杀害了自己心爱的赵姬。

时间一晃就过去了六年。秦昭襄王五十六年（公元前251年），执政长达五十六年的秦昭襄王与世长辞。举国同哀之时，太子安国君继承王位，是为秦孝文王。很快孝文王登基之后，子傒与子楚展开了争夺太子之位的斗争。子傒获得了一些宗室大臣的认可，而子楚则得到了华阳夫人和吕不韦的全力支持。这两边的支持者都是实力派，华阳夫人在内宫为子楚运筹帷幄，吕不韦则在外廷帮助子楚结交朝廷重臣。最终，子傒因为扶持自己的力量太过弱小而败下阵来，只能老老实实地承认争储失败，而子楚则被立为太子，搬进了太子府。

这一年子楚可谓双喜临门，一是被策立为太子，二是经过多方努力，终于有了赵姬母子的消息。赵国听说当年的质子已成为秦国太子，立即派遣使节、车马将赵姬母子护送回国。嬴政终于随母亲回到祖国，并正式归入嬴氏宗族。这一年他9岁，从此开始了他在秦王宫里的政治生涯。

秦孝文王的在位时间非常短，他先是服丧一年，第二年十月正式即位，即位三天就去世了。吕不韦的投资终于等到了回报。秦孝文王去世后，子楚即位为新国君，史称秦庄襄王。嬴政被立为太子。秦庄襄王奖赏定国立君之功，拜吕不韦为丞相，并让吕不韦教导自己的几个儿子。他还封吕不韦为文信侯，食河南洛阳十万户。他兑现了与吕不韦共享天下的承诺，对其信任有加，君臣二人共谋秦国大业，在稳定内部政局后，加紧了对外扩张的步伐。

秦庄襄王即位之初，国内出现了一些不稳定的因素，四方盗贼祸乱纷起，而朝廷之内的公卿大臣也互相猜忌排挤。秦庄襄王对扶自己上位的吕不韦委以重任，凡事经常向他请教。吕不韦虽然是一个商人，没有什么从政的经验，但他毕竟是个老谋深算之人。知道帝位的更换难免会造成一些混乱，这是一种正常现象，而要制止这些纷乱，应尽快确立秦庄襄王的威信和地位，扩大秦国的版图，进而统一天下，不失为最好的办法，因为秦国历代都是这样过来的，而秦庄襄王更需要这种对外的兼并战争来证明自己，让以子傒为首的少数宗室大臣震慑于他的胆识和勇气。

秦庄襄王元年（公元前249年），经过一番周密的商议，秦庄襄王决定派大将蒙骜[①]率五万人马攻打韩国。

---

① 蒙骜：战国末期秦国的著名将领。本是齐国人，后来投靠秦国，官至上卿。历仕秦昭襄王、秦孝文王、秦庄襄王、秦始皇四朝，数次率军出征，战功赫赫。

蒙骜英勇善战，足智多谋，没费多大力气就以风卷残云之势迅速占领了韩国的成皋（今河南荥阳汜小镇）、荥阳，置为秦国三川郡，以此作为秦国向东部发展的前沿阵地，而且有三川郡的军士镇守东部，也能够避免六国军队借黄河之势直抵咸阳。

就在蒙骜率军攻取成皋、荥阳之后，想要继续挺兵东进之时，发生了一件令人意想不到的事情——东周君发起了讨伐秦国的战争。

此时的东周国偏于洛阳一隅，早就没有了昔日的繁荣庞大，而西周国也早在秦昭襄王五十二年（公元前255年）便被秦国灭掉了。东周君只剩下巴掌大的一片地方，但他仍然妄想恢复周王朝昔日的尊荣，于是发动了这场战争。六国见状也想趁火打劫，都遵从东周君的号令，派兵驰援，就连被蒙骜大军打得节节败退的韩桓惠王也派兵参加了这次联合攻打秦国的行动。这一战声势浩大，却成就了吕不韦。吕不韦由一个商人变身为秦国丞相，很多人都认为他没什么本事，只是凭着秦庄襄王的宠爱才得到了今天的地位，所以他急需一个机会来证明自己，而这场战争便是一个契机。

秦庄襄王为人软弱，没有什么主见，他收到蒙骜传来的消息后，顿时慌了神，急忙找吕不韦商议应对之策。

"丞相，东周君率六国兵马犯我边境，该派哪位将军出战迎敌呢？"吕不韦刚到，秦庄襄王就急切地问道。

"大王不必惊慌，弱小的东周兴不起什么大浪，微臣愿领兵前去平乱！"

秦庄襄王一向认为吕不韦是个商人，只是有些谋略而已，怎么可能会领兵打仗，所以他听了吕不韦的话顿时大笑起来，边笑边说："哎呀，我的丞相啊，你一介商人文士，哪能号令三军，领兵打仗呢？依本王看，你还是协助本王处理朝政，至于领兵征战之事，本王再派一员将军去就可以了。"

吕不韦从秦庄襄王的话中听出了几分对自己的轻视，心中颇为恼火，但他也无可奈何，只得耐心地等秦庄襄王笑够了，才又慷慨陈词道："大王，谁说文臣就不能领兵打仗？昔日文、武二王成就百代之周业，靠的不也是姜子牙这个文士吗？而齐国中兴不也是靠了孙膑这一轮椅上之残将吗？微臣既能交游各国而大赚其财，自然也能审时度势，率千万军马冲锋陷阵，御敌于国门之外！"

"丞相，领兵贵在实战，而非臆断，当年赵括谈兵纸上，无人能与之辩，但最终被我大秦武安侯白起一击而溃，兵败身死。丞相从未身经战事，又怎么能领兵出战呢？"

吕不韦根本不愿放弃这次机会，他把心一横，开口说道："大王，微臣愿意立下军令状，领命出战，如果不能打败东周君且尽取其地，臣愿领罪自绝于满朝文武面前！"

秦庄襄王见吕不韦如此坚定，只得表示同意，并严肃地说："丞相，一个小小的东周君虽然不足挂齿，但你也不可轻敌，要知道对方还有六国之师作为强大后盾。你如果能一战而胜，自然会使六国之师惊骇而慑服，从此不敢再轻言战事，所以一定要多加小心。你在路上可以会合蒙骜将军，与其戮力同心，一致对敌。"

"微臣谨记大王嘱咐，一定不辱使命，一战而胜！"

为了给吕不韦壮威，次日一早，秦庄襄王率文武大臣为他饯行。随后，吕不韦率领五万人马浩浩荡荡地出发了。看到吕不韦为帅去迎战东周，子傒等人心中都暗笑不止，在他们眼中，吕不韦只是一个会数钱的商人，哪里有打仗的本事呢？他们只等着吕不韦大败而回，看他笑话。秦庄襄王同样心中忐忑，吕不韦是自己钦点为帅带兵出征的，如果他真的战败，自己也难辞其咎，不但达不到借此战立威的目的，而且还会枉送了吕不韦的性命，他对自己有恩，自己又怎忍心逼他自刎呢？

吕不韦带领秦军很快抵达秦、周交界之处，与蒙骜所率攻韩的五万大军会师。安营扎寨后，吕不韦与蒙骜一起商议对策。吕不韦首先对蒙骜攻取成皋、荥阳二地表示祝贺，而后向蒙骜询问应敌之策。

对于吕不韦的恭维赞誉之辞，蒙骜一点也不为所动，冷淡地说："东周国不足为惧，可怕的是其身后有六国虎狼之师为后盾，据我所知对方兵马不下二十万，而我们才十万人马，恐怕无力与之抗衡！"

蒙骜没有正面回答吕不韦的问题，只抱怨自己兵力不足，很显然，他将难题丢给了吕不韦。吕不韦当然知道蒙骜的想法，知道他怀疑自己的能力，所以，吕不韦爽快地说出了自己的计划，目的是让蒙骜知道，自己能有今日并非全赖秦庄襄王之功。

吕不韦说："蒙将军，你我都明白，东周君之所以敢起兵犯境，无非是认为我国国君两度新立，国内一定很混乱，而六国派兵驰援，一是想借机分一杯羹，二是不想让东周君趁机扩大版图，从而影响他们的安全。自苏秦以来，六国其实是貌合神离，再也没有形成真正的合纵之势与我国对抗，他们这次的联手虽然兵力雄厚，其实是相互牵制，相互观望，否则，以其二十余万的优势兵力，早已犯境西进，势如破竹，何必逡巡于此地而不向前呢？六国兵马远途征战，军粮后继不易，这些都是有利于我们的条件，我们可以先按兵不动晾着他们，过几天再发一篇讨周檄文。六国兵马军粮不济，又慑于我军威势，到时自然会退兵而去，那样攻取东周国也就易如反掌了！"

听了吕不韦的分析及应敌策略，蒙骜内心钦佩不已。他自己戎马多年，征战无数，所想也不过如此，更何况对方从来没有经历过战事。看来吕不韦并不只是一个浑身沾染铜臭、只知钻营的势利商人，他能爬到今天的位置并不仅仅是靠着大王的宠爱，确有真才实学。蒙骜是个耿直之人，想通这一点后，他对吕不韦的态度大为转变，说话也客气了许多："丞相分析得极是，末将非常赞同，不过末将只知刀马战事，这讨周檄文还要请丞相捉刀而作了！"看见蒙骜的改变，吕不韦内心非常高兴，连连点头道："这个自然！这个自然！"

就这样过去了十来天，六国君主见秦军只是驻扎在边境，没有什么动静，而自己的存粮已经不多，后续粮草又遥遥无期，心中都十分着急，便到东周君帐中商议对策。他们确实如吕不韦所说的那样，并不想与秦军正面交锋，只是想浑水摸鱼，占些便宜而已，而且他们也没有想到秦国在连丧两位国君之后，依然能有条不紊地派出精锐之师上阵迎敌。

众人七嘴八舌地坐在大帐中商量着对策，忽然有军兵来报说秦军使者来了，众人都不知秦军葫芦里卖的什么药，忙让秦军使者进来。这个使者并不是普通的士兵，他叫樊於期①，是蒙骜手下的一名裨将。他走进帐中，不卑不亢地向各国君主施礼问候，然后从信囊中取出一卷帛书交给东周君。东周君展开一看，不禁大吃一惊，六国君主也凑上来观看，只见帛书上面写道：

文呈东周君及各国君王足下：

东周者，乃周室余脉，姬家后裔，我主感念周君昔年赐姓之功，许东周君居洛邑以安身立命，虽偏居一隅，然实是其先祖之过，我主纵恤其孤苦却又徒呼奈何。怎知东周君以怨报德，趁我国二君新丧，纠集六国之师，意欲再起烽烟。为保万民于安乐，我主挥师东进，不日将扫平东周小国。尔辈六国诸侯，如甘冒以卵击石之虞，自可为东周君之前驱，待我金戈铁马平定东周一隅之后，定将尔国夷为平地！

这篇犀利的讨伐檄文让东周君火冒三丈，只见他咬牙切齿地把帛书揉为一团，狠狠地掷在地上，向六国君主询问对策。

此次联手西进，以齐王建所率部队最多，他得知檄文内容后怒气冲冲，拍案而起，手指着秦使大声叫道：

"你们实在是欺人太甚，竟敢以十万残兵来对抗我二十余万雄师，真乃螳臂当车，不自量力！回去告诉你们的统帅，我们即刻就挥师西进，马踏连营，让他赶紧给自己找条退路吧，快滚！"

樊於期见对方如此嚣张，也不多说，掉头就走。

樊於期走后，齐王建转身对东周君说："这样对峙着，劳民伤财又

---

① 樊於期：战国末期将领。原为秦国将军，后因伐赵兵败，畏罪逃往燕国，被燕国太子丹收留。太子丹派荆轲谋刺秦王政时，荆轲请求以其首级与庶地督亢（今河北涿州市东）的地图作为进献秦王的礼物，以利行刺。樊於期得知此事，自刎而死。

没有一点好处,我们干脆领兵出去杀个痛快。他们只有十万人,而我们却有二十余万兵马,只要我们齐心协力,共同西向,定能让骄傲自大的秦国一战而俯首称臣。我先回去准备兵马,一个时辰之后,我们擂鼓进击!"

说完,齐王建昂首阔步地消失在大帐之外。其余五国君王也个个义愤填膺,都声称要讨伐秦国,杀秦兵个片甲不留,并相约一个时辰之后共同出击对敌,留下豪言壮语后就一一告辞。

东周君本来被吕不韦的讨伐檄文吓得魂飞魄散、六神无主,很想就此鸣金罢兵、拔寨而去,但现在看到六国君主都意气风发、豪情万丈,他恨不得立即兴兵打到咸阳去,他体内仅存的一点点男子汉气概和自尊心又被激活了。他想,有这么强大的后盾,自己的攻秦计划一定能够实现,即使不能挺兵西进,扩大自己的版图,至少能全身而退,依旧做回自己的小国寡君。

东周君穿上盔甲,拿起兵刃,意气风发地步出帐外,翻身上马,率领十余名将领及万余人马,无所畏惧地开往秦军营前,等着与六国君王会合。

再说樊於期匆匆赶回秦营,把情况一一向吕不韦和蒙骜作了汇报。吕不韦大笑着说:

"这些人实在是太可笑了,他们都想不战而退,保全自己,却还要装腔作势地说上几句漂亮话,真是可笑至极!蒙将军,你看该怎么办?"

"听说东周君有勇无谋,六国之君说的虽然都是漂亮的推搪之词,但估计他会信以为真,率兵来战。依我看,我们应该派兵迎敌,否则也太过怠慢了这一国之君!"蒙骜爽朗地说。

吕不韦表示同意,随即他们做了一番部署,便坐在阵前对饮起来。

满腔热血、准备大战一场的东周君来到秦军营前,却没有见到六国的一兵一马,心想,难道是自己来早了?可是一个时辰的约定时间已经到了啊。他有些心虚地向绵延不绝的秦军连营望去,忽见一名卫兵气喘吁吁地飞奔过来,颤抖着说道:"启禀大王,大事不好了!"

"什么事情如此惊慌？"东周君看了一眼身后的兵士，很不耐烦地问道。

"启禀大王，小人奉大王之命前去联络齐王，谁知他已经率领部下返回齐国去了！"

东周君闻言大惊失色，难怪看不到齐王的军队，他回首向齐军的驻扎方向望去，只见白茫茫一片，哪里还有齐军的影子？齐王建信誓旦旦，第一个满腔义愤地决定兴兵西进，扫平强秦，没想到率先脚底抹油溜之大吉，实在是无耻之极！没事，没事，他走了，还有五国的军队和自己并肩作战，照样不会输给秦军，东周君在马上默默地安慰着自己。可是他们为什么还不来呢？

就在东周君焦急等待之际，急报一个接一个地传了过来。

"报，大王，燕王率领自己的军队不辞而别！"

"报，大王，楚王率领自己的军队不辞而别！"

"报，大王，赵王率领自己的军队不辞而别！"

……

这一声声急报犹如一声声丧号，让东周君在马上坐如针毡，内心生起一股绝望，攻打秦军的约定就这样化为了泡影。他们一个个义正词严的话语犹在耳边，现在却走得干干净净，连营帐都没有剩下，唯恐走慢了会被秦军认为是东周君的盟友而兴兵讨伐。

都是奸诈无耻的小人，一点也不遵守诺言！东周君在马上狠狠地咒骂着六国君主。偌大的一个东线防区，只剩下他自己为数不多的营帐僵卧在旷野之中。

恼怒、愤恨，加上恐惧，使东周君头昏脑胀，他忽然眼前一黑，身子晃了几下，若不是那几名报信的卫士眼疾手快，他早就一个跟头跌到马下去了。

过了好一会儿，东周君才醒过来，又恨恨地咒骂了几声，才平静下来与众将商议对策。众人一致认为根本不是秦军的对手，不如尽快逃离。东周君虽然心中不甘，但现在遇人不淑，他又有什么办法呢，只得点头同意。

主意已定,东周君正要下令班师回朝,突然从秦军营帐之中传来震耳欲聋的鼓声,不一会儿,只见千军万马呐喊着从秦军营中冲出来,眨眼之间就将东周君的人马围了个水泄不通。

接着,战鼓声与呐喊声骤停,只听一阵阵笑声在秦军后边响起。东周君极目而望,只见秦军营帐内的瞭望塔上端坐着两人,正迎风畅饮。其中一个武将打扮的人大声说道:"东周君,你实在是冥顽不灵,我主念在周祖遗荫,让你偏安一隅做个小国之君,没想到你竟率兵犯境,以卵击石,自取其辱。事到如今,你还不下马投降!"

"投降!投降!投降!"那人话音刚落,秦军士兵立即跺脚振臂呐喊起来。喊声震天,许多东周士兵都吓得浑身哆嗦。

东周君知道自己光复先祖荣光的理想是不可能实现了,事已至此,打也是这样,不打也是这样,索性拼个痛快。

想到自己已然无脸去见九泉之下的祖辈们,东周君猛地拔出腰间的长剑,振臂高呼一声,纵马向秦军冲去。东周将士们眼见自己的主子冲了出去,大部分都呐喊着跟在后面,只有一些胆小怕死之辈抛掉兵器,举手过肩,溜到一边做俘虏去了。

秦军蓄势而发,在数量上占有绝对优势,而东周君的兵士则如惊弓之鸟,畏首畏尾。双方刚一交手,胜负立现。端坐于瞭望塔上的吕不韦和蒙骜一人手持一个酒壶,自斟自饮,一脸轻松地看着东周君像一只无头苍蝇似的四处乱撞,毫无目标地往来冲杀着。

经过一番惨烈的斗争,这场胜负早已成定局的战斗很快便结束了。决意一拼到底的东周君力竭被俘,而其他妄图负隅顽抗的东周将士则全部被秦军杀死。

东周君被俘之后,彻底清醒过来,知道保命要紧,于是自动请为平民,答应从此再不言国事。但吕不韦并不想就此罢休,他要求东周君将东周领地悉数献予秦国,从此再不言周宗之事。而后,吕不韦派人将东周君押往咸阳,他和蒙骜打扫完战场并收取了东周的领土,随后班师回朝。

此战让吕不韦威名大震，那些瞧不起他的大臣们从此再也不敢小看他，他的威名甚至远扬东方六国。此后，他与秦庄襄王勤于朝政，外交内抚，很快便使秦国重新振作起来。

当时秦国的东部国界已经达到了大梁（今河南开封），但秦国的征战脚步并没有就此停止。秦庄襄王二年（公元前248年），蒙骜攻赵，定太原。第二年，蒙骜攻克魏国的高都（今山西晋城泽州县高都镇）、汲（今河南卫辉），又攻取赵国的榆次（今山西晋中榆次区）、新城、狼孟（今山西阳曲黄寨）等，取37城。同年，秦将王龁攻克上党，不久又攻克晋阳。

秦军的节节胜利，着实令东方诸国震惊不已，燕、赵、韩、楚、魏决定合纵攻秦。秦庄襄王三年（公元前247年），魏王以信陵君为上将军，命他率五国之兵攻打秦国。秦军失利，蒙骜败退，五国联军追至函谷关下。

就在这一年，仅在位三年的秦庄襄王抛下如花似玉的赵姬和年幼的嬴政，不幸病逝。他临死前托孤于吕不韦等大臣，不久，嬴政在一片欢呼声中登上了秦王宝座，赵姬顺理成章地成为太后，她还让嬴政拜吕不韦为仲父。

由于嬴政即位时年仅13岁，按照规定，他在举行成人礼之前不得亲政，而由他的母亲赵姬以太后和监护人的身份代行王权。在嬴政亲政前，赵姬是秦国法定的最高统治者，据资料记载，当时调动军队的文件不仅要盖上秦王之玺，还要加盖太后之玺，而调兵权在正常情况下属于君主。但年幼的嬴政还没有完全的行为能力，许多政务必然要由太后赵姬与丞相吕不韦负责处理。

这样一来，吕不韦的权力更大了，这都是由他的特殊地位决定的。他的权力有三个来源：一是制度化的权力。他是秦国丞相，位极人臣，"一人之下，万人之上"。二是特殊权力。吕不韦是秦庄襄王的老师、嬴政的仲父，有定国安邦之功，跟两代君王的关系都较为亲密。此外，他还是文信侯，有三千门客，食邑十万户，这又大大强化了他的权力。三是隐形权力。吕不韦是赵姬的前夫，秦庄襄王死后，他和赵姬旧情复燃，史书上说："秦王年少，太后时时窃私通吕不韦。"和太后有了这种非同寻常的关系，吕不韦自然可以通过太后发号施令，从而掌握秦国的最高权力。

当然，吕不韦也挺有政治谋略，他在担任丞相期间做了不少大事，其中最有意义的一件大事是为秦国招揽人才。当时列国纷争，国家之间的竞争实际上就是人才的竞争，谁能招揽到最优秀的人才并加以重用，谁就能强盛起来。因此，各国都把争夺人才作为争霸天下的第一步，都在想方设法招贤纳士。当时秦国的人才虽然不多，但都是天下少有的精英，加上几代秦王都能人尽其才，因此秦国的国力蒸蒸日上。与此同时，各国也涌现出一批杰出人物，并加强了对人才的争夺。战国四大公子——魏国的信陵君、楚国的春申君①、齐国的孟尝君②、赵国的平原君③，门下都养着上千食客，为各自的国家延揽了不少杰出人才。吕不韦意识到，照此形势发展下去，秦国的发展将后续乏力，必须为秦国延揽精英才行。于是，他"亦招致士，厚遇之"，不久就为秦国聚集了一大批人才，其中就有后来官至丞相的李斯④。

吕不韦所做的第二件大事就是继续为秦国开疆拓土。在嬴政亲政前，秦军在蒙骜等将领的统率下，连续不断地攻击赵、魏、韩，占领了大量城池，小国卫国也成了秦国的附庸。其中最具战略意义的一次战争发生在秦王政五年（公元前242年），蒙骜攻击魏国，占领了魏国的酸

---

① 春申君：名黄歇，楚属黄国（今河南潢川县）人，生于江夏，楚国大臣。他游学博闻，善辩。楚考烈王元年（公元前262年）为楚相，被封为春申君。楚考烈王病逝后，他前去奔丧，被李园设伏杀害。

② 孟尝君：妫姓，田氏，名文，战国时期齐国贵族，齐威王田因齐之孙，靖郭君田婴之子，齐宣王田辟疆之侄。因封袭其父爵于薛（今山东滕州官桥镇），又称薛公，号孟尝君。

③ 平原君：名赵胜，赵国贵族，赵武灵王之子，赵惠文王之弟。因贤能而闻名。封于东武城（今河北故城县西半屯镇），号平原君。

④ 李斯：战国末期楚国上蔡（今河南上蔡县芦冈乡李斯楼村）人，秦代著名政治家、文学家和书法家，在秦始皇扫灭六国的过程中起了较大作用。

枣等大量城池，使得秦国和齐国接壤。这样一来，秦国就将列国分隔为南北两个部分，阻止了各国联合抗秦的行动。秦王政九年（公元前238年），在杨端和的指挥下，秦军又攻占了魏国一些城池，进逼魏都大梁。至此，魏国被彻底打垮，只能苟延残喘，坐等灭亡。这些行动都为秦国最终完成统一大业做了充分的准备。

此外，吕不韦还致力于秦国的基础建设。在他的主持下，秦国基本完成了郑国渠①的修建，促进了关中地区农业的大发展，增强了秦国的经济实力。

他也十分重视文化建设。当时战国四公子都养着数以千计的食客，名冠诸侯，吕不韦觉得自己作为强秦的丞相，养士竟然不如关东诸侯，实乃奇耻大辱，于是也养了食客三千，让他们每人著写见闻，然后集合成书。这就是《吕氏春秋》。

由于《吕氏春秋》是多人合著而成，为了防止体例不一，吕不韦要求每个章节都按统一体例编写，编与编之间要有一定的联系与分工。

表面上，吕不韦编撰《吕氏春秋》是为了跟战国四公子比赛养士，实际上他是想博采众家之长为秦国所用，为秦王兼并六国、统一天下提供思想支持。从这个目的来说，《吕氏春秋》是对各家学说的兼容并蓄，吸收各家思想的合理成分，抛弃其中不利于统一和稳定的部分。该书共二十六卷，内分十二纪、八览、六论，共一百六十篇，以儒、道思想为主，兼有法、墨、名、农及阴阳家言，也涉及天文、历数、音律等方面的知识。书成后，吕不韦将其公布于咸阳城门，声称凡能增删或改动一字者，重赏千金。"一字千金"的典故便是出于此。

当然，《吕氏春秋》并不是各门各派的精华罗列，而是有主有次、有详有略、有所损益的。正如荀子对儒家学说采取批判继承而形成荀学一样，《吕氏春秋》对儒家学说进行了进一步的扬弃取舍，吸收其中的

---

① 郑国渠：位于今陕西泾阳西北25公里的泾河北岸，西引泾水东注洛水，长达300余里（灌溉面积号称4万顷）。秦王政元年（公元前246年）由韩国水工郑国主持兴建，约十年后完工。

民本思想，并给予高度重视。比如，《务本》篇说："主之本在于宗庙，宗庙之本在于民。"《顺民》篇则说："夫以德得民心以立大功名者，上世多有之矣；失民心而立功名者，未之曾有也。"流传最广的当属《贵公》篇中的一句话："天下，非一人之天下，天下人之天下。"这些观点在君主专制时期确实难能可贵。

对于儒家"修身齐家治国平天下"的贤人政治思想，《吕氏春秋》也予以吸纳，提出"为国之本在于为身，身为而家为，国为天下为。故曰：以身为家，以家为国，以国为天下"的主张。

然而，吕不韦毕竟生活在封建专制时代，《吕氏春秋》既然是为统治阶级服务，那么它提出的民本思想与贤人政治思想也只是为了保证封建统治的长治久安，根本无法超越时代的局限。

《吕氏春秋》对道家思想也进行了扬弃舍取，吸收了道家的无为思想，并主张将这一思想运用于为君之道中。它认同道家"无为而无不为"的思想，认为表面的无为才能达到事实上的有为。书中说："夫君也者，处虚素服而无智，故能使众智也。智反无能，故能使众能也。能执无为，故能使众为也。无智、无能、无为，此君之所执也。"意思是说，君主这种人，居于清虚，执守素朴，看起来没有什么智慧，所以能使用众人的智慧。智慧回归到无所能的境地，所以能使用众人的才能。能执守无所作为的原则，所以能使用众人的作为。无智、无能、无为是君主所执守的。"人主以好暴示能，以好唱自奋；人臣以不争持位，以听从取容；是君代有司为有司也。"意思是说，假如君主包揽一切，事必躬亲，那么君就成了臣，这样很容易造成国家的混乱。从这一点来看，《吕氏春秋》的见解是源于老庄而高于老庄的。

在墨家思想上，《吕氏春秋》吸收了墨家的兼爱、尚贤思想，摒弃并批判了其尊天、明鬼、非攻、非乐等核心思想。墨家反对战争，《吕氏春秋·振乱》篇对之进行了批判，说："夫攻伐之事，未有不攻无道而罚不义也。攻无道而伐不义，则福莫大焉，黔首利莫厚焉。禁之者，是息有道而伐有义也，是穷汤、武之事，而遂桀、纣之过也。"意思是说，攻伐之类的事，基本上都是攻击无道而惩罚不义。从事攻击无道和讨伐不义的事业，自己获得的福报是最大的，人民获得的利益也是最多的。如果禁止攻伐，这就是摒弃有德，惩罚正义。这就是相当于阻挠商汤、周武王的事业，同时助长夏桀、商纣的罪恶。《吕氏春秋》认为一味地反对战争根本没有实际意义，也不现实，所以它主张兴"义兵"，"故义兵至，则邻国之民归之若流水，诛国之民望之若父母，行地滋远，得民滋众，兵不接刃而民服若化"。如果进行"攻无道而伐不义"的正义战争，可以除暴安良，也会得到人民的拥护。

《吕氏春秋》对墨家的尚贤思想很赞同，认为"以贤者为后，不肯与其子孙"。另外，它对于墨家的"薄葬"思想也进行了吸纳与发扬，认为人死后虽然不会变成鬼，也没有知觉，但是出于活着的亲人的情感需要，出于对死者的尊重，仍需一定的礼节。但它认为厚葬没有一点益处，"自古及今，未有不亡之国也；无有不亡之国，是无不扬之墓也。"《节葬》篇有这样的观点："今世俗大乱，之主愈侈其葬，则心非为死者虑也，生者以相矜尚也。侈靡者以为荣，俭节者以为陋……此非慈亲孝子之心也。"这是对墨家节葬观更深一层的理解与继承。

《吕氏春秋》对法家思想也进行了兼容并蓄，吸收了法家的法治思想和变法主张。它认为历史是不断发展变化的，如果时代变了，相应的制度和法规也应该及时变化，以适应时代的需求，所以《长见》篇这样说："今之于古也，犹古之于后世也。今之于后世，亦犹今之于古也。故审知今，则可知古，知古则可知后，古今前后一也。""无法则乱，守法而弗变则悖，悖乱不可以持国。世易时移，变法宜矣……故凡举事必循法以动，变法者因时而化。"

吕不韦亲眼见证了秦国因法而变强的过程，所以他认为以法治国是很必要的。但是，他并没有因此而对法家思想一味褒扬，他摒弃了法家刻薄少恩的一面，批判了《韩非子》中的阴谋权术，而只保留了法家中法和势的思想。

吕不韦是个商人，知道商业能够取得比农业更高的利润，但是他并没有因此而厌恶农业，反而一再强调农业在国民经济中的重要性。《吕氏春秋》认为稳定农业和农民不仅是国家安定的基础，也是国家军事力量的最终源泉。比如《贵当》篇说："霸王有不先耕而成霸王者，古今无有。"《上农》篇说："古先圣之所以导其民，先务于农。民农非徒为地利也，贵其志也。民农则朴，朴则易用，易用则境安，主位尊。"足见《吕氏春秋》对农业的重视，这是对商鞅重农思想的继承。

不过，《吕氏春秋》虽然重农，但并不抑商，它看到了商业在国民经济发展中的重要性与积极作用，所以主张先农后商，这一思想比商鞅的唯农论要进步多了。

另外，《吕氏春秋》还批判吸收了兵家等其他流派的学说。总而言之，《吕氏春秋》博采各家学说，吸取了各家比较进步的思想，比如《不二》篇说："老聃贵柔，孔子贵仁，墨翟贵廉，关尹贵清，列子贵虚，陈骈贵齐，阳生贵己，孙膑贵势，王廖贵先，儿良贵后。"足见它对各家思想并不是一味集合，而是进行了批判的吸收，可以说是一部内容多样、思想丰富的优秀著作。

当然，吕不韦并非圣人，难免也会犯错，他此生最大的错误就是有意无意之中将嫪毐引入秦国的权力机构之中。也正是这个错误，断送了他的性命，并使秦国的前途一度蒙上阴影。

第三章 王风初显欲亲政

一、嫪毒乱政

秦庄襄王去世时，赵姬正值盛年，生性放荡不羁的她没过多久就按捺不住内心的寂寞，开始频频与吕不韦私通，吕不韦为此十分不安。作为一人之下万人之上的相国，有权有势，什么样的美人会得不到呢？况且现在赵姬身为王太后，臣子与太后私通会有什么后果，吕不韦非常清楚。

那么，赵姬是靠什么让吕不韦不顾杀头的罪名与她私通的呢？其实原因很简单，吕不韦是相国，是秦王之仲父，总揽朝政大权，但不管怎么说他依然是个臣子。而赵姬虽然不再年轻，容颜也比不了当年，但她终究是王太后。君臣相比，孰重孰轻，毋庸多言。吕不韦苦心经营这么多年，才拥有今天的地位，他哪里敢轻易得罪太后呢？所以，生理与政治两种不同的需求，将赵姬和吕不韦绑在了一起。

吕不韦经常出入后宫与赵姬私会，尽管大家心知肚明，但都迫于太后和相国的权势而不敢声张。而且当时嬴政年纪尚小，所以他们的关系暂时能维持下去。随着嬴政一天天长大，吕不韦与赵姬之间的不正常关系很难不被他察觉，人们虽不敢明说，但私下总会议论，总有一天会传到嬴政耳朵里。吕不韦为此整天提心吊胆，担心事情败露而大祸临头，于是开始寻找"脱身之计"。

思来想去，吕不韦决定给赵姬找一个合适的男人，转移赵姬的注意力。恰在此时，他听说民间有一位在房闱之事上具有"特异功能"的人，于是将其收为自己的门客。这人就是嫪毐。

可是，该如何将嫪毐献给太后，又不会让太后觉察出这是他的"金蝉脱壳"之计呢？吕不韦为此想出一个妙计，在一次与众人歌舞行乐时，他故意让嫪毐当众用生殖器转动以桐木制成的小车轮，目的是借助众人之口四处传播这件事。吕不韦知道，太后是个生理需求极其旺盛的女人，如果她听说民间有性功能非常强的男人，一定会将这样的男人召进宫中伺候她，这样吕不韦就可以顺理成章地将嫪毐送给太后了。

果然，太后听说这件事后，迫不及待地想要得到这个男人，以满足私欲。她找吕不韦商量此事，吕不韦当即答应进献嫪毐。可是难题又来了——怎样将嫪毐送进宫呢？那时男人进入后宫是相当困难的。不过，吕不韦和王太后商量出了一个好办法，"诈令人以腐罪告之。不韦又阴谓太后曰：'可事诈腐，则得给事中。'"也就是说，先找人告发嫪毐犯了宫刑罪，然后私下里贿赂主管宫刑的官员，于是整个宫刑只是装装样子。不过，宦官是没有胡子的，而嫪毐长有胡子，为此只能一根根地将他的胡子全部拔掉。最后，嫪毐顺利以宦官的身份进宫服侍王太后。

嫪毐没有让吕不韦失望，很快便得到了太后的宠爱。太后对他极为满意，整天跟他一起厮混，再也不去纠缠吕不韦了。至此，吕不韦的"金蝉脱壳"之计取得了圆满成功。然而，后来的事情却脱离了吕不韦的控制，他没想到嫪毐也是个很有野心之人，当太后的"男宠"并不能满足他的欲望，他还想在政治上风光一把。

嫪毐进宫不久，太后就怀了嫪毐的孩子。事情有点严重了，很容易被嬴政发现，太后赶紧找吕不韦商量对策。吕不韦建议太后离开秦宫。太后依计声称身体有恙，让人在宫中卜了一卦，说现在居住的宫殿风水不好，必须离开才行，而远离秦宫的凤翔宫是最好的去处，对太后的身体非常有利。嬴政也不怀疑母亲，马上派人将母亲送到凤翔宫，而嫪毐作为太后的贴身宦官，自然是与太后同行。

就这样，太后和嫪毐在凤翔宫过起了幸福的二人生活。没过多久，太后生下了一个儿子。这时他们仍然没有认识到事情的严重性，一年后又生了一个儿子。不过，太后的保密工作做得还可以，嬴政不知道这两个孩子的出世。只是太后过于宠爱嫪毐，后来竟然让嬴政封嫪毐为长信侯，把山阳地赐给他做封地。山阳地，即今河南省获嘉、沁阳一带。嫪毐没有去自己的封地居住，仍然住在宫中陪伴太后。

嫪毐成了太后身边最红的人物，凤翔宫的大小事务都由他说了算，其生活更是奢靡浮华，享用的都是顶级待遇。后来，太后又将河西（今陕西东南部）和太原（今山西中部）二郡作为嫪毐的封国。

凭借太后的宠信，嫪毐由一介庸夫扶摇直上，变成身家显赫的权贵。他开始结交官吏，网罗党羽。据史料记载，当时的卫尉竭、内史肆、中大夫令齐等二十余人都投到嫪毐门下，还有许多人愿意成为他的舍人①，以至于嫪府的家奴达数千人之多。

嫪毐的政治、经济实力极度膨胀，也使他的政治野心进一步扩张，他似乎忘记了自己的身份，居然开始干预起国政来。《战国策》中说，嫪毐集团的影响已经遍及整个秦境，其实力足以和相国吕不韦并驾齐驱。这一点是吕不韦万万没有想到的。

当时，以吕不韦为首的集团和以嫪毐为首的集团成了秦国两个最大的政治集团，双方为了争夺权势和利益而明争暗斗。嫪毐凭借太后的权势干预国家政事，一时间，大小政事都决于嫪毐。

然而，嫪毐毕竟是个市井小人，有了钱有了权之后，很快便有些忘乎所以了。他宫室车马，田园游猎，卖官鬻爵，结党营私，无恶不作，完全忘记了自己是谁。有一天，嫪毐与中大夫颜泄一边饮酒一边赌博，嫪毐连输数局，趁着酒兴赖起账来。颜泄也醉了，坚决不同意。嫪毐火了，抓住颜泄的衣服，"啪啪"几个耳光打了过去。颜泄哪肯相让，也挥手将嫪毐的帽子抓掉。嫪毐大怒道："我是当今秦王假父，你竟敢与我相抗！"颜泄一听，酒立马醒了一半，拔腿就逃。嫪毐穷追不舍，恰

---

① 舍人：当时高官显贵的侍从宾客、左右亲信，统称为舍人。

好碰上了秦王嬴政，颜泄吓得立刻跪地请罪。

嬴政是个机敏之人，对嫪毐的事情又怎会毫无察觉呢？他之所以装作不知道，只是因为没有拿到确切证据罢了。他一声不响地将颜泄带到蕲年宫，细问其中缘故。颜泄早就吓得酒全醒了，于是把嫪毐的醉话添油加醋地重复了一遍，最后还补充道："大王，这个嫪毐根本不是什么宦官，他是假装受了宫刑而被送进宫偷偷服侍太后的。现在已经有了两个儿子深藏宫中，而且还说不久就要篡位。"

颜泄的话证实了嬴政心中的猜疑，他怒发冲冠，真想马上将嫪毐杀掉，但他心里明白眼下的局势，嫪毐眼下正受太后的庇佑，而国家实权还掌握在吕不韦和太后手里，以自己目前的实力根本无法与他们抗衡。因此，他只能把愤怒和仇视深埋内心，等待合适的时机再动手。

二、赈灾救民

嬴政登基时只有 13 岁，还是个孩子，虽然成了万人仰视的一国之君，但让他感到心烦的是，他似乎失去了很多自由，再也不能尽情地玩耍，而且每天要接受太后和仲父吕不韦的训导。太后是他的母亲，训导他是理所当然的事情，但是吕不韦又算什么呢？他想不通母后为什么对吕不韦言听计从，难道仅仅是因为父王临终前的嘱咐吗？他为此十分苦恼，于是对吕不韦的话总是充耳不闻，不置可否。

私底下，他也开始培植自己的势力，以便有朝一日能与吕不韦抗衡。李斯、尉缭子①都是在这个时候来到他的身边的，而一些旧公族势力如蒙骜、王翦②、麃公等人，由于痛恨吕不韦这位新贵当权，也逐渐向他靠拢。

---

① 尉缭子：战国兵家人物，魏国大梁（今河南开封）人。姓氏不详，名缭，秦王政十年（公元前 237 年）入秦游说，被任为国尉后，改称尉缭。著有《尉缭子》，与《孙子》《吴子》《司马法》等在宋代并称为《武经七书》。

② 王翦：号信梁，战国末期秦国将领，经历三代秦王，为秦国宿将。

也正是在这个时候，嬴政遇到了对他影响至深的宠臣——赵高。赵高是一个地地道道的小人，善于揣测嬴政的心思，给嬴政带来了不少的乐子，从而赢得了嬴政的宠爱。

赵高的身世有争议，《史记》中说他是赵氏宗族的远支，赵高兄弟几人皆生于隐宫，其母因事受刑，世代卑贱。赵高长大一些后，成为一名宦人。他生性狡黠，记忆力惊人，熟知儒、法、阴阳之学，尤其精通法家学说，而且写得一手好字。这样的人怎会满足于当一个无名小卒呢？通过细心观察，他发现秦国执行的是"以法为教"的国策，"事无尤小，皆决于法。"于是，他以吏为师，很快掌握了复杂的"狱律令法"，将五刑细目的诸多条款熟记于心。后来一个机缘巧合，他进入了嬴政的视野，得到了一个靠近君王的机会。一看到嬴政批阅案牍，他就马上靠近侍候。只要嬴政遇到难题，他就大胆建议，而且提出的意见全都符合律令，从而赢得了嬴政的青睐。加上他善于揣摩他人心理，总能想出让嬴政开心的主意，使得嬴政越来越离不开他。后来还提拔他为中车府令。

中车府令的级别并不高，但是与君主的关系极为亲近，掌管着皇帝的乘舆、玺印和墨书等，是秦王身边的近侍，相当于嬴政的机要秘书。这使赵高得到了接触国家机密、获得秦王宠信的大好机会。果然，随着接触次数的增多，嬴政越来越喜欢、越来越赏识赵高，后来还命第十八子胡亥认赵高为师，向他学习法律，就这样，赵高与胡亥建立了极为亲密的关系，并迅速博得了公子胡亥的赏识和信任。有一次，赵高犯下重罪，按当时的法律理当判处死刑，蒙毅不敢枉法，打算按律处死他，但赵高巧言令色，最终使秦始皇赦免了他并官复原职。由此可见，秦始皇对赵高的信任非同一般，而这件事也使赵高对蒙氏兄弟恨之入骨，一直寻机报复，后来还唆使秦二世胡亥残害了蒙氏一族，此乃后话。

秦王政三年（公元前244年），关中发生了严重的饥荒。在这场灾难中，嬴政初步显示出了他的智慧和王风。

这场天灾来势汹汹，先是一连三月大旱无雨，大片大片的庄稼苗枯焦而死。正所谓祸不单行，炎炎烈日下，千万蝗虫又如漫天乌云般袭来，遮天蔽日，将仅存的幼苗啃噬一空。蝗群过后，田间一片荒芜，不仅仅是庄稼，就连野菜野草也荡然无存。本来旱灾之下，农民家中的存粮早已耗尽，只盼收获田里的庄稼维持生计，而现在一切希望都化为泡影。家中没有口粮，只剩下死路一条。

人们没有办法，只得扶老携幼出外逃荒。然而，所到之处蝗虫遍地，颗粒无收。逃荒的人只得汇聚在一起继续流浪。一时之间，难民随处可见，盗贼四起，纷乱不断，各地的加急文书陆续送抵咸阳。

看着堆积如山的奏章书简，嬴政心里万分焦虑，他决定微服出巡，考察一下百姓的真实灾情及各地官员的政绩。这一年他只有15岁，朝政大权都掌握在太后和吕不韦手中，他只得去找太后和吕不韦商议对策。

"母后，各地蝗灾肆虐，造成流民无数，不知母后是否知晓？"嬴政问道。

"本宫对此也有所耳闻，百姓们以耕作为食，现如今蝗虫却毁了他们的希望，致使他们流离失所，不知你们有什么良策？"

"母后，孩儿以为当务之急是抚恤灾民，使他们安定下来，不再四处流浪乞讨，否则必会导致大乱。孩儿打算从国库存粮之中调拨粮食50万石，火速运往灾情最严重的地方用以安抚民心，不知母后认为如何？"嬴政说出了自己的想法。

"嗯，政儿心系百姓，实在是百姓之福啊！"太后看了看吕不韦，赞同道。

嬴政听了母亲的赞扬，内心十分兴奋，接着说道："母后，孩儿认为赈济固然可行，但并非长久之策，因为国库存粮终究有限，所以孩儿打算微服出行，体察时弊，审查地方官员的政绩，然后再因时制策，想出一个万全长久之策，使人民专心耕作，尽快渡过眼前的难关。"

"这可万万使不得！"太后还未说话，吕不韦率先出言反对。

"仲父以为有何不可？"嬴政心里很不满，不耐烦地反问道。

"大王年纪尚幼,毫无处世经验,何况民风复杂,而今又当乱世,很容易发生意外。"

"现在民间蝗灾横行,流民遍地,正是多事之秋,假如地方官的施政方针不正确,百姓就无法顺利渡过这个难关,说不定还会引起祸乱。本王虽然身在王宫,但也清楚不少地方官只报喜不报忧,如果任由祸乱不断积攒而不加以疏导,必定会一发不可收拾。正因为如此,本王才要到民间去,一为体察民情,二为考察官员业绩,这样制定出来的策略才能切中时弊,具有可行性。"面对吕不韦的反对,嬴政侃侃而谈,据理力争。此时的他就像当初吕不韦不顾秦庄襄王的反对,执意要出征一样固执,他想借此机会向世人证明自己的能力,不再被人认为自己是个什么事都不懂的小毛孩。但吕不韦句句不离他还年幼,还是个孩子,这让他心里极为不快,更加反感吕不韦的专横无礼,不过他依然忍住了,没有发作。

君臣二人激烈地争论着,谁也说服不了对方。这时太后发话了:"政儿,你能心系苍生,决意微服出访,实乃黎民之幸,秦国之幸。看来你是真的长大了,你想出宫那就去吧,但一定要多加小心。"

嬴政没想到一向对吕不韦言听计从的母后这次竟然支持自己,内心一阵激动,颇有些得意地说:"母后请放心,孩儿定会多加小心,孩儿才不想只当两年大王呢!"

吕不韦还想出言反对,但太后挥手制止了他,神情严肃地说:"丞相,政儿能有这样的想法,你应该感到高兴才对,为什么要极力反对呢?难道你希望自己辅佐的大王是一个怯懦无能、庸庸碌碌的蠢材吗!"

"可是外面实在太危险了,万一有个什么闪失……"吕不韦仍然放心不下。

"仲父,我已经 15 岁了,不再是小孩子了,我会好好照顾自己的。"嬴政说完拜别母亲,看也不看吕不韦一眼便转身而去。他兴冲冲地回到自己的住处,收拾一番后便领着赵高等几个心腹出发了。他们一行装扮成难民模样,很快就出了城门向东走去,咸阳东边都是边关要塞，地形险要，而且受灾最为严重。

一路上，他们一边"乞讨"一边调查情况。刚出咸阳不久，他们便看到一些孩子在田间奔走捕蝗。他们很是好奇，询问之后，才知道孩子原来是把蝗虫捉回家食用。不过此处蝗虫不多，因而没有成灾。路上虽然也有一些流民，但当地百姓的生活还算安定。

嬴政一行经过几天的奔波来到了华县（今陕西渭南境内）境内，巍峨雄壮的华山正处于该县境内，他们本来打算登上华山之巅一饱眼福，但当他们步入华县境内，看到眼前的惨状，就再也没有了游山玩水的闲情逸致。

时值盛夏，田地里本应该是绿油油一片，如今却一片荒凉，就连田埂地头的绿草也被蝗虫吃得一干二净，一棵棵大树也只剩光秃秃的树干凄凉地挺立着。仔细察看，还能在僻静的角落发现星星点点的绿叶绿草，但这些仅存的绿意也是新近才萌发出来的。本该悠闲自在地在道路两旁吃草的马和羊，如今也只剩下骸骨在阳光的照射下发出瘆人的白光。谁让它们生活在这个灾荒年月呢！为了活命，人们也只能忍痛杀了它们，吃肉喝血，填饱肚皮，而它们的骨头只能被弃之野外。

嬴政曾在邯郸城与贫苦百姓一起生活过，了解百姓们的生活，现在的情景让他心底无比凄凉。他们来到附近的村落，只见村子里空荡荡的，异常冷清，村里的年轻人都逃荒去了，留下来的都是些走不动的老弱病残。其实他们也很想和大家一起去流亡，因为待在村子里也只有死路一条。

嬴政一个村落一个村落地察看，每个村落的情形都大体相同，一样的冷清，一样的悲惨。他们在其中一个村子里看见一个老人正坐在阴凉处乘凉，走近一看，才发现老人的双腿没了。

"老人家，村里的人都干什么去了？"嬴政极为客气地蹲下身子问道。

"出去要饭了，待在这里只能等死，还不如到外面碰碰运气，说不定能找到些吃的，凑合活下去。"老人迷茫地说。

"蝗灾不是已经过去了吗？你们可以再补种一些粮食啊，让这些地白白空着多可惜！"

"是啊，我们庄稼人依靠土地为生，但凡有一点办法，我们也不舍得让这地白白荒废，这里的土地可是远近闻名的沃土！可是种什么呢？种子都被吃掉了，总得先活命吧！再说，这粮食不可能今天种下明天就收吧，总得等个两三月吧，那这段时间内能吃什么？走吧，走得越远越好，否则连一口吃的也要不到！"

"难道县里没有给你们发赈灾的粮食吗？"嬴政出发前已经命人从国库拨出赈灾粮食，现在这么多天过去了，这些粮食理应发下来了。

"赈灾的粮食？哼，县里不来跟我们催要地租赋税就不错了，还会给我们粮食吃？"老人极为气愤地说。

"这个县令是怎么当的？压着赈灾粮食迟迟不下发，真是胆大包天！"嬴政心里十分恼火，脸上却不动声色地问道："你们的县令叫什么名字？"

"他叫阎世东，是个只认钱财不认人的家伙，我们背地里都叫他'活阎王'，就是因为他太贪得无厌了。唉，我跟你们说这些干什么，要是让县老爷知道，我就惨了。你们还是赶紧走吧，现在要饭也不好要了，你们走远一点，说不定别处的日子还好过一些。"

"那你为什么不跟村里人一起走啊？"赵高插嘴问道。

"我一个废人能到哪儿去？村里人走的时候非要带上我，我死也不肯去。世道这么乱，哪里都不太平，我又何必拖累别人呢！他们临走时给我留了点粮食，这是全村人从牙缝里省下来的！他们说了，如果逃荒回来我还没饿死的话，他们就还养着我，只是不知我还能不能等到那一天！"

"老人家，您放心吧，您一定会等到那一天的！"嬴政语气坚决地说道。

嬴政一行很快来到县城，通过明察暗访，得知该县早已收到了发放赈灾粮食的命令，而且县里的国库里就有存粮，但县令阎世东不但不执行命令，而且还把放赈的粮食调出来，与城里的粮店店主勾结，高价出售这些粮食，从中谋利。人们受够了阎世东的敲诈欺压，正准备暴动，杀死阎世东，抢夺粮食。由于人手不足，他们正在联络流亡到各地的本县民众，等时机成熟便相约起事。

形势危急，嬴政急忙雇了马匹，快马加鞭赶回咸阳，颁发御旨。先命人赶往华县，处斩贪官阎世东以及囤积居奇的几个奸诈商人，而后任命忠贞耿介的大臣为巡行使，督察各地赈灾粮食的发放情况，让各地民众固守田地，抗灾自救。遇有趁机渔利或者办事不利的官员，即刻严惩，并赐予其先斩后奏之权。这一系列措施充分显示了嬴政的果敢与智慧。

一切安排妥当后，嬴政心中才稍稍平静下来，他稍作休息，准备去问候太后并细陈自己擅作主张的原因。就在这时，他得到了一个令他万分震惊的消息。《史记·秦始皇本纪》中记载如下：

> 十月庚寅，蝗虫从东方来，蔽天。天下疫。百姓内粟千石，拜爵一级。

嬴政这才知道自己在回咸阳的路上为什么会看到那么多运粮的车马，原来都是来捐粮求官的。他年纪虽小，但也知道这样做会让许多愚官奸官涌进朝廷，带来极坏的影响。因此他急忙奔向甘泉宫，想找太后问个究竟。

看到太后，嬴政直接问道："母后，孩儿回宫之后听人传言说母后业已诏令全国，凡秦国子民，只要纳粟千石则拜爵一级，不论贤孝驽逆，不知可有此事？"

太后见到嬴政颇感意外，十分怜爱地问道："是啊，这条诏令是两天前颁行的，不知效果如何。有何不妥吗？"她口气轻松，显然对纳粮拜爵一事非常赞同。

"敢问这条诏令是否出自母后本意？"嬴政想不通太后为什么会颁

发这样的旨意。

"这是吕爱卿提出的意见,母后觉得可行,加上灾情紧急,而你又不在宫中,于是就代你诏令天下了。"

"又是这个讨厌的吕不韦!"嬴政极其反感地嘟囔着。

"怎么,你觉得这个诏令不合适吗?"

"孩儿不敢妄下断言,不过按大秦律法,历来都是以军功授爵,因而前方将士才奋勇杀敌,大秦版图也不断扩大。如今忽行纳粮赐爵之策,将大大打击将士们上阵杀敌的积极性,得利的只会是那些只知聚财敛货而不顾天下兴亡的商人,如此下去,统一天下的宏图伟业何日才能实现啊!"

"政儿,你说得不无道理,但现在蝗灾肆虐,急需粮食赈济灾民,而国库存粮终归有限,而且还要供军中之需,纳粮授爵正好解了这个急。"

嬴政又与太后争论半天,双方各执一词,始终无法达成一致。太后不想因为此事破坏母子之间的感情,便转移话题道:"政儿,这事稍后再说吧,你先说说这几天微服私访感觉如何?"

"孩儿出行几日,发现蝗灾为祸甚为严重,有的地方官员还趁火打劫,擅权专断,不务政事,致使民怨沸腾。孩儿刚才已颁布诏令,严明法制,希望能顺利渡过眼前的难关。"嬴政回答道。

"政儿,你小小年纪便能忧国忧民,实乃黎民之幸,相信大秦在你的统治下一定会更加强大。"太后高兴地鼓励儿子道。

"多谢母后夸奖,孩儿实在不敢当。"嬴政谦逊一番,又开口道,"母后,纳粮封官之事……"

赵姬见嬴政又提起诏令之事,再次感到了嬴政的固执,为了不伤害母子之间的感情,她只得做出一定的让步:"诏令既已发出,也不能马上收回,只能先让那些人纳粮,或者可以给那些人授爵,但不让他们入朝为官,你看如何?"

"也只能这样了!"嬴政见母后已经让步,只能就此作罢。

这次赈灾使嬴政了解了一些民间疾苦和秦国的官场流弊，同时也体会到受制于人的为难与尴尬，遂更加迫切地想要将权力收回。他盼望着自己快快长大，等到成人礼之后把大权牢牢掌握在自己手中，摆脱他人的摆布，成为真正的大秦之主。

三、长安君叛乱

当时除了吕不韦专权，嬴政的王位还面临着一个潜在的威胁，那就是他的同父异母弟弟——长安君成蟜。

长安君成蟜大约出生于秦昭襄王五十一年（公元前256年），是秦庄襄王的次子。他的存在让嬴政寝食难安，一心想要除掉这个威胁。而吕不韦虽然专权，但他还是维护嬴政的，因此，当他看透嬴政的心思后，便开始谋划除掉长安君。机会很快便来了。

嬴政登基后，秦军曾于秦王政三年（公元前244年）和秦王政四年（公元前243年）攻打韩、魏，夺取了诸多城池，建立东郡，切断了魏、赵地面上的联系，并对韩、魏形成了半包围状态。由于东郡截断了"山东纵联之腰"，所以东方五国韩、赵、魏、卫、楚于秦王政六年（公元前241年）曾联兵伐秦，但是很快便被秦军挫败。东方诸侯最后一次合纵抗秦以失败而告终。

虽然打败了东方五国联军，但是吕不韦仍然非常震怒。秦王政八年（公元前239年），上党郡六城反叛，并杀死了秦国派驻的地方长官。

吕不韦趁机建议让长安君成蟜率兵征讨，嬴政采纳了他的建议，以长安君成蟜为将，领精兵十万伐赵，原有上党前线军队也交由成蟜统一指挥。此时长安君年纪尚小，根本没有领兵作战的能力，让他带兵上战场，说白了就是让他去送死。嬴政也是想借上党的叛军之手来铲除自己王权的威胁者。

对此，《史记·秦始皇本纪》中只说：

八年，王弟长安君成蟜将军击赵，反，死屯留（今山西屯留南），军吏皆斩死，迁其民于临洮……

年幼的长安君对行军打仗一窍不通，便时常与将军樊於期商量。当时民间盛传嬴政并非嬴氏血脉，而是吕不韦的骨血，樊於期听说此事后，对吕不韦献妾盗国、移花接木的做法痛恨不已。作为一个忠臣，他决心维护嬴氏的正统地位，决不能让一个商人的儿子临朝把权。长安君成蟜虽然性格懦弱，却是真正的嬴氏后人。所以，樊於期有意接近成蟜，对他关怀备至。

有一天，长安君来找他商议军事，樊於期屏退左右，向长安君说起吕不韦的事情，并对他说："今秦王并非先王骨血，你才是真正的王位继承人。吕不韦命你带兵伐赵，实则暗藏祸心，害怕有一天事情败露，你会与秦王为难。所以，他现在表面上重用你为将，其实是想把你逐出王宫，或是令你战死沙场。而且吕不韦经常出入宫禁，与太后私通已久，他们一家聚在一起，最忌讳的人就是你。如果你这次出师不利，吕不韦将借此降罪于你，轻则削籍为民，重则性命不保。先王天下，将变吕氏之国。天下人都知道此事，你应当早做长久打算。"

成蟜说："如果真如将军所说，这也太可怕了，若非你今日告诉我，我还被蒙在鼓里。依将军之见，这件事该如何处理呢？"

樊於期说："如今蒙骜在外征战，紧急之间无法马上回师。而你手握重兵，如果传檄天下，列数吕不韦的罪状，臣民百姓必将一呼百应，尊奉真主。"

成蟜按剑慨然说道："大丈夫有死而已！怎能屈膝于商人之下？请将军为我出谋划策。"

于是，樊於期立即派人告知蒙骜："征赵后军即日前往，多蒙将军用心准备。"随后，樊於期又为长安君起草了一篇檄文：

长安君向国内外臣民百姓宣告：

国家社稷传承继续之根本，全在于血统的延续。颠覆宗庙社稷之罪过，莫过于玩弄阴谋，移花接木。文信侯吕不韦，本乃阳翟之商，现在竟然窃取国家权力。现今国王政，并非先王血脉，实乃吕不韦之子。吕不韦先用已孕之妇引诱先王，然后献上，致使一个私生子成了先王血脉。吕不韦行贿施计，把奸贼作功臣。两代先王之死，皆系吕不韦所为，国人岂能容忍？

秦国社稷危在旦夕，神人共愤！我幸为先王嫡子，请求神灵助我杀尽逆贼。

先王的子孙臣民，记住先王恩德，与我一同作战，共扶大秦伟业。

檄文所至，大家磨刀擦枪，做好准备，只等我大军到来，大家一起上阵杀敌。

樊於期派人将檄文四处散播。与蒙骜一起攻打赵国的张唐知道后，连夜赶回咸阳向嬴政作了汇报。嬴政马上召来吕不韦商议对策，吕不韦决定以王翦①为将，兴兵十万讨伐。

长安君听说大将王翦率十万大军前来讨伐，顿时吓破了胆。樊於期说："您现在已经是骑虎难下，与其畏惧退缩，不如背水一战，凭借我们三城十五万人马，奋力作战，肯定能够取得胜利，还有什么可害怕的呢？"

事已至此，长安君只得硬着头皮，让樊於期列阵于城下，等候王翦大军到来。王翦率军到达后，在阵前对樊於期说："大王哪里对不住你，你为什么要引诱长安君反叛？"

樊於期回答说："秦王政是吕不韦奸生之子，此事谁人不知，哪个

---

① 王翦：关中频阳东乡（今陕西富平东北）人，战国时期秦国名将、杰出的军事家，主要战绩有攻破赵国都城邯郸，消灭燕、赵；以秦国绝大部分兵力消灭楚国。与其子王贲一起成为秦始皇兼灭六国、开疆拓土的最大功臣。

不晓？长安君才是先王的正统血脉，本当继承大统！将军应该感念先王恩德，和我们共同杀回咸阳，杀死奸夫淫妇，除掉篡逆之君，匡扶大秦社稷！"

王翦大声责骂道："太后十月怀胎才生下大王，先王都没有怀疑，你竟然在这里胡说八道。你犯下造谣诬蔑之罪，理应满门抄斩，死到临头，你仍不知罪，不惧怕，还在这里继续花言巧语，动摇军心，待我拿下你，必将你碎尸万段。"

樊於期闻言大怒，挥起大刀杀入王翦军中，左冲右突，如入无人之境。王翦指挥军队数次包围，都被他冲了出去。双方死伤甚众，当晚各自收兵。

王翦扎营已定，心中暗暗思忖："樊於期乃骁勇之敌，看来一时间无法取得胜利，必须采取智谋才能破之。"于是召来部将商议，"谁与长安君相熟？"

军中一名将官杨端和说："我曾在长安君门下做过食客，经常和他讨论问题。"

王翦说："我马上写一封信，你潜入城中交给长安君，劝他早点归顺，以免自取灭亡。"

杨端和说："我该如何进入城中呢？"

"等到双方交战的时候，你趁收兵之机，穿上他们的士兵服混进城去。等到我们猛烈攻城之时你再去见长安君，长安君为人怯懦，一定会因恐惧而动摇。"王翦说。

当下，杨端和收好王翦的书信，去做准备。

第二天，王翦分兵三路攻打三城，他本人亲率一支队伍攻打樊於期和长安君驻扎的屯留之地。

樊於期对长安君说："王翦分兵攻打其他两城，若长子城和壶关城失守，敌军强势，我们就难以取胜，因此要趁他分兵之际决一雌雄。"毫无主见的长安君只得听从樊於期安排。

樊於期挑选万名精壮之士开门挑战，王翦故露败迹，为杨端和创造入城之机。杨端和乘机混进城中。

事后，长安君心惊胆战地问樊於期："如果王翦兵马不退，该如何是好？"樊於期说："王子也看到了，今日这一战我们已经大大打击了敌人的锐气，明日全军出动，必能活捉王翦，然后再趁机攻进咸阳，立你为王，我的心愿也就达成了。"

王翦退军 10 里，深沟高垒，派兵把守险隘之地，据守不战。他又调拨两万兵马，帮忙攻打长子、壶关，令手下早传捷报。樊於期每天都上阵挑战，但王翦就是按兵不动。樊於期以为王翦害怕了，心中很是得意，正打算派兵支援长子、壶关，忽然听到军士报告说这两个城池已经落入敌手。樊於期大惊，急忙移师出城，让长安君驻扎城内。

长安君得知长子、壶关失守，忙派人召樊於期进城商议对策。樊於期说："我会在近几天跟王翦决一死战，胜则乘机进军，败则退走他国。"长安君一时也想不出更好的对策，只得同意。

樊於期回到城外军营后，王翦率军与之大战一场，樊於期虽然骁勇，但终因寡不敌众，败回城中。此后，樊於期不分白天黑夜亲自带兵巡察，不时出城与王翦交战，但根本无济于事，只是苟延残喘。潜入城中的杨端和见秦军攻打甚猛，便趁黑夜拜见了长安君，喻之以理，晓之以利。长安君顿时没了主张，每天提心吊胆、郁郁寡欢，把杨端和留在身边作为救命稻草。

樊於期见作战无法取胜，于是劝长安君马上出奔他国。长安君迟疑不决。樊於期再三催促，请他尽快下定决心。与此同时，王翦攻势愈猛，樊於期只能拼死抵抗。杨端和陪长安君登上城楼观战，只见樊於期作战甚为艰难，最终人困马乏，抵挡不住，奔回城下大叫道："开门！"

杨端和见状马上持剑大喝："长安君已降，谁开城门，格杀勿论！"说完马上取出降旗招展。众人眼见无法取胜，都默不作声，算是对杨端和举动的默认。长安君做不得主，只能垂泪以对。樊於期长叹一声：

"竖子不可辅佐！"然后回身杀开一条血路，逃往燕国去了。之后，杨端和打开城门，迎接王翦大军入城。长安君无颜再回咸阳，便自杀身亡。

嬴政在咸阳听到捷报，非常高兴，马上下令杀掉跟随长安君造反的兵士，全城百姓也都迁徙边郡。嬴政对挑唆长安君谋反的樊於期痛恨至极，于是悬赏五城、万金，捉拿樊於期。

至此，这次由樊於期发起，本打算将嬴政驱赶下台的兵变就这样草草收场。嬴政借此战铲除了敌对势力，为自己把持朝政扫清了又一障碍。

第四章 大权在握任能臣

一、铲除太后面首

转眼又过了一年，秦王政九年（公元前238年），嬴政22岁，按照惯例，他要到旧都雍城（今陕西宝鸡凤翔县南）举行成人加冠礼，临朝亲政。但就在他亲政前后，秦国政局风云变幻，天灾人祸接连降临。

先是前面所说的长安君叛乱，叛乱平定之后，秦国接二连三地发生天灾。据史料记载，当时天降暴雨，黄河水位上涨，河水泛滥成灾，黄河之鱼成群结队西入渭水，多被冲上岸，秦国民众纷纷到河边去捡鱼。在古人看来，鱼属阴，天子属阳，鱼逆流而上代表民众将不会听从君王的号令，预示着秦国要发生以下犯上的行为，这是"豕虫之孽"，是上天对秦国的警示。当时政局本来就混乱不稳，如今又出现如此灾异，朝野上下人心惶惶，人们纷纷传言说秦国离动乱不远了。这次天灾的影响还未消除，天空又出现了彗星，彗星在古代又叫扫把星，也是不祥之兆。彗星一现，或臣弑君，或兵祸至，或国家易政，"彗星见，或竟天。"就在天象"异常"的同时，秦国内部的政治斗争也趋向白热化，一场你死我活的厮杀已经在酝酿之中。

自古以来，权力交接之际都是国家的多事之秋。因为掌握最高权力之人的周围往往会有一个甚至几个既得利益集团，它们之间常常为了自身利益而相互争斗，引起政治局势的动荡。而且，这种斗争通常会很残酷，不是你死便是我活，失败者自身难保，甚至牵连整个家族。

毫无疑问，这次嬴政亲政必然会引起不小的政局波动。嬴政行完成人礼后，必然要收回国家最高权力，只有这样才能保证政局稳定，保住百年基业。对嬴政个人而言，只有收回大权，才能阻止弑君篡权行为的发生，保证自己的安全和利益。

在这种情况下，此次权力交接引起了秦国上层的不安，包括吕不韦、赵姬、嫪毐三人，而嫪毐是其中最为不安的一个。嫪毐十分清楚，在各方势力中，他和嬴政的关系最远。太后是嬴政的母亲，吕不韦是嬴政的仲父，而嫪毐什么也不是，不仅和嬴政没有恩情，甚至还处于敌对地位。嬴政亲政后，吕不韦还可以高官厚禄，甚至可以辞官告老，但嫪毐不行，他和太后已经有了两个儿子，而且这事早已被嬴政和吕不韦知晓。嬴政之所以没有动他，是因为手中没有实权，太后可以护着他。一旦嬴政亲政，必然会拿他开刀。

嫪毐越想越害怕，急忙找同党商讨对策。最后，嫪毐决定铤而走险，谋篡王位。他之所以敢冒出这样的念头，是因为他认为自己还是有几分胜算的，因为他手中有几张很有分量的牌。

首先，他有太后这把保护伞。据说嫪毐曾与太后约定，一旦嬴政去世，就将他们的私生子立为继承人。嫪毐想借助太后的名义调集军队发动叛乱，太后对此左右为难，一方是儿子嬴政，一方是面首嫪毐及两个私生子，手心手背都是肉。最终，她选择站在嫪毐这一边，在叛乱中，嫪毐借用太后之名，盗用了王玺和太后玺调动军队。

其次，他有大批朝廷重臣的支持。嫪毐借助太后的权势，拉拢了不少朝中重臣。其中，卫尉竭、内史肆等二十人身居要职，是嫪毐集团的核心力量。卫尉统辖宫廷卫士，负责宫门的守卫；内史是咸阳地方的最高行政官员。在这些人的帮助下，嫪毐集团基本控制了京畿地区。

再者，他拥有大片封地和大批门客。嫪毐有很多封地，还有家僮和门客各数千人，这是一笔相当可观的政治资源。

最后，他还得到了一些国外势力的支持，如戎族的部分首领就表示愿意做他的外援。

嫪毐手握这些资本，还是有几分胆气的，他知道这次叛乱要么一步登天，要么人头落地，但无论如何他都要放手一搏，否则也是死路一条。因此，他决定在嬴政离开咸阳前往雍城举行冠礼时起事，以求一举成功。

秦王政九年（公元前238年）四月，嬴政到达雍城，住进了蕲年宫。嫪毐按照事先商议好的计划，先盗用了秦王与王太后的玉玺，然后率领僮仆、门客和军队发动了政变。嬴政得知消息后，马上命令昌平君①、昌文君②调集兵马，镇压叛乱。

昌平君、昌文君是嬴政亲手培植起来的亲信，忠实可靠，犹如两把利剑，总是在关键时刻起作用。

嫪毐表面声势浩大，实际上他并无军政方面的才能，他的部队就是一群乌合之众，怎么阻挡得了训练有素的秦军呢？

双方在咸阳城外交战，原本平静的咸阳顿时杀声震天。战事一触即发，叛军死了几百人之后就四散而逃，嫪毐也趁乱逃亡。嬴政向全国下令："有生得毐，赐钱百万。杀之，五十万。"

重赏之下，必有勇夫。一时间，全国上下，无论官员还是兵士，甚至伙夫、马夫、百姓，全都参与到追杀嫪毐及其同党的行动中，直追得叛军人仰马翻，东躲西藏。嫪毐等人更是狼狈不堪，如无头苍蝇般四处乱撞。

就在嫪毐企图逃出雍城西门时，遭到昌平君的堵截，结果被活捉归案，随从死党无一漏网。

面对自己的敌人，嬴政第一次显示了他的残酷手段，下令车裂嫪毐，夷灭三族。嫪毐被阉割，伤愈之后，又将他赤裸游行于城内，让世人目睹其阳物已不复存在，以平息有关太后淫乱的传言，然后，嫪毐被

---

① 昌平君：芈姓，熊氏，战国末期楚国公子，受封为昌平君，仕于秦，为秦庄襄王、秦王政之臣。秦王政二十二年（公元前225年）反秦，被楚将项燕拥为楚王，后兵败身亡。

② 昌文君：战国末期秦国高官，楚国人，是秦国的外戚，所以在秦国得到重用，后因秦王政实行中央集权，并攻打楚国，他和昌平君一起加入反秦行列。

车裂而死。嫪毐集团的骨干分子，如卫尉竭、内史肆、佐戈竭、中大夫令齐等二十人，全部斩首示众。对于追随嫪毐多年的小角色，一部分被处以三年劳役；其余四千多户被剥夺爵位，迁往房陵（在今湖北境内）。

平定嫪毐之乱是嬴政亲政后的第一个大手笔，显示了他处理非常事变、应对政治危机的卓越才能。他处变不惊，指挥若定，后发制人，一举破敌，割掉了秦国政治中的一个大毒瘤。

粉碎嫪毐集团后，嬴政对自己的生母太后也没有轻饶。据说他亲自带人进入甘泉宫，搜出嫪毐与太后所生的两个儿子，毫不留情地下令杀掉。事后，他将太后幽禁在雍城的青阳宫，永远不准其再回甘泉宫。

二、仲父之死

嫪毐被杀、太后被软禁后，秦国最高权力的享有者就只剩下两个人了——秦王嬴政和相国吕不韦，而权力的天平正渐渐向嬴政一方倾斜。

在审讯嫪毐的过程中，嫪毐将吕不韦供了出来。从嫪毐的供词来看，吕不韦至少犯了两条罪。首先，嫪毐曾是吕不韦的门客，嫪毐犯罪，吕不韦难辞其咎，必定会被连坐。其次，嫪毐进宫，是吕不韦一手安排的，太后和嫪毐私通并生有两个儿子的事情，吕不韦早就知情，却隐瞒不报。加上嬴政已经知道民间对自己身世的猜疑，对吕不韦更是痛恨至极，极欲除之而后快。不过，在处理吕不韦这件事上，他十分谨慎。他知道，如果没有吕不韦，先王就无法成为王储，而自己也只能流落邯郸街头，从这个角度来说，自己现在的权势和地位都是吕不韦给的。而且在吕不韦辅政期间，秦国国力蒸蒸日上，因此不少大臣都为吕不韦求情："吕相国辅佐先王，有大功于国，嫪毐的供词仅是一面之词，不可因此就治吕相国的罪。"基于这些因素，他不得不慎重而为。

但是，吕不韦手中的大权是一定要收回的，而这必然会损害吕不韦及其拥护者的利益，一旦处理不当，很有可能再次引发秦国的内乱。嬴政考虑再三，决定采取迂回手段来解决这一难题，而他的做法也充分显示出他超人的政治天赋。

秦王政十年（公元前237年），嬴政下令：吕不韦与嫪毐之乱有牵连，因此罢免吕不韦的丞相之职，令其回洛邑的封地居住。由此可见，嬴政似乎没有杀吕不韦的意思，如果吕不韦回到老家后，能够安守本分，颐养天年，一定能够善终。然而吕不韦偏不顺嬴政之意，最终枉送了性命。

据史料记载，吕不韦回到封地后，各国诸侯频繁地派遣使者、宾客前来问候，请吕不韦到自己的国家去做丞相。这让嬴政内心感到不安，他担心吕不韦内外勾结，发动叛乱。他深知吕不韦颇有政治手腕和能力，如果他到其他国家任职，有心与自己过不去的话，势必给秦国带来大麻烦。而且吕不韦名望不低，他扶持异人登基之事传遍了各国，一旦他到别的国家任职，必然会有一大批人才随他而去。食客三千对吕不韦而言，并不是什么难事。

为绝后患，嬴政给吕不韦写了一封信，并派专使送达。他在信中写道：

君何功于秦？秦封君河南，食十万户。君何亲于秦？号称仲父。其与家属徙处蜀！

这封信的措辞很严厉，说吕不韦你有什么功劳啊，秦国把你封到了河南，还给了你十万人的食邑。你和我秦人有什么血缘关系啊，竟让我称你为仲父。你和你的家属都迁到蜀地去吧！

这封信让吕不韦十分心寒，深深感受到了嬴政的凉薄与严苛，他担心自己像嫪毐一样落得个被灭族的下场，于是在秦王政十二年（公元前235年）饮鸩自杀。

嬴政在信中只是严厉地责问了吕不韦，让他举家迁到蜀地，并没有说要他的命，那么，吕不韦为何收到信后就自杀了呢？

这主要是因为，吕不韦感觉嬴政对自己的态度越来越恶劣，担心嬴政会一步步地置自己于死地，到那时，他的家人、族人恐怕一个也逃不了。为了不连累家族，他只能选择自杀。何况吕不韦当初是何等荣光，他怎会甘心受辱呢？他做商人是很成功的，赚了万贯家财，后来又扶持异人顺利登上了王位，这是他最为自豪的事情，而且他在秦国担任丞相期间也做了不少大事。这样一个风光无限、顺风顺水的人，自尊心是相当强的。对于嬴政的步步紧逼，他哪里受得了？因此他宁愿选择自我了断，也不想以后受辱而死。

而站在嬴政的立场上，他似乎也不想让吕不韦活着，他之所以要逼死吕不韦，理由有四个：

一是二人的政治主张存在明显的分歧。吕不韦主张清静自定、与民休息，体现出包容诸子百家的气度；主张"君虚臣实"，君主的任务是给臣子制订明确的职责，放手让臣子凭他们的智慧和能力各尽其责，说白了就是"无为而治"；主张分封制；主张贤人政治，认为"威严不可以没有，但是不值得专门倚仗威严。威严的手段越多，人民越不为他所用"。而嬴政则一心追求五霸之业，而且事必躬亲；他还主张郡县制；力主严法酷刑，专任狱吏。他们之间这些问题尖锐对立发展到一定阶段，必然会反目成仇。其实，嬴政早就很反感吕不韦的那套治国方略，如今亲政后，他又怎会容许吕不韦再对自己指手画脚呢？

二是吕不韦的权力实在太大了，对嬴政加强集权非常不利。吕不韦前后做了十二年丞相，培植了许多党羽，权力和势力都很大。除此之外，吕不韦还立下了许多军功，他在掌权期间不断对六国用兵，攻打魏国时夺取了几十座城池，建立了东郡。前文说过，东郡意义重大，它把六国南北隔断，使六国合纵变得极为困难，因此吕不韦的功劳很大，而嬴政根本不可能容忍有人"功高盖主"。

三是吕不韦有过重大失误。首先是他与太后私通，其次是他设计向太后进献了嫪毐。嫪毐集团和吕不韦集团在嬴政看来都一样，都是他集权的障碍。

四是吕不韦太贪恋权势。吕不韦是个非常精明的人，知道怎样投机，怎样获取权力，但他不懂得见好就收、该放就放的道理。但历史发展到战国时代，中央集权已经成为历史发展的潮流，君权是至高无上的，任何人都不能超越君权。因此，嬴政亲政后，吕不韦明智的做法应该是及时引退，把权力完全交给嬴政。但他没有这样做，即使被赶回洛阳食邑后，他依然没有意识到这一点。当六国使者陆续来访时，他没有拒绝，反而很享受这种尊荣。终于，络绎不绝的六国宾客让嬴政意识到吕不韦依然是个威胁，不得不送吕不韦奔向黄泉路。

吕不韦死后，他的许多宾客偷偷为他办理丧事。嬴政知道后，又下令："凡是吕不韦门下的吊唁者，如原籍为晋地的，逐出河南，迫其迁回原籍；如果是秦地的，凡六百石以上官员，一律消除爵禄，迁徙房陵。"结果，吕不韦全家被送入官府为奴，宾客们有的被驱逐出境，有的被削夺爵位，有的则流放边郡。不仅如此，嬴政还宣布："从今往后，如果有人像嫪毐和吕不韦那样把持朝政、图谋不轨，一律照此籍没全家为奴。"

从此，嬴政彻底肃清自己行使君权的障碍，大权独揽。排除后顾之忧后，他开始实施统一大业。

三、迎接太后回宫

除掉面首嫪毐、权臣吕不韦后，事情并没有结束，自从嬴政把太后幽禁于雍城之后，不断有人进言劝谏，力陈迁母之弊，有的甚至当面指责他不孝不亲不仁不义，骂他为昏聩之君。君王的权威岂容他人多嘴？愤怒的嬴政把这些人全部杀掉，并将他们的名字刻于咸阳宫外的一块青石上，以儆效尤。

然而，他这种严厉、强硬的手段并没有使那些进谏之人望而却步，反而更加踊跃了。嬴政一怒之下，下了一道命令："敢以太后事谏者，戮而杀之。"但古代士人的可贵之处正在于他们敢于为自己认为正确的事情赴死，愿意为自己的信仰赴死，并把这看成是一件光荣的事情。于是，接连不断地有人为太后说情，结果，嬴政先后杀了二十七个来劝谏的人。有时他也会反省自己是不是真的做错了，是不是应该放过那两个私生子，而且不应该把自己的母亲迁往雍城。但是，他最后下了决心，即使自己真的错了，也要这样一直错下去，而不是悔过认错。他觉得嫪毐和母亲带给自己的灾难、隐忍和毁誉实在太多了，他们应该受到这样的惩罚。就是在这种情况下，茅焦出现了。

茅焦是齐国人，游历天下来到咸阳，听说这件事后，他仔细思考分析，愤怒地说："儿子囚禁母亲，是大逆不道，哪有这样的道理！"他一大早就直奔殿前，趴在地上大哭道："下臣齐客茅焦，请愿上谏大王。"

嬴政命大臣前去查看，并问道："茅焦是谁？他来见本王有何事？"

"大王，微臣倒听说过此人。"李斯在一边说道，"此人乃齐国淄州人氏，尚古人遗风，而且颇有辩才，但不知他这次求见大王所为何事。"

"好，本王就在朝堂之上见见这个尚古人遗风的茅焦。"

嬴政坐于龙书案后，不多时，一个瘦小精干的人不卑不亢地走上来，拜伏于地，大声说道："齐国淄州之人茅焦拜见大王。"

"茅焦，你见本王有什么事？"

"茅焦拜见大王，是为了劝谏大王幽囚太后于雍城一事。"

嬴政一听茅焦觐见仍然是为了自己迁太后于雍城一事，不禁怒火中烧，怒道："大胆茅焦，本王早已下过一道旨令，凡有以太后之事进谏者，立杀无赦，而且刻其名于殿前青石之上，你难道不怕丢命吗？"

"天上有二十八宿，降生下凡，即为正人君子。如今大王已连杀二十七人，尚差一人，小人若能有幸死在大王刀下，恰能凑够二十八宿之数。古圣先贤哪个不死？我岂是怕死之人？"茅焦脸上毫无惧色。

嬴政气得一时哑口无言，停顿片刻，又恶狠狠地说道："你想得倒挺美，本王偏不让你得逞，来人啊，将这不知天高地厚的狂徒手足剁掉，舌头割去，让他有话说不得，有字写不得，本王倒要看看他怎么逞口舌之快!"

朝中文武群臣闻言都不禁倒吸一口凉气,暗自为茅焦感到可惜,但谁也不敢为他求情。

几名侍卫扑上前来,像抓鸡似的提起茅焦就往外走,茅焦大声喊叫道:"大王逆天行事而不自知,小人逆耳忠言而大王却不愿听。呜呼,秦国大业!"

嬴政见茅焦提及秦国大业,有些疑惑,于是示意侍卫停下来,厉声喝问:"你到底想说什么?"

"如今大王不是希望统一天下吗?"

"是!"嬴政肯定地回答道,"可是本王惩罚你和统一天下有什么关系?难道你一个人能代表得了天下吗?"

茅焦掉转话头:"小人先请教大王一件事,立国以何为本?"

"自然是以孝当先。"

"大王言之有理。"茅焦反问,"孝为立国之本,那大王为何弃生母于冷宫,致百官寒心、天下万民失望?"

"太后不守妇德,做出不齿之事,使本王颜面扫地,难道不该惩戒吗?"

"大王,小人再请教一事,大王后宫有嫔妃宫娥多少人?"

"这……"嬴政顿了一下,"想来不下千人。"

"男欢女爱,人之所欲,大王后宫嫔妃如云,尚且不嫌其多。为何不念及太后中年寡居,寂寞难耐,与嫪毐私通,虽为妇德所不容,但也是人之情欲所难免。欲惩其过,尽可责其道德操守,怎可泯灭亲情,贬母于冷宫?这样做岂不是毁及人伦,有失王德,为天下人所不齿?如今天下之士之所以敬重秦国,不仅仅是武力使然,也因为大王是天下英雄之主。因此,忠臣烈士才四方云集于秦。如今大王车裂假父,实不仁太甚;囊杀幼弟,乃不友之人;囚母别宫,不孝至极;诛杀劝谏忠臣,陈尸殿下,比桀、纣有过之而无不及。这样的行径,只怕天下之士方有向秦之心便马上反悔,由此而转投他国,大王又何以治国,何以服众,何以一统天下？好了，茅焦的逆耳忠言已经说完，请大王割我四肢，取我喉舌吧！"

嬴政听了茅焦的话茅塞顿开，急忙走下殿来，亲自为茅焦整理刚才被侍卫们弄乱的衣服，而后一揖长谢道："若非先生之言，嬴政几乎已失天下。"

茅焦说："大王悬榜拒谏，今天不杀我，无法示信于民。"

嬴政听罢，下令左右收起榜文，并请茅焦上堂而坐，再次致歉说："以前劝谏的人，尽是数落寡人的罪过，没有讲明国家存亡大计。上天叫先生开启寡人茅塞，寡人岂敢不恭心听从？"

茅焦再拜稽首道："大王既然下听我言，恭请速备车驾，迎接太后返宫。殿下堆积的尸首都是忠臣贤士的骨肉，恳请以礼厚葬。"

嬴政点头表示同意，随即命人将殿外青石板上的名字悉数擦去，而且对死去的二十七人予以厚葬，厚待其家属。同时拜茅焦为太傅，授上卿爵，并下诏力行进谏之道。

然后，嬴政又命赵高安排仪仗，大张旗鼓地亲往故都雍城，将太后迎回甘泉宫。但此时的太后早已没有了往日的欢乐，因为痛失两子，终日郁郁寡欢。十年后，40多岁的赵姬便病死在咸阳宫中。

四、李斯与《谏逐客书》

嬴政虽然为人残暴强硬，但关键时刻他还是明白事理的，知道从古至今，凡成就大事者，都离不了许多优秀人才的辅佐。天下的荣辱安危、治乱存亡，从来都不是个人的力量所能决定的，广纳人才在任何时代都有着重大意义。所以，许多帝王都会尽其所能地去招揽人才，力求通过优秀人才的辅佐来成就帝王霸业。嬴政也不例外，为了完成秦国的统一大业，他广招贤臣能将，既有直言敢谏的诤臣，又有能言善辩的说客；既有治国安邦的策士，又有能征善战的将领。而其中最为耀眼、对秦国历史影响极深的要数李斯。作为一位颇有才干的政治家，李斯堪称王霸之佐。

李斯，楚国上蔡（今河南上蔡西南）人，是大儒学家荀况①的学生。他出身"闾巷之黔首""年少时，为郡小吏"，凭着个人的才干，一步步循着仕途的台阶，直至位居丞相，成为中国古代第一位著名的布衣丞相。

李斯是一个胸怀大志之人，据说他在担任乡间小吏的时候，常见茅厕中群鼠偷食污秽的食物，又时时受人犬惊扰而仓皇逃窜；再看粮仓中的老鼠，居廊庑大厦之下，仰食积粟，无忧无虑。看到这样的情形，李斯不禁大发感慨："一个人能不能成才，就像老鼠那样，看他处在什么样的环境里！"他决心效仿仓中之鼠，择地而处，追求功名利禄。他立志学"帝王之术"，为王霸之佐，做富贵之人。

战国时期，每个人都在争名逐利，每个诸侯国都在争夺人才。比如之前出现的苏秦、张仪等人，很多有志之士把他们当成楷模，争相效仿，以图获得功名利禄。李斯也不甘落后，他头脑灵活，深知要想成就一番事业，必须有名师指引。于是，他辞去楚国的小吏之职，不远千里跑到齐国拜荀子为师。荀子之学，宗本孔子，融合儒法，兼综百家。他将先秦礼治、法治、无为而治三大思潮的精华融会起来，提出了比较全面、实用的政治思想体系。当时荀子的弟子们都认为老师的道德、学识、才智"宜为帝王"。而这正是李斯所追求的，于是慕名而来，跟从荀子学习帝王之术。荀子培养了中国历史上两位著名的王霸之士，一个是以著书立说见长的韩非，另一个便是以操作政治见长的李斯。

时光飞逝，几年后，天性聪敏、勤奋好学的李斯成了荀子的得意门生。荀子本来是儒学大师，但是李斯只看重他的帝王之术，并不重视儒家礼法。他致力于研究管仲、申不害②、商鞅等人的著作和思想，学到了

---

① 荀况：即荀子，战国末期赵国人，著名思想家、文学家、政治家，时人尊称为"荀卿"。曾三次出任齐国稷下学宫的祭酒，后为楚兰陵（位于今山东兰陵）令。提倡性恶论，主张人性有恶，否认天赋的道德观念，强调后天环境和教育对人的影响。

② 申不害：亦称申子，郑国京邑（今河南新郑）人。战国时期思想家，法家重要创始人之一。以"术"著称，著有《申子》，是春秋战国时期百家争鸣中的代表人物。

封建专制所必需的本领。这一切，对他以后从政有着极其重大的影响。

学成之后，李斯面临着一个重大的政治抉择：该到哪个国家去寻求发展呢？他认为此时列国争雄，正是立功成名的大好时机。在深入分析各国形势及其君王的素质之后，他认为放眼天下，唯有西方的秦国，国富民强，兵强马壮，犹如一头雄狮，密切关注着山东六国的一举一动。于是，他辞别荀子，西入大秦。据说李斯在辞别荀子时，曾慷慨陈词道：

学生听说，得时无怠，理应急起直追。今诸侯倾力而争，游说者参与政事。秦国欲吞并天下，成就帝王大业，这正是智谋之士奔走效力、建功成名的好时机。处于卑贱穷困境地而不求进取，则无异于禽兽！

秦庄襄王三年（公元前247年），李斯来到秦国。当时秦庄襄王刚刚去世，朝政大权掌握在丞相吕不韦手中。秦都咸阳一片忙乱，满朝文武忙完了丧事，又忙着操办即位大典。在这种形势下，李斯根本没有机会入宫拜谒秦王嬴政，无奈之下，他只得暂时入住客栈，静待时机。

吕不韦主持国政后，沿袭战国四公子①的做法，广揽天下名士。李斯觉得这是一个好机会，于是努力打点一番，前往相府拜见吕不韦，吕不韦让李斯作为一名舍人留在门下。

秦王嬴政即位后，国内局势趋于平静。吕不韦经过与李斯的几次交谈，发现这个年轻人才学过人，是个难得的人才，便推荐他为郎官②，这使李斯有了接近嬴政的机会。

这一期间，李斯分析后认为天下形势已经发生重大改变：韩王向秦俯首称臣，魏王也举国听命于秦。魏国虽有信陵君率五国联军偶败秦将蒙骜，但也只是回光返照，垂死挣扎。秦对六国已呈压倒性优势，应不

---

① 战国四公子：指魏国的信陵君魏无忌、赵国的平原君赵胜、楚国的春申君黄歇、齐国的孟尝君田文，他们礼贤下士，广交宾客，以养"士"著称。

② 郎官：指既无官职，又无职务，地位也很低的人，是帝王的侍从人员。

失时机地出兵歼灭诸侯，促成帝王之业。因此，李斯努力寻求机会上谏秦王嬴政。

终于有一天，李斯见到了秦王嬴政，他急切地把自己的"帝王之术"抛了出来。他说："时机对一个人、一个国家是至关重要的，只有善于抓住时机，才能成就一番事业。穆公时秦国很强，但秦国没能完成霸业，这是因为当时时机不成熟。孝公时，周天子的地位一落千丈，诸侯连年征伐，秦国趁机强大起来。现在，经过了六代君主，秦国仍然是最强大的国家，加上大王您的贤德，消灭六国易如反掌，可以说现在正是一统天下的最好时机，千万不能错过啊！一旦错过这个机会，让六国中有国家再次强大起来，到时即使是黄帝那样的人物出现，恐怕也难以完成统一大业了。"

李斯还建议嬴政从各国内部削弱它们。他提出："诸侯名士可下以财者，厚遗结之；不肯者，利剑刺之。离其君臣之计，秦王乃使良将随其后。"也就是说把六国的人才挖到秦国，挖不过来的就派人刺杀或者离间，总之不能让六国朝廷中拥有安邦定国之才。嬴政对李斯的这些建议十分赞赏，于是提拔他为长史。从此，李斯进入了秦国的决策层，成为秦王智囊团中的重要人物。

按照李斯的建议，嬴政运用政治、军事、外交等手段，收买六国重臣，刺杀它们的谋士，离间它们的君臣关系。同时，嬴政还派名将劲旅，以武力相迫。据史料记载，仅秦王政元年到九年（公元前246年至公元前238年），秦国对魏国采取的大规模军事行动就有六次，给予魏国毁灭性的打击。正是由于这一正确策略的实施，嬴政才得以续六世余烈，振长策而御宇内。不久，嬴政就因李斯出谋划策有功，拜他为客卿①。

就在李斯备受嬴政器重，一步一步向上爬时，秦国发生了一件举国震惊的间谍案。这个间谍案的主谋就是韩国人郑国。

---

① 客卿：战国时期的一种官职，级别为卿，以客礼相待。

在战国七雄中，韩国是最弱小的一个国家，又处于中部的四战之地，深受战乱之苦。在嬴政继位以前，秦国就表现出了一统天下的姿态。嬴政即位后，立志统一六国，韩国连年受到秦国攻打，对秦国又恨又怕，但又无能为力。面对即将到来的灭国之灾，韩王安决定投秦王嬴政大兴木土之好，制订了一个自以为能够"疲秦"的妙计——派韩国著名的水利工程师郑国到秦国去修建郑国渠。

郑国来到秦国后，建议秦国修一条连通泾水和洛水的运河用来灌溉，企图借修渠消耗秦国的人力、物力和财力，让秦国暂时无力东顾。

但郑国的这个主意反倒给秦国带来了不少好处。郑国渠修成后，秦国的国力不仅没有被削弱，反而多了关中这块宝地，最终，秦国依靠关中和巴蜀这两块宝地作为物资供应基地，平定了六国。

郑国渠修得非常顺利，就在工程即将完工时，郑国的间谍身份暴露了。嬴政把郑国召来责问，郑国坦率地承认说："当初我的确是作为间谍来到秦国的，但是此渠一旦修成，必定会给秦国带来许多好处。我为韩国延命数岁，却为秦国建功万世，望大王深思！"

嬴政原本想要杀掉郑国，现在听了他的辩解，决定让他继续修筑郑国渠。这项全长300余里的水利设施完工后，使4万余顷"泽卤之地"变成了肥沃良田，关中因此变得富庶起来，为秦统一六国奠定了物质基础。

然而嬴政一向多疑，而且当时正值嫪毐和吕不韦事件之后不久，嫪毐、吕不韦、郑国都是外国人，嬴政不由得产生了猜疑之心，认为秦国必有许多他国间谍。于是，在秦国宗室大臣的煽动下，他下了一道"逐客令"，要把秦国一切客籍人都驱逐出境，李斯自然也在其中。

李斯虽然深通治国大计，有安邦定国之才，但他不是秦人，自然不能留在秦国。眼看就要失去自己的大好前程，李斯很不甘心，于是大胆向嬴政献上了著名的《谏逐客书》，他说：

臣听说大王驱逐客卿，私意觉得不可取。我们来看看秦国历史上客卿的功绩吧：

秦穆公招揽天下贤士，从西戎那里得到了由余①，从虞国得到了百里奚，从宋国得到了蹇叔②，从晋国得到了丕豹③和公孙支。这5个人都不是秦国人，但是穆公大胆使用，兼并20余国，于是称霸西方。

秦孝公重用卫人商鞅，变法兴秦，移风易俗，国家富强，百姓殷富，诸侯亲服，人民安居乐业，挫败楚魏之兵，开辟出千里疆土，直到今天国治兵强。

秦惠文王采纳张仪的策略，攻取三川，兼并巴蜀，占领上郡，收取汉中，扫平九夷，制服大楚，雄踞成皋险阻，分割肥沃土地，解散六国合纵之盟，迫使天下诸侯西面事秦，功勋一直影响到现在。

秦昭襄王器重应侯范雎，贬斥穰侯，驱逐华阳君，加强君主权威，杜绝天下专权，蚕食天下诸侯，秦国因此成就帝王基业。

秦国的这四个君主，都是依靠客卿的力量才使秦国得以蓬勃发展。由此可见，客卿有什么对不起秦国的地方呢？如果这四位贤君疏远客卿而不加重用，秦国怎么可能有今天的富裕与强大？

再说现在大王收罗齐国珍珠、楚国玉石、赵国美女、燕国宝马，充后宫，饰朝廷，安心受用，尽情享乐，这些东西不都是来自外国诸侯吗？大王不是也乐此而不疲……

但是大王居然在用人方面有了差别，不问可否，不论曲直，不是秦国人的都赶走，其他国家者都驱逐。这样看来，大王重视的是珠宝、美女、宝马，轻视的是人才啊！这哪里是统一天下、成就帝业的行为？

臣听说，土地宽广，粮食就富足；国家强大，人口就昌盛；兵器锋

---

① 由余：周武王的少子唐叔虞的十五世孙，晋鄂侯的曾孙，晋国人，因曲沃武王伐晋流亡到了戎地，会说晋国语。戎王听说缪公贤能，于是派由余到秦国考察。秦穆公用计拜其为上卿，由余帮助秦国攻伐西戎，并国十二，开地千里，称霸西戎，使秦穆公位列春秋五霸之一。

② 蹇叔：春秋时宋国铚邑（今安徽淮北境内）人，经百里奚引荐入秦，任秦穆公时期上大夫、右相，为春秋时著名的政治家和军事家。

③ 丕豹：春秋时期晋国大夫丕郑之子，其父丕郑被晋惠公所杀，丕豹投奔秦国，成为秦穆公的臣下。

利，士卒就勇敢；泰山不辞让土壤，所以雄伟挺拔；河海不排斥细流，所以浩渺深广；王霸不挑剔民众，所以能够发扬光大。所以，土地不分东西南北，百姓不分异国他邦，一年四季完美无缺，神灵降福上天保佑，这就是五帝三皇之所以无敌于天下的根本原因。

然而现在大王却把百姓送给诸侯，将宾客推向敌国，天下贤士望而生畏，裹足不敢前来秦国，这就是人们常说的"将武器让给敌人，将粮食送给盗贼"。

秦国不出产的东西中值得珍惜的有很多；不出生在秦国的人才，愿意效忠秦国的也有很多。如今驱逐客卿以资助敌国，减少自己的百姓以增加对方的力量，对内搞空自己，对外在诸侯国树立了仇家，想求得国家没有危险，实在是太难了。

这篇《谏逐客书》气势磅礴，论据充分，是秦代文学中少有的精品。此外，它言辞恳切，切中秦国要害，具有很强的现实意义，因此得以流传千古，并成为李斯的代表作。

嬴政看后如醍醐灌顶，连忙下令撤销逐客令，并派人追回李斯。李斯被追回后，不久被提升为廷尉，成为嬴政推行统一、实行专制的股肱之臣。

五、韩非与《韩非子》

说到秦王嬴政搜罗的人才，韩非不得不提。为了得到韩非，嬴政甚至不惜对韩国发动战争，那么，韩非到底有何能耐呢？

韩非是韩国人，中国古代最著名的思想家之一，被学术界誉为先秦法家的集大成者。他不是嬴政的股肱之臣，甚至算不上是嬴政的下属，但他为嬴政奉献了一部著作，又提供了一条谋略，在嬴政的统治过程中起着举足轻重的作用，从这一点来讲，韩非也可以算是嬴政的王霸之佐。

韩非本是韩国国君的儿子，和李斯一样也拜在荀子门下。学成后，韩非回到韩国，屡次向韩王提出强国的建议，但韩王并没有采纳，韩非空怀报国之心。史书记载，韩非口吃，但文笔犀利，数次进谏被拒后，他退而著书立说，先后写了《孤愤》《五蠹》《说难》等文章。他的著作在韩国不受欢迎，但传到秦国后，秦王嬴政看了他的文章，对他的才学大加赞赏，感慨道："寡人要是能见到这个人，与他同游，就死而无憾了！"由此可见，嬴政是非常渴望得到韩非这个人才的。

李斯因和韩非是同学，在秦王面前确认这是韩非的文章，秦王求才心切，才开始攻打韩国。秦王政十三年（公元前234年），嬴政命大将桓齮率大军攻打赵国，攻破了赵国的平阳（今河北境内）、武城（今河北境内）之后，率军继续向西挺进，直逼韩国的东北边关城下，向韩王索要韩非。

紧急关头，韩王派遣先前不受重用的韩非出使秦国。见到秦王嬴政后，他对秦国的政治提出了批评。他指出，秦国之所以国势强盛而没能一举成就霸王之名，是由于大臣的谋略不当，对策有误。他对李斯、姚贾提出的先灭韩国的战略表示质疑，认为秦国应该先削弱甚至灭亡赵国。这样做在政治、外交和军事上对秦国更有利。只要消灭了强悍的赵国，统一天下就水到渠成了。然而，嬴政认为韩非的目的是削弱秦国，保全韩国，所以没有重用韩非，将他晾在一边。韩非无法返回韩国，留在秦国又不被重用，后来遭到李斯等人的嫉妒，被下狱逼死。韩非虽死，但从秦国统一战争的战略部署和过程看，秦王嬴政还是采纳了韩非的一些意见。另外，韩非还留下了对秦国政治贡献极大的《韩非子》一书。

《韩非子》是中国古代最重要的政治教科书之一，对秦朝的统治思想有着深刻影响。它历来被视为法家学说的代表作，事实上，它是综合诸子百家思想而成的。

《韩非子》综合性的主要表现是旗帜鲜明地鼓吹中央集权，君主独断，法为政本。韩非集先秦法家重法、重势、重术三派之大成，并克服其偏弊；他肯定"法者，王之本"，又认为法、势、术"皆帝王之具"，分别发展了法、势、术的理论，又使之相互补充，从而使法家学说在理论上达到巅峰。

《韩非子》综合性的具体表现是改造《老子》的道论，为法治论提供了坚实的理论基础。《解老》《喻老》是现存最早的系统阐释《老子》的文献。韩非依据法家的思维方式重新解释"道""德"范畴，摒弃道家道论中的玄虚、神秘成分，还最先提出道与理这一对范畴，涉及一般法则与特殊法则的关系问题。韩非从不玄谈哲理，而是将道论与政论紧密结合起来。在《扬权》中，他以道的唯一性论证中央集权体制，以道与物的差异论证君的主宰地位。在《解老》中，他把道作为政治之本。在《饰邪》中，他提出道是法的依据，法是道的体现的观点。他提出系统的治术，主张帝王"以道为舍""以道全法"，因而积小利，立大功，"名成于前，德垂于后，治之至也"。如此一来，道成为以法、势、术为核心的一系列治术与规范的根据和总称。道是帝王必须遵循的根本大法。

《韩非子》综合性的另一个重要表现是把忠孝仁义礼列入重要的政治范畴。韩非对儒家鼓吹的仁义政治极为反感，斥之为谬论，为蠹虫，但他比早期法家更重视伦理在政治中的作用。他以《忠孝》为名，撰书批评孔子不识忠孝真谛，并张扬法家的忠孝、仁义、德政观，把礼治、教化视为法治的辅助手段。

《韩非子》综合了历史进化说、为止争而立君说、天立君说、为贯彻道义立君说、圣人立君说等，论证非常严整。他还系统分析了为君的条件，如有土地和子民者王，国家富强者王，战胜者王，有权势名位者王，名副其实者王，治强者王，明法者王，独断者王，任王霸之佐者王，审时度势者王，有自知之明者王，得天时人心者王。韩非认为，体道是为君必备的条件，否则"天子之道，诸侯伐之""诸侯失道，大夫伐之"。

《韩非子》虽然只是一家之言，但在很大程度上影响着秦朝的统治思想。嬴政对韩非的思想、政见大加赞赏，之后他与李斯等人采用韩非的思想，建立了中国历史上第一个中央集权的封建国家。这是韩非的思想在历史上取得的胜利。但韩非的思想有其极端的一面，秦王朝在这些偏激思想的指引下，实行严刑峻法、横征暴敛，很快便灭亡了。虽然韩非的思想有许多不合理之处，但他仍不失为战国时期杰出的思想家、哲学家，其思想著作对后世影响深远，意义重大。

六、谋臣尉缭

在秦王嬴政的统一大业中，有一个人的作用是至关重要且无法替代的，这个人就是尉缭，他的兵家策略加速了秦国消灭六国的进程。

尉缭是魏国大梁（今河南开封）人，对兵法颇有研究。魏国与赵国、韩国一样，地处秦国东部，与秦国接壤。如此一来，魏国自然也成了强秦攻伐、蚕食的对象。尉缭作为一名优秀的军事家，对当时魏国与秦国的形势看得非常清楚，他深知：天下诸国，以秦最强；海内一统，非秦莫属。他的才能也只有到了秦国才能得到尽情发挥。

于是，尉缭来到了秦国，他一到咸阳就立即来到王宫，要求拜见嬴政。当时嬴政刚刚撤销了逐客令，唯恐再怠慢了四方圣贤之士，经李斯推荐，嬴政立即召见了尉缭。

尉缭来到大殿上，面对坐在上方的秦王，不由感到一阵压力。但是他知道自己此番前来是要施展平生才华，不管怎样都要放手一搏。所以，当他听到嬴政问他如何看待天下大势时，他直接说出了自己的想法，并献计道：

以秦之强，诸侯譬如郡县之君，臣但恐诸侯合从，翕而出不意，此乃智伯、夫差、缗王之所以亡也。

嬴政对尉缭口中的智伯①、夫差、齐湣王还是比较了解的。春秋末年、战国初期，智伯独擅晋国之政，实力胜过当时韩、赵、魏各位大夫之家，但是他的警惕性太差，胁迫韩、魏在晋阳城下，马上要灭赵的时候，被三家私下联合突然袭击而身死国亡。而吴国末年君主夫差，曾击败越王勾践，逼迫勾践为奴，但是夫差不听从伍子胥的劝告，频繁用兵，而且缺乏对越国的防备。在他出兵与晋国争霸中原的时候，勾践乘虚灭了吴国。齐湣王继承齐威王、齐宣王创下的基业，但是竟然不顾自身国力，四处征战，以致国力受损，被乐毅率燕、赵、韩、魏、秦联军打败，几乎亡国。

嬴政从这些历史中吸取教训，明白自己应趁六国疲弱之机，马上出兵，一举将其击溃。否则，一旦诸国恢复元气，那就不好说了。他对尉缭的观点甚为赞赏，但是具体该如何做呢？他想听听尉缭的看法，尉缭接着说道：

我认为可以连横权臣攻国，这样，连横的目标虽然小，但是一国之权臣可以左右他的君王，只要以利诱导，以封邑为诱饵，那些权臣一定会替秦国出力卖命。而秦国不费一兵一卒就能削弱各诸侯国的中坚力量。希望大王不要在乎财物，用重金向各国宰相的"傍臣"行贿，内可坏其君臣之情，外可断诸侯之谊。如此一来，就可以进一步削弱各诸侯国，还能破坏他们的合纵之策。大王用不了三十万金，就可以将各诸侯国收入囊中了。

嬴政听了尉缭的精辟见解，深深折服于他的才气，感谢上天又给自己送来了一个不可多得的人才。

尉缭的主张实际上就是金钱连横，通过培养和收买东方诸国诸侯的

---

① 智伯：又称智瑶、知瑶、知伯瑶，谥号"襄子"，又称智襄子。春秋末年晋国四卿之一，智宣子荀申之子。

重臣，破坏六国合力攻秦。后来的事实证明，尉缭的办法是行之有效的，为大秦出了不少力。

为了留住尉缭，嬴政给予他极高的礼遇，真正做到了礼贤下士：嬴政在接见尉缭时，身穿和尉缭一样的衣服，饮食也和尉缭一样。召见尉缭时，嬴政常常迎出门外，毫无骄横之气。然而，正是这种异常的举动使尉缭心怀不安。

尉缭不仅军事才能出众，更有识人的智慧。与秦王相处一段时间后，他认为，"秦王为人，蜂准，长目，挚鸟膺，豺声，少恩而虎狼心，居约易出人下，得志亦轻食人"。自己身为一介布衣，秦王却给予自己如此崇高的礼遇，这极不正常，更不会持久，长此以往势必招致灾祸。在他看来，如果秦王一朝得志，那么天下人都将成为他的奴虏，这样的人难以长期相处。因此，尉缭决定逃离。

俗话说"人不可貌相"，但尉缭对嬴政的看法还是比较准确的。这一点在日后得到了证实。

嬴政得知尉缭逃跑后，非常着急，立即下令派出快骑追回尉缭。尉缭很快被嬴政的人追上了，他非常害怕，担心自己性命难保。然而，嬴政既往不咎，仍旧以礼相待，并正式任命尉缭为国尉。

尉缭见嬴政不计前嫌，仍以重任相托，感动不已，从此尽心竭力地效忠于嬴政，成为其智囊集团的核心人物之一。

当时，秦国面临的形势是：燕在北方，魏在南面，他们与最南方的楚国联合，并与东方的齐国建立了巩固的关系，再把近秦而贫弱的韩国连在一起，结成合纵队，组成一个由北向南的战线对抗强秦，所以秦国很难快速取胜。

而尉缭的"单一诸侯不可惧，诸侯联合就会对秦构成大威胁"的主张很对嬴政的胃口，他很快按其建议派出间谍，离间诸侯之间的关系，使其互相内耗，减轻秦军的正面军事压力。秦国将才不少，缺乏帅才。尉缭的出现，无疑填补了这一缺憾，对秦国制定军事路线和军事战略起到了重要的作用。

后来，尉缭参加了秦王朝的整个统一战争，成了这场统一战争的总战略设计师。

七、外交家姚贾、顿弱

除了谋臣李斯、茅焦和尉缭外，秦王嬴政身边还有几个杰出的外交家，如姚贾、顿弱等人。

姚贾是魏国人，出身于社会底层。据记载，他的父亲是看管城门的小兵。俗话说，乱世出英雄，乱世带给人们痛苦，同时也给了那些有志之士、有才之人一个出人头地的环境。

姚贾是一个具有几分传奇色彩的人物，韩非说他是"梁之大盗，赵之逐臣"，意思是说，姚贾年轻的时候曾在大梁做过小偷，也曾被赵国驱逐。姚贾没有什么本事，唯一的长处是口才了得。经过一番思量，他做出了一个大胆的决定——弃盗从政，发挥自己的长处，像苏秦、张仪那样靠舌头吃饭。他先是来到赵国，四处宣传自己，吹嘘自己是当世的苏秦。

当时秦国一统天下的局势已经越来越明显，韩、魏两国濒临灭亡，齐国因秦国连年的拉拢和离间，亲秦派当政，基本不设守战之备。楚、赵等四国为求自保，想联合起来对付秦国。秦王嬴政听说四国打算合纵攻秦的消息后，忙召集群臣商议对策，李斯建议把姚贾招揽过来，再让姚贾去游说各国，四国联合将不攻自破。嬴政认为李斯想得过于简单了，姚贾真有这样的本事吗？再说这样的人才哪里是想招就能招来的呢？

李斯见状，给嬴政讲了一个故事：

秦昭襄王时代，有一年，韩国国库空虚，为了增加收入，韩国想出了一个办法，拍卖本国的绝色美女。当时韩国有一个美女天下闻名，诸侯王皆垂涎三尺。于是，韩国向天下散播拍卖美女的消息，谁出的价格最高，谁就能得到这个美女，但最少也要三千金。这个价格让六国诸侯望而却步，只有强大的秦王能买得起，最终，秦昭襄王出三千金买下了这个美人。这样高的价格，其人之美可想而知。现在人们称女儿为千金，也正是由此而来。

故事到这里并未结束，韩国卖了美女确实得到了三千金，但后来秦昭襄王扬言要攻打韩国，韩国为了讨好秦国，又把三千金乖乖奉上。于是，秦昭襄王分文未花，就得到了一个绝世佳人。

李斯讲完故事后，接着说道，纵横之徒如苏秦、张仪、姚贾者，皆有才无德、见利忘义。现在的姚贾，就像那位韩国美人，是在待价而沽。谁出的价高，谁就能得到他。而且，但凡有气节、讲道德之人，宁死也不会做盗贼，而姚贾却在大梁做过盗贼，其利欲熏心可想而知。因此，只要秦国肯出重金，姚贾就一定会来。等姚贾来了，再派他出使四国，不仅能破了合纵，还能让他为秦国连横。到时各国割地赔款向秦国求和，秦国得到的东西将远远大于在姚贾身上所花费的。

于是，嬴政派姚贾的同乡尉缭去劝姚贾归秦。此时，远在邯郸的赵国宠臣郭开①，也在暗中帮助秦国。

郭开是李斯到秦国后，建议嬴政用糖衣炮弹收买来的。拿人钱财，替人消灾。为了把姚贾赶到秦国，郭开开始不停地向赵王进谗言，什么挪用公款、行贿受贿、调戏后妃等等，他把自己能想到的罪名都安在了姚贾身上。而赵王也不是什么明君，听完自己宠臣的汇报，就下令把姚贾驱逐出境了。恰在这时，尉缭赶到了，一番说辞就把姚贾请到了秦国。

姚贾来到秦国后，得到了秦王嬴政的礼遇和赏识。当秦王命他出使四国时，"资车百乘，金千斤，衣以其衣冠，舞以其剑"。姚贾十分高兴，开始为大秦鞍前马后地服务，前后出使三年，取得了很大的成就。嬴政拜姚贾为上卿，封千户侯。

---

① 郭开：战国末年晋阳人，赵国幽穆王赵迁的宠臣，历仕赵悼襄王、赵幽缪王两代君主，因谗言陷害赵国名将廉颇、李牧而加速了赵国的灭亡。赵国灭亡后，郭开在回赵都邯郸搬运家中财物时被沿途盗贼所杀。

姚贾虽然取得了不俗的成绩，但韩非一直瞧不起他，认为姚贾出身"世监门子"，是"梁之大盗，赵之逐臣"，秦王重用这种人将不利于"厉群臣"。为了破坏姚贾的谋略，达到弱秦的目的，韩非向嬴政进言，指责姚贾耗费三年时间，滥用国家财物珍宝，图谋个人私利，而"四国之交未必合也"。这种行为纯属"以王之权、国之宝，外自交于诸侯"。

嬴政对此将信将疑，于是召来姚贾，责问道："吾闻子以寡人之财交于诸侯，有诸？"姚贾泰然应答，说自己确实使用国家资财结交诸侯，但这并不意味着图谋私利，不忠于秦国。如果不结好诸侯，就无法达到预期的外交目的。如果不忠于秦国，四国诸侯也不会听从自己的游说。姚贾劝谏嬴政不要听信谗言，贬斥忠臣并进一步指出，用人不必求全责备，不必苛求出身和名望。周文王的姜太公、齐桓公的管仲、秦穆公的百里奚等人的个人经历都有不光彩之处，"此四士者，皆有诟丑，大诽天下，明主用之，知其可与立功"。所以说，明主用人的基本原则是"不取其污，不听其非，察其为己用。故可以存社稷者，虽有外诽者不听，虽有高世之名而无咫尺之功者不赏"。

嬴政认为姚贾说得很有道理，便仍然委以出使各国的重任。

顿弱也是嬴政身边的一个谋臣。史书对他的记载很少，只知他善于谋略、能言敢谏，而且，他还是一个笑傲王侯的名士。嬴政听说他的大名后，很想见见他。但顿弱提出了一个严苛的条件："见您可以，但不对您施任何拜见礼，您若同意，我就来；不同意，我就不来了。"

嬴政爱才心切，就同意了顿弱的要求。顿弱见了嬴政，没有丝毫的胆怯，直接开口问道："世间有三种人，一种是有其实而无其名，一种是无其实而有其名，还有一种是无其名又无其实，大王您知道这个道理吗？"

嬴政回答道："不太清楚，还请先生指教！"

顿弱说："有其实而无其名的是商人，他们有积粟之实而无耕田之名。无其实而有其名的是农夫，他们劳碌一生，有耕作之名而无积粟之实。无其名而又无其实的，就是大王您了。"

嬴政闻言勃然大怒，但顿弱一点也不害怕，说道："秦王有威服六国之名，而无威服六国之实；有孝顺母亲之实，却无孝顺之名，所以秦王是既无名又无实的。"

嬴政知道顿弱说得有道理，但这并不是他想听的，他想听的是兼并东方六国的策略。于是，他向顿弱询问如何才能真正兼并六国。

顿弱回答说："韩国是天下的咽喉，魏国是天下的胸腹。大王若能给我万金之数，让我到韩国和魏国游说，我保证可以拉拢他们的一批大臣亲秦。只要韩国和魏国臣服于秦，取天下就易如反掌了。"

嬴政说："秦国并没有先生想象得富有，恐怕不能给你万金之数。"

顿弱见嬴政不舍得万金之数，便说："天下处于多事之秋，各国不是合纵就是连横。连横成功了，秦就能成就帝业；合纵成功了，楚国就能成就王业。如果秦国成就了帝业，那么天下的财富就都是秦国的；如果楚王成就了王业，大王即使有万金之数，也不会属于您。因此，这笔花费是非常值得的。"

嬴政觉得顿弱说得有道理，就给了他万两黄金，让他到韩、魏等国游说权臣，离间君臣关系。于是，顿弱"东游韩、魏，入其将相；北游燕、赵，而杀李牧"，很快使"齐王入朝，四国毕从"。

八、勇冠三军的悍将们

嬴政身边不仅有诸多谋臣，还有不少猛将，其中最值得称道的是王氏父子、李信和蒙氏祖孙。

王翦，陕西人，生卒年月不详，是秦国继白起之后的又一位名将，与白起、李牧[①]、廉颇并列为战国四大名将。史书对王翦的出身及其少年时期的经历记载甚少，关于他的史料大都是他为秦国的统一大业奋勇

[①] 李牧：嬴姓，李氏，名牧，赵国柏仁（今河北邢台）人，战国时期赵国名将、军事家，是赵国后期赖以支撑危局的唯一良将，素有"李牧死，赵国亡"的说法。

作战的记录。在秦王嬴政的统一大业中，王翦及其儿子王贲是最大的功臣，除了韩国外，其余五国都是他们父子拿下的。

据说王翦的祖先是习武出身，先祖王错担任过将领，但并不是大将之才。王翦从小喜欢阅读兵书，爱玩兵器。他从小到大的玩具就是父辈帮他制作的木制刀枪剑戟等兵器，其中有一把大刀最受他喜欢。这把刀重达十几斤，对一个儿童来说有点沉重。与其他孩子一起玩耍时，他经常把这件宝贝拿出来炫耀，总是拿起大刀舞上一通，每次挥舞大刀，他都能赢得伙伴们热烈的喝彩。

王翦自小以力气大而出名，长到9岁就能够拉开五十石的弓。对于一个军人来说，五十石的弓算不上什么，但对一个不满10岁的孩子而言却绝非易事。年长几岁后，王翦又开始练习骑射。

史书上对王翦的最早记载是在秦王政十一年（公元前236年），当时，王翦率领秦军攻打赵国的阏与（今山西和顺）。阏与是赵国的门户，布防严密，秦、赵两国曾多次在这里发生战争。王翦率军轻装前进，仅用十八天便赶到了阏与。他下令让军中俸禄不满百石的校尉回家，然后从原来的军队中十里挑二，留下一支快速精干的部队攻打阏与并很快得手，随后又趁机攻下了赵国九座城池。

秦王政十八年（公元前229年），王翦率军攻下邯郸的门户井陉后，与杨端和部会合，准备一举攻下邯郸，灭掉赵国。不料事与愿违，赵国也有一名大将李牧。李牧与王翦同居战国四大名将之列，其谋略、智慧可想而知。结果，秦军与赵军相持一年多时间，始终无法战胜李牧，形势变得对秦军越来越不利。这时，嬴政再次采纳李斯的建议，贿赂赵国大臣郭开，郭开见钱眼开，马上向赵王进谗言，昏庸的赵王杀掉了李牧，自毁长城。

李牧死后，王翦再无对手，秦军一路高歌猛进，杀死赵军主将赵葱，攻下赵国都城，俘虏了赵王迁。赵国的土地被划归为秦国的一个新郡。

虎父无犬子，当王翦在北部战场称雄的时候，他的儿子王贲在南部战场也取得了不俗的成绩。秦王政二十二年（公元前225年），王贲受命进攻楚国，首战便大败楚兵。但秦国此时的战略目标是消灭魏国，攻击楚国只是为了警告它不要派兵援魏。因此，战胜楚军后，王贲率领秦军迅速掉头北上，进攻魏国都城大梁。魏军采取坚守不出的策略，死守都城，而大梁城的城墙非常坚固，如果硬攻，秦军必定会损失惨重。王贲经过考察，决定掘开黄河大堤，水淹大梁城。

三个月后，大梁城墙被毁，城内粮食不足，魏王不得已投降了。很快，王贲又率军平定了魏国各地零星的反秦势力。之后，秦在魏地设立了砀郡。

李信也是嬴政手下的一员猛将，是汉代"飞将军"李广的祖先，在灭燕国的战争中立下了汗马功劳，但是在攻打楚国时被楚国大将项燕打败，之后史书上对他的记载就很少了。后人对李信的认识大多来自于秦国的灭楚战争。

秦昭襄王时代，秦国最大的对手是赵国，长平之战后，赵国元气大伤。因此，到嬴政时期，秦国最大的对手是南方的楚国。嬴政对南征楚国一事十分重视，当时嬴政有两个预选将领，一个是年轻有为的新秀李信，另一个则是老将王翦。

嬴政先问李信："寡人要拿下楚国，你估计一下，秦国大概要出动多少人马？"

此时秦军接连灭掉了韩、赵、魏三国，锋芒正盛，全军上下从统帅到兵卒均士气高昂，不免有些骄傲轻敌的情绪。于是，李信自信地回答说："二十万人足矣。"

嬴政又问王翦，王翦说："楚国地大，必须有六十万人才可以取胜。"

秦国当时准备的兵力根本没有六十万，加上接连的胜利冲昏了嬴政的头脑，他认为秦军是战无不胜的，一个可以当十个用。所以他听了王翦的话，不以为然地说："王将军老了，胆子也越来越小了！"

最终，嬴政选择以李信为主帅，发兵二十万征讨楚国。

很快，李信带领秦军自信满满地出发了。王翦料定秦军的这次出征必定会失败，一再向嬴政建议多派人马，可是嬴政认为他过于谨慎，根本不听他的。王翦无奈，只得称病还乡养老。

李信率军威风凛凛地来到楚国，刚开始秦军势如破竹，进展顺利，接连攻下了不少城池。然而楚国毕竟是一个大国，疆域广阔，随着战事的发展，秦军的战线越拉越长，李信开始感觉到兵力紧张。不久，楚军在名将项燕的指挥下，采取诱敌深入的战术，秦军不知不觉地陷入楚军的布阵之中。项燕带领楚军悄悄地跟随秦军三天三夜，选准秦军防守最松懈的时候发动奇袭。秦军大败，损兵折将，七名都尉阵亡。

秦军败回后，嬴政才意识到自己错了，亲自到频阳向王翦道歉，请王翦再次出山。

不久，嬴政亲自为王翦送行，王翦率领六十万秦军浩浩荡荡地向楚国进发。一年后，楚国被平定。秦统一天下后，嬴政没有忘记王翦父子的功劳，破例封王翦为武城侯、封王贲为通武侯。

李信虽然在这次战争中失败了，但他并没有失去嬴政的信任。后来嬴政又派他参加了诸多战争，并取得了不错的战绩。

嬴政手下能够与王氏一族相媲美的是蒙氏一族。蒙氏一族也是三代为将，功勋卓著，始终效忠于秦王，而且恩宠不衰，历经数十年之久。

蒙氏家族中第一位将军是蒙骜。蒙骜是齐国人，他在秦昭襄王时来到秦国并受到赏识。从此，他冲锋陷阵，为秦国的统一立下了汗马功劳，也为蒙氏家族在秦国的发展奠定了良好的基础。

秦庄襄王即位后，蒙骜开始在军事上大显身手。

秦庄襄王元年（公元前249年），蒙骜率师伐韩，韩国割地求和，使秦国得到成皋（今河南荥阳西北）、荥阳（今河南荥阳东北）等中原战略要地，并在那里设立三川郡。从此，秦国的疆界逼近了魏国的都城大梁。

秦庄襄王二年（公元前248年），秦军再次由蒙骜统率进攻赵国，平定太原。

秦庄襄王三年（公元前247年），蒙骜率领秦军攻打魏国，攻克高都和汲。不久，蒙骜再次率军进攻赵国，攻占榆次、狼孟等三十七城。后来，他又攻下赵国重镇晋阳。秦国在晋阳及之前攻下的地区一起设置了太原郡。

秦王政元年（公元前246年），嬴政即位，当时白起已经死去多年，新一代将才蒙骜与王龁、麃公三人成为当时秦国最重要的将领。

在秦国不断的进攻下，魏国面临着亡国之危，魏王不得不赦免了因窃符救赵事件而流亡在赵国的信陵君。信陵君被召回国后，接连出使四国，组织燕、赵、韩、楚、魏五国联军与秦军对抗。在河外，蒙骜率领的秦军与信陵君率领的五国联军大战一场，结果秦军失利，被迫退回秦国。

秦王政五年（公元前242年），嬴政听说信陵君已经去世，再次派蒙骜攻魏，夺取了魏国二十座城池，并在那里设置了东郡。秦国国土与齐国相连，对韩国、魏国都形成了三面包围之势。不久，蒙骜被封为上卿。

秦王政七年（公元前239年），蒙骜去世。他一生轰轰烈烈，在有史可查的九年时间里，屡次担任主将，率领秦军攻城略地。他戎马一生，仅战败过一次，是名副其实的常胜将军。他一生经历战事一百多次，为秦国攻下了七十余座城池，这样的功绩在秦国历史上是不多见的，在整个中国历史上也是十分少见的。

蒙骜的儿子是蒙武，相比其父蒙骜及其子蒙恬、蒙毅而言，蒙武的名气要小得多，因此史书、传说中关于他的记载也就相对较少。但蒙武也是秦国的重要将领之一，参与了消灭六国的战争，为秦王朝的建立立下了汗马功劳。

秦王政二十三年（公元前224年），嬴政因为轻敌派李信攻楚失败，秦军损失惨重。不久，嬴政请老将王翦出山，率领六十万秦军攻打楚国，蒙武担任王翦的副将。秦军采取以逸待劳的策略，将楚国主力击溃，俘虏楚王负刍[1]，占领了从陈（今河南淮阳）到平舆的大片区域，

---

[1] 负刍：芈姓，熊氏，名负刍，楚考烈王之子，楚幽王熊悍之弟，楚哀王熊犹庶兄，战国时期楚国最后一任国君，公元前228年至公元前223年在位。

楚国灭亡。不久，项燕拥立昌平君为楚王，在淮南宣布楚国复国，起兵反秦。秦王政二十四年（公元前223年），王翦、蒙武再次出兵，楚军大败，昌平君被杀，项燕见大势已去也自杀身亡，楚国彻底灭亡。

蒙武有两个儿子——蒙恬和蒙毅。其中，蒙恬是武将，蒙毅则是文官。

蒙恬自幼受家庭熏陶，以自己的父亲和祖父为榜样，立志冲锋陷阵，杀敌报国。他天资聪颖，从小熟读兵书，练习骑射，具有很高的军事素养。

蒙恬少年时曾学习刑狱法，担任过审理狱讼文书的职务。秦王政二十六年（公元前221年），蒙恬被任命为秦军将领。不久，他跟随大将王贲率军攻齐，秦军一路直捣黄龙，顺利攻占了齐国都城临淄。在这次灭齐战争中，蒙恬奋勇杀敌，战功卓著，加上强大的家族背景，战后他被嬴政封为内史。内史是秦国首都及其郊区的最高行政长官，能够坐到这一位置，可见嬴政对蒙恬的信任。

由于年龄尚小，蒙恬在统一战争中没有建立多大功业，但在统一六国后则屡立战功。统一后，秦王朝的最大威胁是北部的匈奴，蒙恬奉秦始皇之命，率三十万大军北击匈奴。他先收复了被匈奴占领的河南（今内蒙境内的黄河以南地区）地区，其后又把原燕、赵、秦的长城连为一体，修筑起西起陇西、东至辽东的万里长城。修筑长城虽然耗费民力，却是一种必要的防御设施。长城有力地遏制了匈奴骑兵对中原农耕地区的骚扰，保证了秦国经济的恢复和发展。长城修好后，蒙恬在北疆征战十多年，威震匈奴，使得匈奴十余年不敢靠近秦国边界。后来，蒙恬又受命开直道。直道从九原郡直达甘泉宫，全长1800里，可惜直道还没竣工，他就被害死了。

当蒙恬在战场立下不朽战功时，他的弟弟蒙毅也位至上卿。蒙氏家族历代忠义，为秦国立功无数，因此秦国历代君王都对蒙氏照顾有加。秦统一六国后，蒙氏兄弟依然深得秦始皇的尊宠，蒙恬担任外事，戍守北边；蒙毅常为内谋，常伴君王左右。史载："始皇甚尊宠蒙氏，信任贤之。而亲近蒙毅，位至上卿，出则参乘，入则御前。恬任外事而毅常为内谋，名为忠信。故虽诸将相莫敢与之争焉。"

自古以来，用人直接关系到事业的成败，成大事者多半是靠运用他人的智慧和才能最终取得成功的。嬴政之所以能够使天下一统，靠的正是他手下这一大批宝贵的人才。

第五章 削平群雄灭六国

一、灭韩之战

大权独揽,又招揽了众多能臣武将后,嬴政终于可以放心大胆地把精力放在统一六国的大业上了。他首先把目光投向了积贫积弱的韩国。

韩国起源于晋国的同姓宗室,也是周王室的宗室,与燕国同为姬姓诸侯。公元前453年,晋国宰相智伯纠集韩康子①与魏桓子②一起去晋阳讨伐赵襄子③,瓜分他的封地。但在赵襄子的游说下,韩、魏临阵倒戈,三家联合灭掉了智伯,瓜分了智伯的封地。从此,韩、赵、魏三卿独霸了晋国。后来,三卿将晋国的领地瓜分,灭亡了晋国。这就是"三家分晋"。赵、魏、韩成为三个独立的诸侯国后,得到了周天子的认可。因此,人们常常将韩、魏、赵三国合称为"三晋"。

韩国在建国之初就处于四战之地,北有魏、赵,东有齐,南有楚,西有秦。处在如此恶劣的环境中,韩国可谓举步维艰,时常与各国发生战争。不过,韩国还是生存下来了,并且富强一时。当时韩国有最先进的兵器制造技术,能打造当时一流的兵器,如弓、弩、剑等。史料记载"天下之强弓劲弩皆从韩出"。韩国的弩威力极大,"远者括蔽洞胸,近

---

① 韩康子:姬姓,韩氏,讳虎,原名韩虎。战国时期晋国韩氏的领袖,韩庄子之子。
② 魏桓子:又称魏宣子,姬姓,魏氏,名驹,战国时期晋国魏氏的领袖,魏襄子魏侈之孙。
③ 赵襄子:嬴姓,赵氏,名无恤,春秋末年晋国大夫,赵氏家族首领,战国时期赵国的实际创始人。谥号为"襄子",故史称"赵襄子"。

者镝弩心"；韩国的剑能"陆断牛马，水截鹄雁，当敌则斩坚甲铁幕"，锋利无比……这些先进的兵器就是韩国自保的绝招，所以当时韩国有"劲韩"之称。

韩国国力最强盛的时期是韩昭侯在位时。韩昭侯即位之初，任用申不害为相，实行改革。

申不害又称申子，郑国京邑（今河南新郑）人，他和当时许多有为的政治家一样，主张君主集权，实行法治，是法家重"术"一派的代表人物。他的改革取得了显著的效果，史称"内修政教，外应诸侯，十五年。终申子之身，国治兵强，无侵韩者"。不过，与同时代的商鞅变法相比，申不害的改革在制度创新和法制建设方面到底差了一截。他更注重政治技巧，主要是驾驭臣民、督责百官的权术，在制度、法律建设方面着力不够。这就是他与重"法"的商鞅的差距。也正是因为这一点，他的改革成果很难长期保留。何况过分玩弄阴谋权术不一定是可靠的强国之道，君臣之间钩心斗角往往会导致政治腐败。

在战国七雄中，韩国的疆域最小，政治改革的成效也较差，加上处在各个强国之间，所以韩国从来没有强大到能够独自抗衡其他大国的程度。随着大国之间兼并战争的激化，韩国经常受到邻国的侵扰、蚕食，国力日渐削弱。而韩国正处在秦国向东发展的要冲，出于对秦国的畏惧和防范，韩国多次参加合纵攻秦，可是收效并不大。秦昭襄王五十三年（公元前254年），韩桓惠王入朝事秦，称臣纳贡。嬴政即位后，韩国已经势如累卵。

经与智囊团筹划，嬴政开始了大秦统一天下的计划。前文已经提过，李斯在第一次觐见秦王嬴政时就提出要立即发动统一战争，否则"黄帝之贤，不能并也"，嬴政立即采纳了他的建议。对于何时发动统一战争，李斯与嬴政的想法完全一致，但在先攻打哪个国家的问题上，他们想法不一致。李斯提出先灭韩国，灭了韩国就可以威慑其他五国，更有利于秦国完成统一大业；而嬴政则有些犹豫，这主要因为一个人物——韩非。

韩非受到嬴政仰慕，嬴政不惜发动战争来得到他。韩王安本来就不看重韩非，这次秦国索要韩非，他当然双手奉上。当韩非作为韩国的使者到达秦国后，立即给嬴政上了一份奏疏，奏疏的基本内容就是灭赵存韩。韩非从三个方面阐述了自己的观点：一是韩国三十多年来一直奉行侍奉秦国的政策，韩国现在已经相当于秦国的一个郡县，如果秦国要出兵攻打哪个国家，韩国都出兵跟随；二是赵国一直以来都在跟秦国作对，而且赵国一直在扩充军队，吸引合纵之士，赵国才是秦国的主要敌人；三是韩国没有那么容易被消灭，韩国虽然国土少，且东南西北四个方向都要应对外敌，但韩国一百多年来就是在这样的环境中发展起来的，假如秦国先灭韩，韩国就会与魏国联盟，韩魏结盟有助于赵国，赵齐本就是联盟，这样秦国攻打赵国就更加困难了。

韩非还就如何攻打赵国提了四个建议：第一，给魏国送去人质，先稳住魏国；第二，用重金贿赂楚国重臣，让他们在楚国宣扬赵国的劣迹；第三，稳住魏、楚两国后，率韩国攻打赵、齐；第四，灭了赵、齐两国后，只需发一封文书给韩国就可以将韩国摆平。

韩非上这个奏疏，目的是为了保住韩国，但是他的计策也是站在秦国的立场上来考虑的，这对嬴政的诱惑力很大，并召来大臣进行了一番讨论。

韩非的主张遭到了李斯、姚贾等人的嫉恨与反驳，这是因为：一、韩非提出的策略和他们的主张针锋相对；二、韩非非常看不起姚贾，认为他不足以论社稷之计；三、如果韩非受到重用，势必影响他们的政治地位。于是，李斯、姚贾等人想方设法诋毁韩非，大有不把韩非整死不罢休的架势。他们对秦始皇说："韩非是韩国的公子。现在大王想兼并诸侯，他才来出使秦国，他的最终目的是为了韩国而不是为了秦国，这是人之常情。如果大王不用他，等他回到韩国，就等于给大秦留下了祸患，倒不如找一个过错将他杀了。"

嬴政相信了他们的说辞，于是将韩非关进监狱。韩非还想向嬴政表明心迹，但已经没用了。很快，嬴政也后悔了，想要赦免韩非，但为时已晚，李斯已经派人给韩非送去了毒酒，令他自杀。

韩非的计策让韩国多存活了几年，但也无法使韩国摆脱彻底覆灭的结局。韩非死后，秦王政十四年（公元前233年），韩王派使节向秦国纳地效玺，请为秦臣。在嬴政为正式启动统一战争做最后准备时，韩国又苟延残喘了一段时日。

秦王政十六年（公元前231年），嬴政开始将战争目标锁定为韩国。同年九月，秦军大兵压境，韩国为了延续一线生机，再次割地求和，献出了南阳全境。占领南阳后，嬴政并没有兑现与韩国握手言和的诺言，第二年便命令内史腾灭掉了韩国。这时的韩国已经弱不禁风，韩军一触即溃，韩王安被俘。嬴政把新占领的韩地置为颍川郡。秦王政十七年（公元前230年），韩国彻底灭亡，由此拉开了秦灭六国的帷幕。

秦国之所以把统一战争的第一个目标锁定为韩国，主要是因为韩国的地理位置处于秦国东进的要冲，是"天下之咽喉"，而且它在东方六国中实力最弱，因此理所当然地成了秦国第一个消灭的目标。

二、灭赵国，雪前耻

灭掉韩国后，嬴政马上定下了第二个攻击目标——赵国。赵国是秦国的近邻，所以实行"远交近攻"政策的秦国一直将赵国看成是自己入主中原的最大障碍。据说嬴政极欲除去赵国还有一个原因：他的童年在赵国历尽耻辱，他要报仇雪恨，一雪前耻。但是，赵国是六国之中实力最强，要想灭掉它并不容易。

自韩、赵、魏三家分晋开始，赵国就"强于韩、魏"，后经过三次迁都，从晋阳迁至中牟（今河南鹤壁山城区一带），最后定都于邯郸。战国时期，各诸侯国都变法图强，赵国也做了一些改革，但相比其他国家还差得很远。到赵武灵王时，为了增强国家实力，扭转对外关系上的被动局面，赵武灵王决定实行胡服骑射。胡服骑射政策不仅增强了赵国的国力，使赵国成为军事强国，而且还灭掉了心腹之患——中山国，并收服了周围的少数民族,大大扩展了赵国的疆土。

赵武灵王晚年传位于其子赵惠文王,自号"主父"。赵惠文王也是一个有作为的君主,他善于用人,曾以乐毅为相、蔺相如为上卿,重用廉颇、赵奢①等大将。这些贤臣良将的辅佐进一步增强了赵国的国力,扩大了赵国的疆土。他在位期间发生过历史上著名的"完璧归赵""渑池之会""阏与(今山西和顺)之战"等事件。

赵惠文王性格虽然有点懦弱,但几年之后,他却主动向秦国发起挑战,最终导致秦赵之间兵戎相见。事情的起因是,当时秦赵两国承诺互换彼此占领对方的一部分土地,以方便就近管理,秦昭襄王很痛快地将土地还给了赵国,但赵惠文王却耍赖不归还秦国的土地。秦昭襄王三十八年(公元前269年),秦国派兵攻打赵国的阏与,当时的大将廉颇和乐胜都认为阏与之战没有胜算,但赵奢却认为有胜算,于是,赵惠文王派赵奢领兵出战。赵奢用计骗过秦军后,以两天一夜的急行军赶到阏与,最终将秦军打得落花流水。赵奢也因此战而一举成名,成为名声与廉颇相当的赵国名将。

阏与之战后,秦军又去攻打赵国一个叫几(今河北大名东南)的地方,赵惠文王派廉颇出战,又一次打败秦军。这两次战役给秦昭襄王留下了深刻的教训,之后十几年秦赵之间都没有再发生大的战争。

赵惠文王期间,两次打败秦军,在外交斗争中没有吃亏,基本上维持了赵国的强势。可以说,战国后期,赵国一直是秦国对外进行兼并战争的唯一强敌,秦国虽然一心想铲除它,但又颇为忌惮。到赵孝成王②时,赵国打了一场元气大伤的战争——长平(今山西高平西北)之战。长平之战并非发生在秦王嬴政时期,但它的影响却极其深远,使赵国开始走下坡路。

---

① 赵奢:嬴姓,赵氏,名奢,赵国邯郸人,战国时代东方六国八名将之一,简曰马氏。主要生活在赵武灵王到赵孝成王时期。后葬于邯郸市区西北15公里处的紫山地区。

② 赵孝成王:嬴姓,赵氏,名丹。赵惠文王之子,东周战国时期赵国第十任君主,在位21年。

秦昭襄王四十五年（公元前262年），韩国的战略要地野王（今河南沁阳）被秦军占领，韩国因此被拦腰截成两段，上党①地区和韩国本土被彻底隔开。这引起了韩国的极度恐慌，韩王马上派人出使秦国，企图通过献出上党郡来避免战争，从而继续苟延残喘。

假如这次韩国的目的达成，历史或许会因此而改写，只可惜韩王的想法是好的，但上党郡献得并不顺利。因为韩国派驻上党的太守冯亭不愿意把上党献给秦国，而是自作主张，将上党献给了能与秦国一争高下的赵国。他的用意很明显，就是希望借助赵国的力量打击秦国。

冯亭的决定在赵国朝野引起了不小的争论。赵豹认为："秦国蚕食韩国的土地，从当中断绝，不让两边相通，本来自以为会安安稳稳地得到上党的土地。韩国之所以不归顺秦国，是想要嫁祸给赵国。秦国付出了辛劳而赵国却白白得利，即使强国大国也不能随意从小国弱国那里得利，小国弱国反倒能从强国大国那里得利吗？这怎能说不是无故之利呢！况且秦国利用牛田的水道运粮蚕食韩国，用最好的战车奋力作战，分割韩国的土地，它的政令已经施行，不能与它为敌，一定不要接受。"

但平原君赵胜却说："出动百万大军进攻，花一年时间也得不到一座城，如今白白得到十七座城邑，这么大的便宜，不能丢掉。"最终，赵孝成王接受平原君的建议，派他前去接收上党，将上党郡并入赵国的版图。随后，赵孝成王封冯亭为华阳君，食三万户，官民赐爵三级。

赵国这样做，无异于虎口夺食。秦国将韩国截为两段，就是为了夺取上党地区，现在上党归了赵国，眼看到嘴的肥肉就这样被夺走了，秦昭襄王怎能不愤怒呢？在范雎的建议下，秦昭襄王下令出兵攻赵。

秦昭襄王四十七年（公元前260年），秦军进攻上党。上党赵军抵挡不住秦军的攻势，只得退守长平。战国时期规模最大、最惨烈的一次战争的导火线就这样被点燃了。

赵孝成王得知秦军攻击上党，连忙派廉颇率赵军主力开赴长平，希

---

① 上党：山西东南部的一个古地名，是由群山包围起来的一块高地，自古为战略要地。

望夺回上党。廉颇领兵驻扎在长平，这场战役开始时，廉颇打得并不顺利，损兵折将，但是他到底是一个经验丰富的老将，见秦国军队来势汹汹，于是在长平筑高垒、修工事，与秦军打起了消耗战，一拖就是三年。如此一来，秦国吃不消了，因为长平离赵国近，而离秦国远，继续耗下去，秦国根本占不到什么便宜，只能落得个两败俱伤的下场。在这种情况下，秦国用起了反间计，花重金买通赵国重臣，让他们散布谣言说廉颇久不出战，意欲叛国，而且秦军根本不怕廉颇，最怕的是赵奢的儿子赵括。

赵孝成王听信了流言，把廉颇从赵军主帅的位置上撤了下来。蔺相如和赵括的母亲都极力反对赵孝成王的做法，但赵孝成王却一意孤行。无奈之下，赵括的母亲就对赵孝成王说，若用赵括为将，一旦战败，请不要株连我们家的任何人。赵孝成王表示同意，赵括就这样上了战场。而秦国也悄悄换了主帅，派出了战神白起。

只会纸上谈兵的赵括对久经沙场的战神，胜负已在预料之中。赵括上任就率四十多万赵军倾巢出动，而白起先是佯装败退，之后切断赵军的退路，又切断赵军的补给和援军，可谓招招致命。赵军断粮四十六天后，赵括被迫采取自杀式突围，但是突围失败，赵括战死，四十多万赵军向秦军投降。

赵军投降后，白起把俘虏的四十多万赵军全部活埋，只留下二百多个未成年的孩子，让他们回赵国报信。这场战争让赵国从此一蹶不振，再无力与秦国抗衡。

长平之战后，白起建议乘胜追击，继续攻打赵国都城邯郸，一举灭掉赵国。但秦昭襄王有些犹豫不决，因为长平之战不仅损耗了赵国的国力，秦国的国力损耗得也相当严重。恰在这时，赵国派了一个说客来到秦国，对丞相范雎说："如果让白起领兵攻下赵国，那么白起的功劳就会比你大，你虽然贵为丞相，但功劳还是比不上白起。而且秦国即使得到赵国的土地，却得不到赵国的人，秦国如果继续攻打赵国，赵国的人民就会逃到其他国家。"范雎被说动了，因为他和白起本来就有矛盾，他也担心白起的势头盖过自己,于是马上去劝说秦昭襄王现在不要攻打赵国,让秦军休整一下。秦昭襄王采纳了他的建议,下令秦军撤回休整。

几个月后,秦昭襄王派王陵率兵连续攻打邯郸,但赵国人民众志成城,誓死保卫国都邯郸,同时,赵国也向魏、楚两国求救。秦昭襄王见王陵进攻不力,想重新起用白起,但是白起认为秦国已经错过了攻打邯郸的大好时机,这一仗根本打不赢,于是推脱了。后来,秦军又换了几次将领,但因秦军内部本身已经非常混乱,加上魏国派信陵君魏无忌、楚国派春申君黄歇率兵救赵,秦昭襄王五十年(公元前257年),秦军大败,秦将郑安平率两万士卒降赵。

赵国虽然在邯郸之战中获得了胜利,但是伤亡非常惨重,根本不可能扭转赵国衰落的总趋势。秦王政十二年(公元前235年),赵国最后一任国王赵迁即位,即赵幽缪王。秦王政十三年(公元前234年),秦王嬴政任命桓齮率领秦军从东北方向进攻赵国,赵将扈辄率十余万大军迎战,在平阳被秦军打败,全军覆没。秦军乘胜从太原郡继续北上,占领赵国西北部地区,设立了雁门郡和云中郡(今内蒙古托克托东北)。

第二年,秦王嬴政又派桓齮率军进攻赵国。这一次秦军改变进攻路线,由太原郡向东翻越太行山,进攻赵国北部,跟已经占领漳河流域的秦军配合,对赵国形成钳形大包围攻势,企图一举消灭赵国。

赵王迁得到消息后,急忙将名将李牧调去抗击秦军。

李牧非常善于用兵,原本在赵国北部边境防御匈奴,他采用以不变应万变的防御办法,取得了显著的成绩,只要有他在,匈奴从来不敢侵犯边境。他精心选派边地官员,认真经营边疆经济,发展边地生产和贸易,确保充足的军费。他关心士卒,训练士卒骑马射箭,设置烽火警报,派遣侦察人员深入匈奴探听动向。他规定,如果匈奴入侵,要快速将居民和牛羊等撤回城中,闭关自守。在他守卫北境的数年间,边境人畜都没有遭受什么损失。但是,赵国朝廷有一些人认为李牧的固守是怯战,赵孝成王还因此派人责备他。不过,李牧丝毫不为所动。赵孝成王十分恼火，另派将领代替李牧。前来替换的将领一改李牧抗击匈奴的方法，匈奴一入侵就出兵追击，结果屡屡失败，人畜伤亡很多，边境不再安宁。赵孝成王只得重新启用李牧，但李牧称病不出。赵孝成王强制任李牧为将，李牧提出要求，必须按照他原先防备匈奴的方法才肯上任，赵孝成王只得答应下来，于是李牧重新去边疆守边。

李牧重新守边后仍然采取以前的做法，匈奴数年一无所获。边防士卒没有战事却能够得到厚赏，都很激动，愿意拼死一战。李牧看到士卒求战，而匈奴的防备也松懈下来，于是加紧训练士卒，时不时放出牛马引诱敌人。匈奴单于认为有利可图，便集中人马，大举掠夺。李牧则想出奇计——正面佯退，两翼埋伏，一举歼灭十万多匈奴兵。此后十多年间，匈奴都不敢入侵，赵国有了一个相对安宁的边疆环境。

现在李牧又临危受命，领兵抗秦。上战场之前，他对赵王迁说："秦军连连取胜，士气正旺，斗志昂扬，现在与之交战是很难取胜的。我请求大王允许我随机应变，不受约束，这样才敢领命抗击秦军。"赵王迁答应了他的请求，并派给他十万兵马。

李牧上任后，下令全军深筑工事，只准坚守，不准出战。他还每天杀牛赏赐兵士，举行射箭比赛。士卒每天受赏，要求出城拼杀，而李牧始终不同意。

秦军屡屡叫阵，但李牧就是不出战，桓齮无奈，只得改变战术，决定先扫清外围，于是分兵一半，偷袭甘泉。甘泉守将赵葱请求李牧派兵救援，李牧回复说："如果敌人攻打什么地方，我们就去救援什么地方，将会被敌人牵着鼻子走，这是兵家大忌。秦军分兵攻打甘泉，其营必虚；我军坚壁固守日久，秦军一定不会防备我军进攻，不如偷袭敌营，如果偷袭成功，定能大挫桓齮的锐气。"

于是，李牧趁晨昏之时，偷袭秦军营寨。秦军完全没想到赵兵会突然来袭，一时阵脚大乱，伤亡惨重，败兵逃到甘泉。桓齮得知情况后非常愤怒，带领全部兵马向李牧杀来。

李牧命令代地守兵从中线冲击而出，赵葱和颜聚各领五万兵马迂回而进。赵军中军与秦兵大战，代地守兵奋勇当先，拼死而战，秦军始终无法取胜，最后溃败而逃，桓齮也畏罪逃亡。这是秦王嬴政统一战争的一大挫折，秦军损失十万之众。

李牧因为此战大获全胜，被赵王迁授封为武安君。

嬴政得知秦军战败的消息后，火冒三丈，马上下令再次出兵攻赵。秦王政十五年（公元前232年），秦军分两路进攻赵国。赵国仍以李牧为主帅带兵抵御秦军，并再次取胜。

李牧虽然两次打败了秦军，但是赵军的兵力损失也相当严重。就在这时，赵国又发生了极其严重的自然灾害——大地震和旱灾，紧接着国内又流传起"赵为号，秦为笑，以为不信，视地之生毛"的谣言，这一连串的天灾人祸，对本已衰弱的赵国来说无异于雪上加霜。

赵国的那句谣言是因何而起的呢？原来，赵国当时存在严重的腐败问题。赵王迁的母亲本是一名娼女，赵悼襄王见她漂亮就纳入后宫并立为王后，生下了赵迁。随后，赵悼襄王废嫡长子嘉而立迁为太子。赵悼襄王死后，赵迁即位。王后和春平侯私通，朝政则被郭开操纵。郭开是个小人，贪财好利，嫉贤妒能，排斥贤才。赵悼襄王在位时与廉颇生了嫌隙，逼迫廉颇交出兵权，廉颇一怒之下将前来替换他的人打跑，然后逃到了魏国。秦国知道这件事后，更加疯狂地进攻赵国，赵悼襄王这才后悔，想把廉颇召回来，于是派使者去魏国探视廉颇的身体状况。在使者面前，廉颇"一饭斗米、肉十斤，被甲上马，以示尚可用"。当时郭开已经收受了秦国贿赂，成了秦国的卧底。为了阻止廉颇重返赵国，他贿赂使者，让使者向赵悼襄王谎称廉颇虽然能吃饭，但一顿饭期间去了好几次厕所。赵悼襄王认为廉颇年老不可用，于是没有将他召回。后来，廉颇被楚国暗中派人接走，死于楚都寿春（今安徽寿县西南）。

秦国灭掉韩国后，于秦王政十八年（公元前229年）派大将王翦领兵攻打赵国。赵王迁派李牧和司马尚领兵拒敌。两军对战，赵军拼死抵抗，双方僵持了一年，秦军一直无法向前推进。嬴政见此情形，决定采纳尉缭的建议，派间谍行反间之计。

　　间谍先是来到王翦军中，对王翦说："要战胜李牧这个久经沙场的名将，不会太容易。要想扭转目前的局面，我们必须使用一些计策。将军可以暂时与他通好，但不要定约，派使者多来往，我自有办法。"王翦马上行动，派人到李牧军中讲和。李牧不知其中有诈，也派人联络，双方往来密切。

　　随后，间谍又来到赵都邯郸，找到丞相郭开，以重金贿赂，并许诺事成后，秦王会给他高官厚禄。郭开十分高兴，便按秦国间谍所教之法在赵国散布谣言："李牧与秦军私自讲和，相约破赵之日，为代地之王。"一时间，赵国国内谣言四起，举国震惊。

　　郭开身为丞相、宠臣，常伴赵王迁左右，要传几句话再容易不过了。很快，赵王迁派人秘密到李牧军中查验，发现秦、赵两国使者果然经常往来。赵王迁又气又急，立刻找郭开商议对策，郭开献计说："赵葱、颜聚久在军中，大王可遣使持兵符拜赵葱为大将，替回李牧，只说欲拜为相国。李牧必定不会怀疑，将迅速回来。"

　　赵王迁欣然采纳这个计策，马上派特使持符节到李牧军中宣布命令。李牧认为现在战事正是紧张之际，不愿高迁。特使见李牧如此忠诚，心中一时不忍，便对李牧说："将军，郭开诬告将军谋反，赵王听信其言，说是以相位召你回京，其实是欺骗将军，将军一定要小心啊！"

　　李牧一听勃然大怒，说："郭开起初诬陷廉颇，如今又来诬陷我。我要带兵入朝除去这种小人，然后再上奏赵王。"

　　特使说："将军提兵入朝，知道的以为你忠心耿耿，不知道的反而说你谋反，这岂不是授人以柄，正中小人下怀吗？凭将军的才能，哪里不能建功立业，何必非要待在赵国呢？"

　　李牧长叹一声道："我过去还曾抱怨乐毅、廉颇身为赵国将领却不尽忠职守，没想到今天这种事也轮到我了。"他哀叹之后，卸下大将印，置于军中，改变装束，打算投奔魏国。

　　赵葱感激郭开的举荐之恩，又痛恨李牧不愿把大将印交给他，于是下令追捕李牧。李牧虽然有勇有谋，但终究还是被捕斩首。可叹一代名将没有牺牲在对秦军作战的战场上，而是丧生于昏君奸佞之手。从此赵国再无良将。

秦王嬴政收到李牧被杀身亡的消息后，不禁心花怒放。他知道赵国能对抗强秦的将领只有一个李牧。有李牧在，赵军还可以一时抵挡秦军的进攻；李牧一死，赵军便再不足惧。嬴政本想立即对赵国展开全面进攻，但有很多大臣认为这样不妥，李牧刚刚惨死，他的部下正处于悲痛之中，俗话说"哀兵必胜"。嬴政觉得大臣所言很有道理，于是放弃攻赵的念头，决定休整一段时间后再一举攻下赵国。

经过休整和准备，秦王政十八年（公元前229年），嬴政终于下令全面进攻赵国。他命王翦领兵十万为前锋，自井陉攻番吾（今河北平山附近）、肥下（今河北晋州西），直指邯郸；大将蒙恬率军十万，由西而东攻取邯郸，不可急进，先造声势，使赵国君臣惶惶不可终日；大将蒙毅统兵十万，横扫赵国东部，阻断外来援军；而嬴政自己则带领二十万大军殿后，以防赵军截断大秦三支大军的后路，并作为以上三路兵马的机动援兵。几路兵马将会师于邯郸城下，争取一战攻取赵都邯郸。

危急之际，赵王迁只好接受郭开的举荐，命赵葱和颜聚统军抗敌，但这两个人和赵括一样，只会纸上谈兵而没有任何实战经验，双方刚一交锋，赵葱就战死了，只留下颜聚苦苦挣扎。

赵军一路溃败，而秦兵则一路挺进，仅仅用一个多月的时间便攻占了赵国的大片土地，并在邯郸城下胜利会师。嬴政站在邯郸城下，心中一阵激动，终于可以报当年的受辱被困之仇了，他等这一天已经等了很久，满腔仇恨的他下达了尽快占领邯郸城的命令。

赵王迁非常害怕，准备派使者向邻国求救。郭开进言说："韩国已经臣服秦国，燕国、魏国自顾不暇，哪里还有人来救我们呢？依我之见，秦兵势大，不如归降，不失封侯之位。"赵王迁本来就昏庸而胆小，一听此言马上就想这样做。这时，公子嘉伏地痛哭道："先王将社稷宗庙交给大王，怎么能够轻易放弃呢？我愿与颜聚竭力死战，万一城破，代郡几百里尚可称王,绝不能束手就擒。"

公子嘉是赵王迁的王兄,原封为太子,后因赵悼襄王宠幸赵王迁之母而被废。郭开听了他的话,马上反驳道:"城破大王被虏,哪里还能去代地?"

公子嘉拔剑在手,大骂郭开:"误国奸臣,若敢多言,我必斩之!"

赵王迁两面劝解,之后退回宫中,以酒浇愁。

郭开本来想悄悄向秦军投降献城,但是公子嘉带领宗族宾客协助颜聚精心防守,滴水不漏,郭开暂无妙计。秦军兵临城下非但没有使赵国将士弃城而降,反而激起了他们誓死卫国的决心。一时间,兵强马壮的秦军也无法迅速取胜,尽管各将都想在督阵的嬴政面前露露脸,亲自率兵对邯郸城展开轮番进攻,但城头之上的赵军拼死抵抗,而且邯郸城墙及城门都牢不可破,秦军一时无计可施。不过胜利已成定局,赵军抵抗得再顽强也只是强弩之末,所以嬴政倒也不着急,丝毫没有责怪王翦、杨端和将兵不利的意思,而是每天气定神闲地坐在后方观看攻城,他似乎很享受看到这种上下拼杀的激战场面。他倒希望邯郸城内的赵国人多坚持几天,他要慢慢地折磨这些人,活活把他们累死、饿死。他命令赵高告诉前方的王翦和杨端和,利用秦军兵力上的绝对优势,把秦军分为好几批,不分昼夜分批攻城,他要让城头上敢于公开抵抗的赵国军民永远得不到休息的机会。

公子嘉和颜聚见秦军的进攻稍有放松,就每天打开一次城门,以方便出入。郭开趁此机会派心腹送了一封密信给王翦,王翦收信后马上向嬴政报告。嬴政下令加紧攻城。

赵王迁躲在深宫之中十分恐惧,对郭开说:"我准备投降,但又担心被杀,到底该如何是好呢?"

郭开说:"秦国不加害韩王安,又怎么会杀害大王呢?如果大王献和氏璧与邯郸图籍而降,秦王一定会非常高兴而善待大王。"

赵王迁说:"爱卿揣度行事,即刻写下降书。"郭开写完降书,又说:"降书已经写好,但是公子嘉必然阻挡。听说秦王的大营在西门,大王可以假借巡城之名，亲自到那里，开城请降，何愁秦王不允？"

赵王迁一向对郭开言听计从，况且他也想不出更好的办法，于是就按郭开所言行事。

颜聚正在北门巡察坚守，听说赵王迁已经偷走西门降秦，大惊失色。公子嘉正好来到，对他说："城头已遵赵王之命树起了降旗，秦兵马上就要入城了。"颜聚说："我在这里死守，公子速去组织宗族火速至此，出奔代郡，以图东山再起。"

公子嘉听从颜聚之言，带领宗族数百人，出邯郸北门，投奔代郡。众人力劝公子嘉自立为代王，组织力量，联合邻邦，共同抗秦。但此时的赵国已经是名存实亡，没有任何前途可言了。

公子嘉一走，再也无人能抵抗秦军，邯郸四门大开，秦军蜂拥进城，将城内残存的反抗力量一一剿灭干净，这才恭请嬴政入城。

嬴政进入邯郸后，没有去赵王迁的后宫搜寻美女珍宝，而是去了他小时候住过的那条街道。经过战争的摧残，这条街道更加破败不堪，道路坑坑洼洼，垃圾遍地。他信步走在这条街上，看着道路两边依然印刻于脑海中的景物，想着过去的一切，他狠狠地下了命令：找出当初在赵国与他母亲有仇、曾经欺负过他们母子的那些人，全部活埋。

处理完这些私仇国恨，嬴政内心感慨万千：赵国终于被灭掉了，这个自己出生的国度，自己与父母一起做人质的国度，自己生活了八年的国度，终于被自己灭掉了。曾经的王公贵族、文臣武将，或被自己的手下杀掉，或不顾一切地逃离，连赵国大王赵迁都已向自己俯首称臣，并被自己发配到了遥不可及的地方。这一切不是梦想，而是现实，转眼间自己已经可以主宰这个国家的一切了，这是何等的痛快！

人们都说君子报仇，十年不晚。埋藏在心底二十二年的仇恨，现在终于了结。此后嬴政一心投入国事，为实现统一大业而全力奋斗。

三、水淹大梁

摧毁顽强的赵国后，秦王嬴政将兼并战争的第三个目标指向了魏国。

魏国是三晋之一，战国初期国势强盛，一度居于七雄之首。它的崛起要归功于魏文侯①。公元前445年，魏文侯即位，他在位期间，广揽贤才，任用李悝②等杰出人物，使魏国实现了战国时期第一次大规模的改革。

李悝主持的变法，涉及政治、经济、军事等多个方面。

在政治上，实行"食有劳而禄有功"的制度。这项制度类似于商鞅变法中的军功爵制度。它的实施打破了旧贵族的世卿世禄制度，有利于激发社会活力。同时，魏国在中央设立了丞相等可由国君任命的官职，在某些郡县设置了郡守、县令等，初步加强了中央集权。

在经济上，魏国兴修水利，鼓励开荒，并用平籴③法来调节物价。这些措施大大促进了魏国的农业生产，增强了魏国的经济实力。

在军事上，魏国实施了著名的"武卒"制度，建立了常备军。武卒的选拔标准严格，待遇优厚，只有那些身背弓箭、穿戴全副铠甲、手持长矛、携带三天军粮且能日行百里的人方能胜任。一旦成为武卒，就会受到国家奖赏，赐给田宅并免除全家徭役。这一措施极大地提高了魏军的战斗力。

经过实施这一系列措施，魏国迅速崛起，成为战国首强。魏文侯、武侯④在位期间，魏国实力强大，并制定出了联合韩、赵，三晋一家的正确外交政策，多次击败齐国，打击楚国，夺取了秦国的河西地区。

然而，魏国的强大也引起了韩赵两国的担忧。魏武侯死后，韩、赵

---

① 魏文侯：姬姓，魏氏，名斯，安邑人，魏桓子之孙。战国时期魏国开国君主。在位时礼贤下士，师事儒门子弟子夏、田子方、段干木等人，任用李悝、翟璜为相，乐羊、吴起等为将，这标志着世族政治开始为官僚政治所代替。

② 李悝：魏国安邑人，战国时期的政治改革家、法家重要代表人物。曾任魏文侯相，主持变法。经济上推行"尽地力"和"善平籴"的政策，鼓励农民精耕细作，提高产量。其"重农"与"法治"结合的思想对商鞅、韩非影响极大。

③ 平籴：指官府在丰收时平价买进谷物，以待荒年卖出。

④ 魏武侯：姬姓，魏氏，名击，安邑人，魏文侯之子，战国初期魏国第二代国君，公元前395至公元前370年在位，在位期间将魏国的百年霸业再一次推向高峰。

联合出兵攻魏，魏国几乎亡国。魏惠王即位后，不再执行联合韩、赵的政策，三晋开始了长时间的内斗。魏国虽然胜多败少，却使自己陷入了孤立的境地。

魏国号称天下中枢，可四面出击，但也面临四面受敌的处境。与韩赵的关系恶化后，魏国彻底成了孤家寡人。这时，变法浪潮在各国掀起，齐国齐威王①、秦国秦孝公、赵国赵武灵王都在努力革新政治，富国强兵。秦齐相继崛起，魏国失去了扩展的空间。但魏惠王自恃强大，四面出击。结果，齐军在孙膑的领导下，通过桂陵之战和马陵之战，将魏国大将庞涓杀死，魏国主力损失殆尽，从此一蹶不振。赵国、楚国也趁机攻打魏国，秦军则相机攻占了河西、上郡等大片土地。

秦王政二十二年（公元前225年），秦国兵分两路，主力由李信率领，奔向楚国；另一路偏师由王贲率领，直奔魏国国都大梁。

王贲率军猛攻大梁，但大梁是魏国都城，魏国知道秦军早晚会来，因此把城池修得异常坚固。城内粮草充足，足以维持三年。因此，秦军无论强攻还是围困，都无法得手。

王贲分析认为，大梁城虽然十分坚固，粮草也十分充足，但有一个先天不足，那就是地形不利。它地处黄河之滨，而且地势较低，最要命的是，它的城墙不是石头的，而是土质的。黄河本就有"地上悬河"之称，因此，地势低洼的大梁城很适合用水攻。于是，王贲下令秦军的一部围困大梁，另一部去掘开黄河大堤。

命令下达后，几万秦军士兵不分昼夜地挖掘河堤。很快，黄河大堤被掘开，河水替代了秦军的千军万马，从三面涌入大梁城。当时正是春汛时节，时常下雨，因此水势越发浩大。大梁数百里范围内，都成了水上泽国，许多人葬身水底。

---

① 齐威王：妫姓，田氏，名因齐，齐桓公（与春秋五霸之首的齐桓公姜小白非同一人）田午之子，战国时期田氏齐国第四代国君，公元前356年至公元前320年在位。

魏王假①得知这一消息时，大梁城内已经水深逾丈，他也没有什么对策。王宫地势高还好，但大梁城的居民就惨了，无数人被大水冲走，剩下的民众只能待在屋顶上，城内积存的粮食也大都被水泡了。随着时间的推移，断粮的居民越来越多，形势越来越严峻。不久，地势最高的王宫内也能行船了。最糟糕的是，经过三个月的浸泡，土质的城墙渐渐松软，出现坍塌。

无奈之下，魏王假召开最后一次御前会议，经过商议，君臣一致决定开城投降。

不久，大梁城上竖起白旗。水势退去后，魏王假携王子王孙出城投降，魏国彻底灭亡。王贲尽取魏地，秦国在那里设置了三川郡。

从魏国的历史来看，魏国并不是一个弱小的国家，而且在战国初期还相当强盛，谁也没有想到它在强秦面前竟如此不堪一击。之所以如此，主要的原因在于魏国君臣都不擅长用人。

前面已经讲过，秦国之所以能够兼并六国，一个重要原因是秦国各代君主一直在招揽天下人才。不管这些人出身多么卑微，只要能为秦国做贡献就会封官加爵，所以不断有六国的有志之士前来投奔，这就使秦国一直都人才济济。而魏国恰恰相反，魏国其实有很多人才，但在朝中往往备受排挤，从而大量流失。

魏国流失的第一个人才是吴起②。吴起是魏文侯时期重用的大将，他不但是一位出色的军事家，而且是非常有眼光的政治家。当时李悝向魏文侯推荐吴起时说，吴起虽然好色，但是如果用来领兵打仗，绝对是把好手，就是齐国名将司马穰苴也打不过他。司马穰苴是古代齐国著名的将领，传世著作有《司马穰苴兵法》。魏文侯听后认为吴起能用，于是派他带领魏军攻打秦国，一连攻下秦国五座城池。吴起能打胜仗的一

---

① 魏王假：姬姓，魏氏，名假，魏景湣王之子，战国时期魏国最后一位国君，公元前227年至公元前225年在位。

② 吴起：战国初期军事家、政治家、改革家，兵家代表人物。一生历仕鲁、魏、楚三国，通晓兵家、法家、儒家三家思想，在内政、军事上都有极高的成就。曾在楚国主持变法，因变法得罪贵族而惨遭杀害。

个重要原因是他能够与士兵同甘共苦，曾亲自用嘴为手下的士兵吸吮脓疮。

魏武侯即位后，有一次和吴起一同乘船游黄河，魏武侯见黄河如此壮丽、雄伟，赞叹黄河是魏国的天险。吴起闻言对魏武侯说："一个国家是否能保证安全，在德不在险。如果对老百姓实行德政，老百姓就可以保卫自己的国家。如果不施行德政，仅依靠地形险峻，根本无法防守。"吴起的意思是要魏王实行德政，以保证国家的安全。

刚开始魏武侯比较器重吴起，但是丞相公孙痤非常嫉妒吴起的才能，于是向魏武侯进谗言，说吴起不愿长期为魏国效力。魏武侯对吴起产生了猜疑之心。吴起担心遇害，连忙逃离魏国，后在楚国帮助楚悼王变法，让楚国迅速强大起来。

吴起离开魏国后，魏国的其他有识之士十分寒心，纷纷离开魏国。后来，魏国在对秦战争中开始屡屡失利。

魏武侯死后，魏惠王即位。魏惠王还算贤明，他迁都大梁，兴修水利，并再一次实行社会改革；他礼贤下士，开创选拔"武卒"的制度。在他的治理下，魏国一度强盛起来。然而，即便在这一时期，魏国仍然流失了一个重要的人才——商鞅。

商鞅原本是卫国人，到魏国后在相国公孙痤手下任职，公孙痤知道商鞅是一个奇才，但因为忌妒一直没有举荐他，直到临终前才将商鞅推荐给魏惠王，并建议魏惠王要么重用，要么杀掉，但绝对不能让商鞅到别的国家去。对于公孙痤的临终善言，魏惠王也只是听听而已，既没有重用商鞅，也没有杀掉他。后来商鞅到了秦国，为秦国的强盛立下了汗马功劳，可以说商鞅的到来直接促进了秦国的崛起和强大，为秦灭六国奠定了坚实的基础。

魏惠王时期还丢失了一个相当重要的人才——孙膑。历史上著名的桂陵之战、马陵之战等，都与孙膑有直接的关系。如果不是孙膑为齐国出谋划策，齐国绝不可能在这几次战役中将魏国打得落花流水、元气大伤。

孙膑是兵圣孙武的后人，原来在齐国和庞涓一起学兵法。庞涓学成后在魏国当大将，但是他自知能力比不上孙膑，于是悄悄派人把孙膑召到魏国，设计将孙膑的膝盖骨剜去，使孙膑变成了一个残疾人。如此一来，孙膑无法出山，他就少了一个竞争对手。后来齐国使者出使魏国，偷偷将孙膑带到了齐国，孙膑到齐国后，通过田忌赛马展现了自己的才能，得以觐见齐威王。之后，魏国攻打赵国，赵国向齐国求救，齐威王想派孙膑为大将，孙膑却说自己身有残疾，无法带兵打仗，但是可以让田忌为将，自己为军师。田忌本想直扑赵国的都城邯郸，孙膑却提出围魏救赵的策略，并在魏国撤兵必经的桂陵（今河南长垣县西南）事先埋伏，打败魏军，这就是著名的桂陵之战。十三年后，魏赵联合攻打韩国，韩国也向齐国求救，齐国再次派出田忌和孙膑。这次孙膑设计将庞涓引到马陵，等到庞涓知道自己中计时已经晚了，最后只得自杀身亡。在这次战役中，魏国损失了十万大军，魏太子也被俘虏。孙膑这个魏国奇才没有为魏国出力，反倒帮助齐国打败了刚刚恢复强盛的魏国，使其走向衰败，再也没有恢复过来。

秦昭襄王的丞相范雎也是魏国人，原本效力于魏中大夫须贾门下。有一次，范雎陪同须贾出使齐国，齐王慧眼识英雄，非常赏识范雎的善辩之才，想让范雎留在齐国，并送其大量黄金、牛、酒等礼物。回国后，须贾对魏相魏齐说范雎通敌，把范雎打了个半死，最后范雎佯装死才逃过一劫。范雎死里逃生后，来到秦国，受到秦昭襄王的器重，被拜为丞相。范雎帮助秦国制定了兼并六国的远交近攻策略，直到秦王嬴政灭六国时秦国还是遵循这条策略，可见范雎的政治眼光是非常独到且远大的。

吴起、孙膑、商鞅、范雎都是当时的顶尖人才，但是魏国一个也没重用，反而听信谗言将这些人逼到了其他国家，导致魏国逐渐衰弱，而使其他国家变崛起。

其实，不仅是魏国大臣嫉贤妒能，陷害有才之士，魏王也是如此。

信陵君是战国四公子中最有才华的人，他是魏安釐王①同父异母的弟弟，但他在魏国过得并不好，只因为才华太过出众。起初魏安釐王忌惮信陵君的才能，不敢把国家大政交给信陵君，后来发生"信陵君窃符救赵"之事后，信陵君觉得魏王一定更容不下自己，于是让军队返回魏国，自己则留在赵国。

秦国听说信陵君留赵而不再回魏，就不断地攻打魏国。这时，魏安釐王才想起信陵君能够抵御秦国，便想把他召回来。可是，信陵君拒绝接见魏国使者，后来在赵国人的劝说下，他才回到魏国，魏安釐王任命他为上将军。秦庄襄王三年（公元前247年），信陵君带领韩、赵、魏、楚、燕五国联军攻秦，大败秦军。这次战争是战国后期六国合纵最成功的一次。

秦国没招，又使用起了反间计，先是派人带重金去贿赂当年被信陵君杀掉的大将晋鄙的门客，通过门客向魏安釐王进谗言，说信陵君现在是诸侯军的总指挥，天下人的眼中只有信陵君而没有魏王，信陵君正是想趁这个机会登上魏王之位。魏安釐王正犹豫不决，秦国又派人带着礼物，敲锣打鼓地来到魏国，祝贺信陵君当了魏王。这纯属子须乌有，但是传到魏安釐王耳中就不同了，他信以为真，马上撤销了信陵君的所有职务。信陵君知道魏王怀疑自己，便称病不上朝，每天只在家喝酒，四年后病逝。秦国得知消息后，马上派兵进攻魏国，占领了魏国山东、河北一带二十座城池，设置了东郡把六国南北切断，从此六国再也无法合纵了。信陵君死后十多年，也就是秦王政二十二年（公元前225年），魏国就灭亡了。

回首魏国历史，不难看出，从魏国流失的人才到别国后都为那些国家作出了很大的贡献，而魏国在政治、军事上一直在走下坡路，所以一度强盛的魏国才会在强秦面前不堪一击。

---

① 魏安釐王：姬姓，魏氏，名圉，魏昭王之子，战国时期魏国第六任国君，公元前276年至公元前243年在位。

四、荆轲刺秦难救燕

秦灭六国的第四个战略目标是燕国，也是战国七雄中除韩国外最弱的国家。

作为最早被分封的诸侯国之一，燕国的历史极为悠久，立国长达八百余年。它是周王室最后的血脉，姬姓诸侯中最后灭亡的国家。

春秋时期，燕国国力较弱，在春秋五霸相继而出的时代，燕国并未在历史上留下什么业绩。战国时期，燕国国势有所起色，但仍弱于其他诸侯国。而且燕国的社会改革晚于其他国家。燕国最值得夸耀的功业莫过于燕昭王①变法图强，几乎将齐国灭掉。

公元前316年，燕王哙仿效禅让制度，将王位传给燕相子之②，引发了燕国的政治动荡。齐国趁机出兵攻燕，杀掉子之，攻占燕国都城，燕国几乎亡国。

燕昭王继位后，立志雪耻，开始大力招揽人才。他采纳郭隗③的建议，筑黄金台，求购千里马，最终魏国的乐毅、赵国的剧辛④、齐国的邹衍都到燕国来效力，一时"士争趋燕"，燕国迅速强盛起来。

公元前284年，齐国树敌众多，引发五国联军攻齐。燕昭王命乐毅率军出征。在乐毅的指挥下，燕军直接进攻齐国国都临淄，半年之内攻占齐国七十余城。齐国只剩下两座城池，燕昭王终于报仇雪耻，但齐国和燕国也从此结为世仇。

但燕昭王后，燕国又衰落了。燕国之所以灭亡较晚，主要是因为有

---

① 燕昭王：本名姬职，战国时燕国第三十九任君主，燕王哙之子，曾经在韩国做人质。公元前312年至公元前279年在位，即位后招贤纳士，造就了燕国的一时盛世。

② 子之：战国时期燕国国相，执政期间办事果断，善于监督考核臣属，得到燕王哙的赏识和重用。

③ 郭隗：战国中期燕国大臣、贤者。他以古人千金买骨为例，使燕昭王广纳社会贤才，建筑"黄金台"，燕昭王尊其为师。

④ 剧辛：战国时期燕国著名将领，兵家代表人物，著有《剧子》九篇。

赵国作为屏障。俗话说唇亡齿寒，赵国灭亡后，燕国就直接暴露在了秦军面前。

而目光短浅的燕王喜并没有意识到这一点，时不时与赵国发生摩擦、冲突。燕赵之间的第一次大战发生在邯郸保卫战后，经历长平、邯郸之战的赵国损失惨重，燕王喜想趁此机会捞点好处，便派出六十万大军攻赵。赵国派廉颇率领八万赵军迎敌，击溃燕军主力并包围燕国都城，燕国被迫割地求和。

此后，燕赵两国不断发生战事，秦国乘机介入其中。秦王政十一年（公元前236年），赵王再次派军攻燕，秦王趁机出兵抗赵援燕，赵国丢失九座重要城池，国力严重削弱，再也无力与强秦相抗，而燕国也处于危险之中。

秦赵对决之时，燕太子丹正在秦国做人质。太子丹曾在赵国做过人质，和嬴政是孩提时代的好友。但嬴政当上秦王之后，太子丹到秦国做人质，嬴政对他很不友好，不加礼遇，这让太子丹很恼火，一直寻求办法返回燕国。当太子丹得知赵国破灭、燕国岌岌可危时，私下写信给父亲燕王喜，让他做好抗击秦国入侵的准备，并请燕王喜为自己求归。燕王喜派使臣赴秦求太子丹归燕，嬴政却说："燕王不死，太子不可归。要想太子归，除非黑发白，马生角。"太子丹听后仰天大呼，怒气冲天，一头黑发一下子变白了。即便如此，嬴政还是不准他归燕。太子丹无奈，只得变服毁面，扮为仆佣，历尽千辛万苦，逃回燕国。

太子丹在秦国做人质期间虽备受凌辱，但他深知秦国志在吞并六国，一统天下。因此，他暗下决心，一定要想办法削弱秦国，以报仇雪恨。他一回燕国就和大臣们商议对策，经过一番讨论，他们没有厉兵秣马，操练兵士，也不打算与其他诸侯联合抗秦，而是把燕国的命运寄托在刺客身上。

前文提到，秦将樊於期在长安君之乱中畏罪潜逃，后来逃到燕国，投到太子丹门下。太子丹的老师鞠武①认为，太子丹逃回燕国已经激怒了秦王，如果燕国再收留秦国叛将，秦王一定会更加愤怒而来攻打燕国。所以，他建议太子丹尽快将樊於期送出境，然后南联齐、楚，北合匈奴，共同抗秦。然而太子丹急于报仇，认为鞠武的建议好是好，但施行起来太难了，因为当时秦国已经很强大了，即便诸侯联合也未必能抵挡住强秦的进攻；而且就算能收到成效，也要等很长时间。太子丹不愿等下去，他急于寻找刺客去刺杀嬴政。刺杀嬴政是最快最直接的办法，这样能缓解秦国攻打燕国的局面。

鞠武见劝说无效，就把勇士田光推荐给太子丹。田光学识渊博，智勇双全，素称燕国勇士，但是他的年纪已经很大了。田光不忍心让太子丹失望，推荐了剑客荆轲②。

荆轲本是卫国人，喜欢读书击剑，游走于各诸侯国，结交的都是各国的名流豪杰及德高望重之人。来到燕国后，他很快与田光交好。田光对太子丹说："我知道太子身边也有不少忠勇之士，但这些人根本无法与荆轲相提并论，他们都是'血勇'之徒，心情一激动就满面通红，根本不堪大用。秦舞阳12岁就敢杀人，勇气的确过人，但顶多算是'骨勇'之人，遇到大事就会惊慌失措，脸色苍白，不能委以重任。而荆轲不仅是一位天生的勇士，而且喜怒哀乐不形于色，堪称'神勇'。他出身名门，精于剑术，足当大任。"

太子丹闻言极为动容，同意用荆轲，临别时还告诫田光道："此乃国家大事，希望先生不要泄露出去！"

随后，田光亲自找到荆轲，向他述说了太子丹所请之事，荆轲点头应允。田光叹道："我听说，年长老成的人行事，不能让别人怀疑他。如今太子告诫我说：'此乃国家大事，希望先生不要泄露出去。'这是

---

① 鞠武：战国末年燕国人，任太傅（太子丹的老师），帮太子丹分析天下形势，因害怕秦国报复而劝太子丹拒绝来燕国的樊於期，并推荐了田光。

② 荆轲：姜姓，庆氏，也称庆卿、荆卿、庆轲，战国末期卫国朝歌人，春秋时期齐国大夫庆封的后代。喜好读书击剑，为人慷慨侠义。

太子怀疑我。一个人行事却让别人怀疑他，他就不算是有节操、讲义气的人。希望您立即去见太子，就说我已经死了，表明我不会泄露机密。"说完自刎而死。田光的死令荆轲深受震动，他怀着悲痛的心情去拜见太子丹，告诉他田光已经死了。太子丹听后再拜下跪，膝行流泪。太子丹的诚心打动了荆轲，他决定帮助太子丹完成大计。太子丹将荆轲奉为上卿，让他居住在易水河边的一座馆驿中，三日一小宴，五日一大宴，经常赐予奇宝异物、美人香车，以收买荆轲的心。

然而，荆轲在那里待了好久，始终没有提起前往秦国行刺的事情，这让太子丹心急如焚。秦王政十九年（公元前228年），秦军攻破邯郸城，赵王成了俘虏。很快，嬴政命王翦率军开往燕国南界，随时准备渡过易水，灭掉燕国。燕国举国震惊，形势岌岌可危。太子丹更是惶恐，连忙敦促荆轲尽快行动。荆轲对太子丹说，要入秦见秦王，一定要有能够打动秦王的东西，他必须拿到两样东西才能动身，一是樊於期的人头，二是督亢的地图。太子丹同意割地，却不忍心取樊於期的人头。他在秦国时与樊於期是好朋友，如今樊於期前来投奔他，他哪能做出这种出卖朋友的事情呢？否则他也不会不顾鞠武的反对执意将樊於期留在燕国了。荆轲见太子丹不说话，而他又必须得到樊於期的人头才能见到秦王，于是便亲自去找樊於期，对他说："我能帮助燕国解除祸患，还能杀了秦王替将军报仇。"樊於期连忙说："要我做什么，直说吧！"荆轲说："我决定去刺杀秦王，但怕秦王不会见我。现在秦王正到处通缉将军，如果我能够把将军的人头献给他，他一定会接见我，到时候我就有机会了。"樊於期报仇心切，也不想再苟活于世，于是拔剑自刎。

为了确保行刺成功，太子丹还为荆轲准备了一把锋利无比、淬过剧毒的匕首。这种毒见血封喉，只要被这把匕首刺中，必死无疑。他还给荆轲派了十二位勇士作为随从，让勇士秦舞阳①做荆轲的副手，并给他们提供大量财物。

---

① 秦舞阳：亦作秦武阳，燕国贤将秦开之孙，年少时犯下杀人案，后为燕太子丹效力。在随荆轲刺秦王失败后，被杀。

一切准备就绪后，荆轲并没有马上出发，他想等待一位故友，与他一同前去。但这引起了太子丹的误会，他以为荆轲反悔了，于是对荆轲说，可以让秦舞阳先去，荆轲晚点再动身。荆轲并非一介武夫，他明白太子丹是在怀疑自己，非常愤怒，没等朋友到来就出发了。

当时是秦王政二十年（公元前227年），太子丹带领众宾客，皆着白衣白帽，来到易水河畔为荆轲送行。送行场面异常悲壮，荆轲的朋友高渐离击筑，荆轲应和而歌："风萧萧兮易水寒，壮士一去兮不复还。"歌声高亢激昂，又饱含着幽怨之意，直听得送行之人全都落泪。唱完后，荆轲义无反顾地走了。

荆轲到了秦国，先是找到秦王嬴政的宠臣中庶子蒙嘉，赠以厚礼，请他向秦王进言。蒙嘉奏报秦王嬴政说："燕王害怕大王的神勇威仪，不敢派兵抵抗秦军，情愿举国称臣，比之诸侯之列，给贡赋如郡县，乞求得保先王的宗庙。因害怕所以不敢亲自陈说，特斩樊於期首级，敬献督亢地图，拜送王廷，派使前来面见大王，敬听大王吩咐。"

嬴政听说燕国使者不仅送来了樊於期的人头，还送来了督亢地图，非常高兴，立刻穿上朝服，安排相当隆重的仪式，在咸阳宫大殿隆重接见燕国使者。

大秦朝堂，嬴政端坐在龙椅之上，荆轲、秦舞阳缓步进入朝堂，甬道两旁列满了手持戈矛、盔甲明亮的兵士。当荆、秦二人穿行于兵士行列之中的时候，兵士们将枪刀交叉起来，直压到来人的头顶，并齐声呐喊起来，那震耳欲聋的叫喊声一波接一波地在宫廷之中回荡着。

荆轲面无惧色，坚定地迈着步子，他早已将生死置之度外，区区叫喊几声对他又有什么影响呢？然而，秦舞阳就不一样了，他完全没有了在太子丹府中舍我其谁的豪情与勇气，腿脚开始不由自主地哆嗦起来，脸色都变了。荆轲暗自着急，心说只怕秦舞阳要坏事，如果是自己的故友同来，肯定不会是这个样子。他们进入朝堂后，双双跪倒在地："燕使荆轲、秦舞阳叩见大王。"

"燕使平身。"

"谢大王！"二人起立。

嬴政不再说话，只是用眼睛打量他们二人，后来专门盯着秦舞阳一言不发。荆轲依然镇定自若，而秦舞阳的双腿颤抖得更厉害了。

荆轲镇静地站着，等嬴政问话，忽然听见"啪嗒"一声响，他不动声色地侧脸看去，发现秦舞阳脸色苍白，正手足无措地盯着自己，那幅藏有匕首的督亢地图已经从他手中滑落，滚到一边。荆轲心中暗暗骂了一声，弯腰将地图捡起来，揣在自己怀里，瞪了秦舞阳一眼，又目不斜视地站立着。这时，生性多疑的嬴政厉声喝问道："他怎么了？"

荆轲赶紧替秦舞阳谢罪道："此人是北方蛮夷地区的野蛮人，鄙陋无知，没有见识过大王的威仪，所以害怕，希望大王见谅，让他在大王的面前完成他的使命。"

嬴政得意地点点头。很显然，他对荆轲的回答非常满意，因为他就是要让自己的威风器行天下。

"要献给本王的东西都带来了吗？"

"启禀大王，都带来了！燕王得知大王索要樊於期的人头，立即命人杀了樊於期，取其项上人头封在木匣之中，随即便命令小人携人头及督亢地区防卫图前来谒见大王，以应大王之愿。"荆轲一手持匣，一手持图，恭恭敬敬地说。

"很好，赶紧把樊於期的人头给本王拿过来！"嬴政急不可待地叫道。

荆轲前行几步，赵高迎过来接下木匣，端端正正放在嬴政面前的御案上。嬴政打开封印，掀开匣盖，樊於期的头颅赫然出现。由于药水的浸泡，人头已经变色。嬴政盯着樊於期的人头，恶狠狠地叫道：

"来人啊，赶紧把这恶贼的人头拿出去，先挖掉他的眼睛，再割去他的鼻子，而后把他挂在宫门之外。本王要让全国人都亲眼看看叛徒的下场！"

吩咐完毕，嬴政的怒气才稍微平息一些。他看了一眼面前的荆轲，定了定神，问道："地图何在？"

荆轲双手往上一举："在小人处。"

"呈上来。"

荆轲向前走去，刚走几步，赵高又迎了过来。荆轲将赵高推到一旁，"大王，督亢二地防御系统甚是烦琐，而且由于绘制时间紧迫，一些细节的东西并没有尽附于图上。如果大王想洞悉其中细节，在下可以为大王仔细讲解一下。"

"言之有理，你再近前一些讲给本王听！"嬴政相信了荆轲的话。

荆轲又向前走了几步，在距离嬴政一步之遥时，赵高拦住了他："就在这里吧。"

荆轲只能停下来，在这个地方，要刺中秦王只有八分把握，但也只能如此了。他将地图从头展开："大王请看！"

嬴政对督亢地图盼望已久，不由得站起身来。地图越展越长，很快便到头了，整个督亢地区的防卫图完完整整地出现在嬴政面前。与此同时，一把雪亮的匕首也完全露了出来。荆轲一把抓起匕首，挺身向嬴政刺去。秦舞阳的心虚胆战早已令嬴政起了疑心，匕首一出现，他立刻做出反应，快速向后撤身一步，使得荆轲这一刺未能成功。荆轲随即追上再刺，嬴政闪身躲过，荆轲把匕首顺势往回一带，但只割断了自己紧握的那只袍袖——嬴政早已蜷身缩臂，将穿在身上的宽大袍子甩了出来。旁边侍候的宫女都惊呼着四散奔逃。

荆轲跳起来又一次扑向嬴政，这时，他忽然觉得有一个东西向他的头部砸过来，他连忙一闪，那东西"哐当"一声掉在了地上，原来是太医夏无且用自己所提的药箱袭击荆轲，意图挽救嬴政的性命。他的药箱虽然没有击中，但令荆轲动作滞缓，嬴政乘机窜了出去。荆轲更加奋起追刺，嬴政绕着廊柱躲避。这时，只听下面有人叫喊："大王，拔剑！"嬴政这才意识到自己是朝堂之上唯一拥有武器的人，连忙去取腰间所佩宝剑。但是，由于剑身极长，而他慌忙奔逃中又无暇侧身，所以连拔几次，都没有将剑拔出，急得他额头之上细汗涔涔，只得一个劲地拔足狂奔。

就在侍卫急匆匆奔出大殿去叫那些远在殿外的兵士进殿护卫的同时，有个大臣看出了嬴政拔不出长剑的尴尬，大声地叫道："大王，从身后拔剑！大王，从身后拔剑！"

真是一语点破迷津，嬴政一边跑着，一边将手伸到背后，"锵"的一下子将长剑拔了出来，向追来的荆轲砍去。一剑斩断荆轲左腿，荆轲支撑不住，扑倒在地。在摔倒前的刹那，荆轲奋力将手中的匕首向嬴政掷去。嬴政闪过，匕首钉在了包铜的廊柱上，还在颤巍巍地抖动着。嬴政随即移身过来，挺剑对荆轲一剑又一剑连刺下去。

荆轲用尽最后力气说道："暴君，我之所以没能成功，是想劫持你逼你签订和约。太子殿下，荆轲未能完成你的重托，你对荆轲的知遇提拔之恩，荆轲只有来生再报了！"荆轲在身受十几剑后气绝身亡。

这时，殿外的执戈侍卫已经冲了进来，一部分围住瘫软在地的秦舞阳猛刺猛砍，转眼间，秦舞阳就变成了一堆肉酱；另一部分人则拼命奔到殿上去救嬴政。

"把他给我拖下去五马分尸，而后将他的首级与樊於期的人头挂在一起。"暴怒的嬴政指着已然倒地的荆轲，恶狠狠地命令道。

嬴政对于燕国派荆轲行刺自己的行为非常愤怒，马上下令增兵添粮，以王翦为统帅，全面发动攻燕战争。

王翦大军由中山北部向燕国都城蓟（今北京西南）进军。燕国联合逃往代郡的赵太子嘉的军队，凭借易水和易水以西之地设置防线，抗御秦军。王翦指挥秦兵正面攻击与侧翼迂回相配合，很快击破燕代联军，直扑蓟城。

秦王政二十一年（公元前226年），王翦率秦军主力顺利攻克燕都蓟，燕王喜和太子丹退往辽东。秦国大将李信率领数千精锐骑兵紧追不舍。面对这种情况，公子嘉致信燕王喜说："秦军之所以追得这么紧，是想得到刺杀秦王的罪魁祸首太子丹。如果您能杀了太子丹，把人头献给秦王,燕国就保住了。"太子丹闻讯立即出逃,逃到衍水(在今沈阳附近)时,被燕王喜派出的人斩杀。燕王喜献出太子丹的人头后,秦军暂时停止了进攻。

但杀了太子丹只能取得一时的效果,嬴政要一统天下,灭掉燕国只是时间问题。秦王政二十五年(公元前222年),在灭齐之前,秦国发动了清扫五国残余势力的大规模军事行动。王贲率领秦军北上,俘虏在辽东的燕王喜。至此,燕国彻底灭亡。

灭掉燕国后,王贲又挥师向西,灭掉了苟延残喘多年的代王嘉。赵国王室最后的血脉也被消灭,赵国彻底灭亡。

五、秦楚大战

秦国兼并战争的第五个目标是楚国。在东方六国中,楚国的实力仅次于赵国,是秦国的第二强敌。秦王嬴政之前的好几代秦王曾多次调集军队与楚国交战,但都没能攻下楚国。

楚国自立国以来,一直比较强大。因为立足于南蛮之地,因此,历代楚王都是靠征战而生存壮大,楚国的民风也以尚武著称,这一点与秦国有些相似。楚国建国远比秦国要早数百年,而且楚国地大物博,人口较多,兼具华夏文化与当地各民族的文化。因此,楚国和秦国一样,有很大的地缘优势和文化优势。

战国初期,楚国的疆域居于七雄之首。早在商鞅变法的20年左右,楚悼王①便重用吴起进行改革变法,包括废除世卿世禄、整顿吏治、奖励耕战、广辟土地。

第一,废除世卿世禄,三世而收爵禄。商鞅变法时也取用了这一做法。世卿世禄制是西周时期非常普遍的政治制度,但是,这种制度无法

---

① 楚悼王:芈姓,熊氏,名疑,战国时期楚国国君,楚声王之子。

调动有才之士的积极性，政治、经济特权都掌握在祖先有功的贵族手中，吴起将这些贵族特权收回来，"三世而收爵禄"。也就是说，一个有功之臣，三代可以继承爵位，但三代以后，就把爵位收回。这一做法有利于加强中央集权，也有利于政治上新鲜血液的注入及整顿吏治。但这一措施无疑也触犯了楚国旧贵族的利益，为吴起埋下了祸根。

第二，整顿吏治。这一措施改变了楚国官员制度中"大臣太重，封君太众"的弊病，裁减掉那些只拿俸禄不为国家立功的官员。

第三，奖励耕战。当时农业与军事关系到一个国家的强大。吴起制定了奖励耕战的政策，调动了农民和士兵的积极性，使楚国成了有兵有粮的大国，从而达到了富国强兵的目的。

第四，广辟土地。楚国的地形地势不如秦国优越，但在地理位置上却比秦国略胜一筹。楚国土地原本就很辽阔，它的南方有大片未经开发的蛮荒之地，因此，吴起变法的另一条措施就是让一些贵族去开垦荒地，从而使楚国的大片荒地得到有效的开发利用，增加粮食产量。

从以上措施来看，吴起变法的广度和力度都很大，如果这些措施执行到位，楚国很可能成为当时最强大的国家。但是，正因为变法的波及范围很广，意味着变法的阻力同样也大。

吴起变法时，楚悼王已步入老年，这就意味着他不能支持吴起很久。而吴起变法触动了很多王公贵族的利益，且主要依靠国君支持，楚悼王一死，反对变法的那些王公贵族就在楚悼王的灵堂上将吴起用乱箭射死，变法以失败告终。

楚国是战国时代国土面积最大的国家，立国久远，实力雄厚，一直以来都是最有希望统一中国的诸侯国之一。即使吴起变法只是昙花一现，但楚国的国力也有了不小的飞跃。《史记》上说吴起变法后的楚国，"南平百越，北并陈蔡，却三晋，西伐秦。诸侯患楚之强"。由此可见，如果吴起变法成功，统一天下的也许就是楚国了。然而，历史没有如果，此后楚国国力一直没有多大起色，军政大权掌握在昭、景、屈三大家族手中，体制一直比较落后，所以韩非曾说："楚不用吴起而削乱，秦行商君而富强。"

除了体制落后，长年内部斗争也是楚国走下坡路的原因之一。

在楚国内部，长期以来各大家族之间互相牵制，利益纠纷不断。一代昏君楚怀王①即位后，楚国内部变得更加糟糕，在政治、军事、外交上一再失误，从吴起变法时积累起来的优势丧失殆尽。

楚国和齐国都是东方强国。有一段时期，齐、楚联合制秦，取得了一定成效，但张仪到楚国游说后，楚怀王被张仪骗得团团转，竟然下令与齐国绝交。等明白自己被张仪骗了之后，楚怀王没有设法弥补与齐国的关系，而是兴兵攻秦。结果可想而知，楚军大败，丢失了600里国土，富庶的汉中郡也被秦国夺去。楚怀王恼羞成怒，竟倾全国之兵与秦国决战，结果再次一败涂地，楚国国力遭到严重削弱。

其实，楚怀王身边不是没有贤人，屈原就是其中的代表，但是楚怀王听信谗言不用屈原，屈原最终投江自尽。楚怀王身边的人才，遭遇大抵如此。

楚怀王以后，楚国在政治上并无多大起色，贵族依旧腐败，国王依旧昏庸。而秦国则在秦昭襄王的统治下蒸蒸日上。秦、楚多次发生战争，楚国大多是战败方。秦昭襄王二十九年（公元前278年），白起攻下了楚国都城郢，焚毁了楚国先王的陵墓，楚国被迫迁都。此后，楚国趁合纵的机会，收复了部分失地，但国力已经大不如前。

到楚考烈王②时期，楚国在春申君专政下一度复兴。春申君是战国四公子之一，据相关史料可知，战国四公子中以信陵君最贤，春申君最奢。《史记·春申君列传》写道："吾适楚，观春申君故城，宫室盛矣哉！"司马迁见到春申君晚年修建的住宅时，已经是汉武帝时期，距春

---

① 楚怀王：芈姓，熊氏，名槐，楚威王之子，楚顷襄王之父，战国时期楚国国君，公元前328年至公元前299年在位。

② 楚考烈王：芈姓，熊氏，战国时期楚国君主，楚顷襄王之子，在秦国做过质子，楚顷襄王病危时逃回楚国继承王位，公元前262年至公元前238年在位。

申君生活的年代已经有一个多世纪,但他依然觉得宫殿盖得太奢侈了,由此可见楚国贵族的腐败程度。

楚考烈王的执政能力几乎为零,而且没有生育能力,没有儿子。因此,楚国的大权都集中在春申君手里。当时只要一个国家有了明君加集权的组合,就能变得强大。楚国没有实现明君加集权的组合,而为权臣操纵,这有些类似于吕不韦在秦国的专权。因此,楚国一时也变得比较强大。

不过,春申君在执政期间犯了两大错误,在葬送自己性命和前程的同时,也葬送了楚国的未来。

当时春申君手下有一个门客叫李园,他贪图荣华富贵,把自己的妹妹献给春申君,希望能受到重用。春申君见李园的妹妹长得漂亮,便欣然纳其为妾。不久,李园得知妹妹怀孕,建议春申君把她献给楚王,这样,将来继位的就会是春申君的儿子,春申君就能长久保住自己的相国地位。春申君觉得这个主意很好,就找机会将这位小妾送给了楚考烈王。

后来,李园的妹妹生下了一个儿子,楚考烈王高兴万分,马上下令把这个儿子立为太子。李园的妹妹也母以子贵,被立为王后。李园成了王亲国戚,自然也就受到了重用。

李园受到重用后,势力逐渐壮大,但他担心春申君泄露天机,于是打算派人刺杀春申君。春申君手下门客众多,其中一个叫朱英的看穿了李园的阴谋,就告诫春申君应该有所防范,但春申君毫不在意。朱英见春申君不听劝告,知道春申君离死不远了,为了避免受到连累,赶紧逃走了。

朱英走后没多久,楚考烈王就去世了,李园趁春申君入宫奔丧之机派人将其刺杀,还给他来了个满门抄斩。春申君虽然死了,但他的儿子登上了王位,史称楚幽王。

尽管如此,楚国终究是一个大国,幅员辽阔。虽然在对秦战争中丧失了大片国土,但到秦王嬴政时,楚国仍然具有很强的军事实力,不容小觑。正如张仪所说："凡天下强国，非秦而楚，非楚而秦。"也正因为如此，秦王嬴政在制定统一六国的战略时，将楚国放在了韩、赵、魏、燕之后，因为如果先灭楚国，势必促使这四国走上联合抗秦之路，这样秦国就会处于腹背受敌的境地。

秦王政十九年（公元前228年），楚幽王去世，其同母弟熊犹即位，是为楚哀王。而他仅两个多月后，就被其兄负刍杀死，负刍自立为王。

此时秦国已灭掉了韩、魏，燕、赵仅剩残余势力，嬴政认为灭楚的时机已到。秦王政二十一年（公元前226年），嬴政派王贲对楚国进行试探性攻击，王贲顺利拿下楚国十余座城池。嬴政觉得楚国没有想象中强大，决定兴兵对楚国进行最后一击。然而，在如何攻打楚国的问题上，秦国君臣出现了分歧。老将王翦认为，楚国幅员辽阔，人口众多，地形复杂，要想灭楚，至少需要六十万秦军。而年轻的将领李信却认为，灭楚国有二十万秦军就足够了。嬴政对李信的回答十分赞赏，对王翦则不太满意，说王翦人老怯战，不堪任用。

嬴政之所以对李信赏识有加，是因为李信骁勇善战，屡立战功。李信曾率数千轻骑追击燕军几百里，逼迫燕国交出太子丹的人头，立下了不小的战功，是秦国新一代将领中冉冉升起的一颗明星。而且，嬴政和李信年纪相仿，都正处于年轻气盛、豪气冲天的时候。李信雄心壮志，渴望立下不朽之功；嬴政也是意气风发，希望给李信一个证明自己实力的机会，为秦国培养新一代的战神。

王翦见嬴政不但没有采纳自己的意见，还在众人面前侮辱自己，于是称病辞官，回归故里。

秦王政二十二年（公元前225年），李信和蒙恬统率二十万秦军向楚国进发。李信攻平舆丘（今河南平舆），蒙恬攻寝（今豫皖之间），两军都获得了大胜，逼得楚军节节败退。李信随后率军进攻鄢郢（今湖北江陵、襄阳一带），获胜后又率军继续西进，与蒙恬所部在城父（今安徽亳州谯城区东南）会师，准备乘胜攻打楚国国都寿春（今安徽寿县西南），一举攻灭楚国。

没想到身在郢陈（今河南周口淮阳）的昌平君起兵反秦，攻占郢陈，切断了李信的后路。李信腹背受敌，不得不停止攻楚，回师进攻郢陈。楚将项燕趁机组织兵力，秘密尾随秦军三天三夜，终于找到时机，大败李信。楚军攻破秦军两个营垒，秦军损失惨重，遭受了嬴政亲政以来的最大失败。李信率残部狼狈逃回秦国。

秦王嬴政听说李信大败，怒气冲天，削去李信的官爵和封地。但他并没有因此而冷落李信，不久又派李信和王贲去攻打燕王喜，第二年又派他与王贲攻齐，战后封他为陇西侯。

李信伐楚失败后，嬴政重新审视了自己的战略决策，意识到自己和李信都犯了轻敌的错误，也意识到王翦确有先见之明。于是，他派人请王翦回朝任职，但王翦一直称病不出，他只好亲自登门谢罪。

王翦一见嬴政就说："大王，您御驾亲临老朽寒舍，一定是来告诉我李信兵败于荆楚蛮夷之地的消息，不知老朽猜得对不对？"

听了王翦的话，嬴政心中不由得一个激灵，他没想到偏居家中的王翦居然能一语道破自己的来意，此时他才真正后悔当初真不该批准王翦告老还乡。

"王老将军，本王确实是来告诉你李信战败的消息的，只是不知老将军是否还能领兵征战沙场，为国建功？"

"大王已应允老朽告老还乡，再说我确实已年迈体衰，难堪重任，还是请大王挑选其他良将领兵出征吧。"

"本王还说过，只要国家用得着你，你还要随时回来为国出力。"

"这……"王翦还在犹豫。

"老将军，廉颇60多岁时仍旧能为赵国领兵出战，再立新功，你现在比之廉颇并不年迈，难道竟甘居其下吗？"

"大王真的想要老朽领兵南行伐楚吗？"

"是的，本王求之不得，除非老将军出马，荆楚之地恐怕难为本王所有。"嬴政诚恳地说。

"大王，请恕老朽无礼，如果大王真的是迫不得已要起用我这个糟老头子，那么先答应老朽四个条件。"王翦也不再推辞，向嬴政直言道，"请恕为臣固执，老朽的第一个条件还是征伐楚国的兵马数量问题，非六十万不可，否则老朽决不领兵出征。"

"这是自然，你是对的。"嬴政作为一国之主，能知错而改也算是难能可贵，"虽然六十万几乎是本王的全部兵马，但本王还是会答应你的第一个条件。"

"谢谢大王！老朽的第二个条件是六十万兵马的粮草给养问题。大王应该清楚，征伐楚国绝非一日之功，如果大王真的是诚心诚意要用老朽为帅，那就不要过问前方战局如何，也不要问粮草给养如何，必须给我充足的时间，不要认为老朽老而无用。不知这个条件大王能不能答应老朽？"

听了王翦的第二个条件，嬴政倒有点踌躇起来。统一天下是他现在最迫切的愿望，他已经没有足够的耐心，不想在楚国的征伐问题上浪费太多的时间，但现在王翦提出的第二个条件恰恰是针对战局进展的。六十万大军不是一支小军队，如果让王翦全权负责，一旦他拥兵作乱就麻烦了。

嬴政心里在飞快地盘算着这些让他揪心的问题，最终下定了决心，"好，第二个条件本王也答应你，老将军接着说，还有什么条件？"

"大王，老朽的第三个条件是请大王赐老朽沃土良田及美池庄园，等老朽兵罢归来，也能在大王的恩赐之地上安享晚年，而且后世子孙不至于忍饥挨饿。"

"老将军即将领兵南征，战胜归来必有奖赏，难道你还怕自己会受穷吗？"嬴政笑着问道。

"大王不要笑话老朽太鄙俗，作为大王之将，无论战功有多大，却始终不得封侯，后世子孙也不能坐享遗荫。现在大王肯答应老朽的出战条件，老朽便斗胆向大王自请沃土美宅，这样即使我战死沙场，后世子孙也能有个安身立命的地方。"

"好，老将军为大秦立下赫赫战功，实乃本王之辅政良臣，而今却忧虑后世子孙无安身立命之所，实乃本王过错。本王答应你的第三个条件。"

"大王既答应了老朽的第三个条件，那么第四个条件也应该没有什么问题了。大王虽赐我良田沃土，但老朽及诸辈子孙都无力耕作，所以还恳请大王赐老朽善于耕田者数家，以使老朽之田地能有收获。"

"嗯，这个条件更简单了，本王答应你就是了。老将军但有所求尽可提出，寡人复仇心切，还望尽快料理家务，速速去领兵出征。"嬴政听到王翦的前两个条件时确实有些担心，担心王翦会像他所想的那样拥兵而反或别有他图，所以前两个条件他答应得不是那么爽快。现在听到王翦的后两个条件，他的疑虑终于消失。一个只知道索要良田美地、善耕者以荫后世子孙的人，又怎么会胸怀天下呢？

"臣明白兵贵神速的道理，定会尽快出征。"王翦向嬴政保证道。

不几日，王翦和副将蒙武便统率六十万秦军浩浩荡荡地出发了，一路上旌旗招展，军威雄壮。人马出了函谷关，王翦叫来军中信使，交给他一封军函，"你要连夜送到大王驾前。"

蒙武不解地问道："大帅，刚刚出兵，未经战阵，有何军情可报？"

"本帅是向大王致函，索要他已应承的良田美宅等。"

蒙武听了更为疑惑，他忍不住问道："难道此前大帅派出的两名信使也是为大帅索要产业的？大帅私心如此之重，不怕触怒大王吗？"

"蒙将军有所不知，"王翦解释道，"大王为人多疑，现在将全国之兵交到我的手中，我多求田宅园池，谎称为后代子孙考虑，其实是为了安定大王之心。否则大王一旦猜忌于我，临阵换将，我军还能取胜吗？几十万将士不就白白丧命了吗？我这样做就是要消除大王对我的疑心，这样我才能从容指挥，我军才有胜利的把握。"

"原来如此，大帅真是用心良苦啊！"

"大王对我放心了，我们就可以放开手脚，一心一意去夺取胜利，其实这也是为伐楚奠定基础。"

"大帅不愧为多年领兵的统帅，末将心悦诚服。"蒙武称赞道。

据说王翦行军途中还发生了一件趣事：王翦大军正在行进，秦王嬴政特使率领一支队伍飞驰而来，宣告秦王诏书，将青春年少的公主许配给将军王翦，哪里追上，便在哪里成婚，于是年逾花甲的老将军成了年仅36岁的秦王的乘龙快婿……

王翦领着大军一路挺进，不几日便进入了楚国国境。远在淮水岸边的楚王负刍连忙征集全国兵马，集于项燕麾下，命项燕西进抗击秦军。他希望这次项燕能够像上次击败李信一样，再次击败王翦。

项燕率领兵马赶到的时候，王翦刚刚攻下了陈、平舆等几座城池，而且选择了有利地形安营扎寨，据防而守。

项燕此前刚刚打了一个大胜仗，而且战胜的对手又是强大的秦军，士气正旺，就想一鼓作气，再次击败王翦，于是命令士兵到秦军营寨前挑战。但是王翦坚守不出，无论楚军怎样挑衅辱骂秦军，他都拒不出战，而且还将两个妄言出战的将官训斥了一番。

王翦做的唯一没有松懈的工作就是后方的粮草给养。他命令军兵死守运输粮草的路线，而嬴政也依王翦的要求，想方设法将粮草源源不断地输送到前方来。军粮供给无须担心，王翦心里更有底气了，只是决不允许自己的兵士出寨迎敌。他知道李信上次之所以失败，一方面是兵力过少，另一方面则是过于轻敌冒进。他可不想重蹈覆辙。

楚将项燕见骂阵无效，只得率军强攻营寨，但都被严阵以待的秦军击退。项燕又进行了几次分散的偷袭，也未能奏效。无奈之下，他也只好安营扎寨，与秦军对峙起来。

对峙期间，王翦日日供给兵士们美食佳肴，而且让他们每天以跳高、跳远或投石取乐，让他们放松心神，养精蓄锐。渐渐地，秦兵也习惯了这种生活，天天比赛跳高、跳远或者投石。虽然没有参加战斗，也没有训练，但他们的身体在这些游戏中得到了锻炼。

与秦军相反，楚军的斗志日渐消沉，一个个萎靡不振。更为关键的是楚军后方的军粮供给不足，根本不够大军消耗。为了活命，楚军内部甚至分门别派，哄抢军粮。项燕看到这种情况后想到如果继续发展下去，楚国的军队就是不被秦军打败，也会因内耗而乱。无奈之下，项燕只得下达撤军命令，率领大军向东撤退。

王翦得知楚军后撤，马上和蒙武、杨端和率军猛追。接连数月的养精蓄锐，秦军个个奋勇争先，一下子将既无准备又无斗志的楚军打得落花流水、一溃千里。

秦王政二十四年（公元前223年），王翦和蒙武攻下了楚国最后一个都城——寿春，俘获了楚王负刍。但楚国并未就此灭亡，楚军主将项燕逃走后，在淮南拥立了昌文君，继续反秦。于是，王翦和蒙武又带兵到淮南与项燕作战，最终楚军寡不敌众，昌文君被杀，项燕见大势已去，自杀殉国。秦王政二十五年（公元前222年），王翦继续率领军队向楚国的附庸国越国进军，降伏越人。最后，秦国在原楚国的地盘上设立了3个郡，楚国彻底灭亡。

六、智取齐国

山东六国已有五国被灭，只剩下了齐国。齐国疆域非常辽阔，在战国七雄中位居前列。如此大的一块肥肉，嬴政难道不想早点吃到嘴里吗？他当然想，但是不能，因为齐国和秦国不接壤，而且距离较远，这与秦国一直以来实行的远交近攻策略不符，于是，秦国只好将齐国作为统一战争的最后一个目标。

齐国自立国起就是一个举足轻重的强国。西周初年，姜子牙因功被封于齐，此后齐国的国君自然是姜姓。但到战国初年，新兴的地主阶级开始登上历史舞台，于是田氏代齐，从此，齐国国君就不再姓姜而姓田了。

春秋时期，齐国在齐桓公和管仲的励精图治下，发展经济，便利农桑，奠定了跻身霸主的基础。最终九合诸侯，一匡天下，成为春秋五霸之首。

齐桓公在位期间，陈国发生内乱，诸公子争位，陈厉公的一个儿子陈完为躲避灾祸逃到了齐国。齐桓公给他封了一个叫工正①的官，并让他改姓田，几百年后，田氏发展成一个大家族。到了田乞②、田常③的时候，田氏利用齐国内乱的时机，杀掉齐国国君，夺取了王位。此后的齐国就被称为"田齐"。田和④在位期间，周王室承认了田齐的诸侯地位，标志着田氏代齐正式被周王认可。

到战国时代，齐国在威王和宣王期间，也曾盛极一时。两位国君励精图治，带领齐国再次大振雄风。齐威王任用邹忌⑤为相、田忌为将、孙膑为军师，革新政治，清理积弊，使齐国迅速强大起来。他派兵进攻西北的赵国，逼迫赵国归还了它侵占齐国的土地；又进攻西南的魏国，先后在桂陵之战、马陵之战中大破魏军，将魏国赶下了战国首强的宝座。

到了宣王时期，宣王进一步扩大了稷下学宫⑥，广泛招贤纳士，选贤任能，为齐国招揽了大批的思想家，齐国因此成为战国时期的文化中心。公元前315年，齐国趁燕国内乱之际，派兵进攻燕国，夺取燕国都城，杀掉了昏庸的燕王。

公元前301年，齐宣王死，齐湣王即位。齐湣王即位之初还算励精图治，承祖先余烈，兼听广纳，使齐国的强国地位得以维持。他扶韩制楚，合纵抗秦，使当时通过商鞅变法而崛起的强秦闭关多年，"不敢窥兵于山东"。秦昭襄王九年（公元前298年），齐将匡章率齐、魏、韩联军围困秦国，最终攻破函谷关，迫使秦国割地求和。秦昭襄王十九年

---

① 工正：春秋时期齐、宋、鲁等国的官名，负责管理百工。
② 田乞：妫姓，田氏，名乞，亦称田釐子或田僖子，田桓子田无宇之子，春秋末期齐国大臣。齐景公时，他以大斗借出、小斗收进的方法笼络民心。齐悼公在位期间担任国相，专擅齐国朝政。
③ 田常：即田成子，因其家族出自陈国，也称为陈恒，齐国田氏家族第8任首领。
④ 田和：妫姓，田氏，名和，田庄子之子，田悼子之弟，陈完的八世孙。
⑤ 邹忌：尊称"驺子"，战国时期齐国人。以鼓琴游说齐威王，被任相国，封于下邳（今江苏邳州西南），号成侯。后又侍齐宣王田辟疆。
⑥ 稷下学宫："稷"是齐国都城临淄城（今山东淄博）的一个城门名。"稷下"即稷门附近。战国时期，齐国国君在这里设立学宫，所以称"稷下学宫"。这是齐国官办的高等学府。

（公元前288年），秦国派使者到齐国，尊齐湣王为"东帝"，秦昭襄王自称"西帝"。不久，在苏代的劝说下，齐国放弃"东帝"的称号，继续合纵抗秦。这表明当时的齐国和秦国在国力上是可以平起平坐的。如果发扬威王、宣王遗风，继续励精图治，搞好与五国的关系，齐国也很有可能统一天下。

然而，齐湣王到了晚年开始自以为是起来，穷兵黩武，不听谏言。《战国策》记载了几件齐湣王不听谏言而杀死谏臣的事情：齐都临淄有个叫狐咺的人背靠城墙而居，直言批评湣王的过失，被湣王杀死在檀衢刑场上，从此百姓心中不再服从湣王；齐国宗室中有个叫陈举的，因对国事直言不讳，被湣王处死于东城门外，齐国宗族从此与湣王离心背德；司马穰苴①为政素有美誉，也被无故诛杀，大臣们自此不再亲近湣王。由此可见，齐湣王后期已经将威王、宣王时代所形成的悬赏纳谏、尊重人才的良好政风破坏殆尽。

公元前286年，齐湣王与魏国、楚国联合，灭掉了宋国，三国将其领土瓜分。此后，齐湣王的野心越来越大，他想南下侵楚，进而向西攻击三晋，吞并周王室。这引起了他国的担忧，公元前284年，燕将乐毅率燕、赵、秦、魏、韩五国联军攻齐，齐军大败。齐湣王逃到卫国，还摆大国国君的架子，结果被卫国驱逐，于是又先后逃到邹国、鲁国，但两国都不收留他，最后，狼狈的齐湣王逃到莒（今山东莒县一带），被楚将杀死。

齐湣王死后，乐毅率大军长驱直入，攻占齐国70余城。田单坚守即墨，趁燕昭王去世、乐毅被撤的时机，以火牛阵攻破燕军，并乘胜追击，收复了失地。然而，齐国经历这场浩劫后，再也无法重振昔日的雄风，这就为秦国灭掉三晋、一统天下创造了绝佳的时机。

齐湣王死后，他的儿子法章被拥立为齐襄王，齐襄王在位期间没有

---

① 司马穰苴：春秋末期齐国人，是田完（陈完）的后代，齐田氏家族的支庶。他是继姜尚之后一位承上启下的军事家，曾率齐军击退晋、燕入侵之军，因功被封为大司马，子孙后世称司马氏。后因齐景公听信谗言而被罢黜，不久抑郁发病而死。

什么大的作为。公元前265年，齐襄王去世，他的儿子公子建继位。

公子建是君王后①所生的儿子，懦弱无能，胸无大志，在他即位后的很长一段时间里，齐国朝政实际上是由君王后把持的。据《战国策》记载，君王后贤德，与秦国交往谨慎，与诸侯讲求诚信，因此齐王建在位四十多年，齐国未经受战争。秦国连年攻打三晋，五国各自相救，但齐国竟四十余年不受兵燹之灾，说明秦国远交近攻的政策确实收到了很好的效果。

君王后主政后不久，秦相范雎曾派使者送玉连环给齐国。使者说如果齐人能破此连环，秦国甘拜下风。君王后知道这是秦国对她的试探，就直接用锤子把玉连环砸碎，然后对秦国使者说："我已把玉连环解开了。"范雎得报后，认为君王后是女中豪杰，就劝秦王与齐国结盟。

由于君王后奉行事秦的政策，秦国对五国发动大规模攻势时，并未受到齐国的干扰，大大减小了秦军的阻力。秦赵长平大战期间，赵国向齐国请求支援粮草，齐国大臣周子力劝君王后救赵，他说："唇寒则齿亡，今日亡赵，明日患及齐楚矣。"但君王后没有采纳周子的建议。

君王后去世后，齐王建昏庸无能，贪财好色，齐国朝政由奸臣后胜把持。秦国派出大量间谍渗入齐国，丞相后胜被秦国收买，成为秦国的卧底，处处为秦国说好话。在后胜的建议下，齐国派出大量使者出使秦国，秦国又对这些使者大加贿赂，使者回国后，也纷纷为秦国说好话。例如，当王贲攻魏都大梁时，魏王派人与齐结好，希望齐国能出兵与魏国共同抗秦。但后胜劝齐王建说："不能答应魏国的请求，万一惹恼了秦国，我们就会引火烧身了。"懦弱胆小的齐王建听信了后胜的话，就没有答应魏王的请求。王贲顺利消灭了魏国，魏国的故地变成了秦国的三川郡。

慢慢地，齐国朝堂上的大部分官员都成为亲秦势力，齐王建也就长期奉行与秦亲善的政策，"不修攻战之备，不助五国攻秦，秦以故得灭

---

① 君王后：太史敫之女，齐襄王的王后，齐王建生母。

六国"。正如苏洵所言:"不贿赂秦国的国家因为有贿赂秦国的国家而灭亡,原因是不贿赂秦国的国家失去了强有力的外援,不能独自保全。五国灭亡了,齐国也就无法幸免了。"

当秦国发动对韩、魏、赵、燕、楚五国的攻势时,齐国不仅不救五国,反而秦每灭掉一国,齐王建就派使者到秦国表示祝贺。秦庄襄王元年(公元前249年),秦国灭掉了周王室,齐国竟一点反应都没有。曾经的齐国率领诸侯尊王攘夷,维护周天子的尊严;曾经的齐国九合诸侯,一匡天下,锄强扶弱,建立了赫赫功业。对比当年齐桓公、齐威王、齐宣王时期,现在的齐国着实令人哀叹。

秦王政十年(公元前237年),在后胜等奸臣的怂恿下,齐王建竟然想要入秦朝拜。

雍门司马①劝谏道:"扶立君主,是为了国家还是为了君主本人?"

齐王建说:"是为了国家。"

雍门司马说:"既然是为了国家,那君主为什么要抛开国家而去朝拜秦王呢?"

齐王建无言以对,只好返回齐宫。

即墨大夫②听说齐王听从了雍门司马的劝阻,认为齐王建还没有昏庸到无可救药的地步,于是也入宫进谏。他说:"齐国有数千里的土地,数十万的军队。韩、赵、魏许多不愿降秦的官员都聚集在阿(今山东阳谷东北)、鄄(今山东甄城北),大王可以招收他们并分给他们军队,这样他们就能收复三晋。楚国不肯降秦的人大都聚集在城南,大王同样可以招收他们并分给他们军队,让他们收复楚国。这样齐国就能恢复往日的雄风,也就可以和虎狼之秦抗衡。大王如此明智,想必一定不会抛弃南面称王的机会而甘心西面事秦吧?"

但是,齐王建没有听从即墨大夫的劝谏,没过多久,他还是入秦朝

---

① 司马:古代官职名,掌军政和军赋。殷商时代始置,位列三公,春秋、战国沿置。
② 即墨大夫:战国时期即墨的最高军政长官。

拜了。

从秦王政十七年（公元前230年）开始，秦国先后灭掉了韩国、赵国、魏国、楚国，而齐国始终无动于衷，不知危险将至，始终坚持自保政策。秦王政二十五年（公元前222年），秦王嬴政拜王贲为大将，又先后攻灭燕国、代国。等王贲扫燕灭代之后，秦王嬴政对王贲说："将军大军一出，就毫不费力地荡平了燕代两国，纵横驰骋2000余里，这样的功劳与你父亲王翦将军不相上下。现在就只剩下懦弱的齐国了，从燕到齐，正好是回师之路，如果齐国始终存在，秦国的一统江山就是不完整的，就像是人缺了一条手臂。希望将军再接再厉，争取一鼓作气灭掉齐国。"

接到嬴政的嘉奖和命令后，王贲、李信等人立即挥师南下，占据燕山，然后向河间一路南下，与屯兵历下（今山东济南历下区）的秦军会合，对齐国发动迅猛攻击。

齐王建听信后胜之言，认为齐秦交好，秦国就不会灭齐。直到五国全部都被消灭后，他终于感到了恐慌，赶紧发兵据守西界，防止秦兵入侵。但齐国的防守方向搞错了，秦军在王贲的率领下从北方顺势南下，直捣临淄。

齐王建即位四十多年来，从未动用过齐国的军事力量，大多数将士从来没有上过战场，这样的军队去迎战王贲所率的久经沙场的虎狼之师，无异于以卵击石。而且此时齐国国内战降两派还在争论不休，投降派始终占据优势。齐军的防守力量放在了西方，从北而来的秦军如入无人之境，到临淄时，临淄基本上是一座不设防的城市。齐国既无贤臣，又无精兵，临淄人又没有拼死一战的勇气，于是放弃抵抗，开城投降。秦军兵不血刃就占领了齐国的首都。

秦军虽然占领了临淄，但齐国的军事力量并未受损，而且齐王建出逃在外，如果他厉兵秣马，组织齐军抵抗，秦军还是要付出血的代价才能占领齐国全境。因此，秦国派出使者陈驰，以500里封地为诱饵，劝齐王建投降。齐王建认为秦国派使者来请就意味着秦王不会杀他，于是在宫殿中举行了一个非常盛大的仪式来欢迎秦国使者，答应了秦国的要求，下令举国投降。此后，秦军用了两个月时间，接收了齐国的全部领土。

消息传到咸阳，秦王嬴政大喜，下令说："齐王建昏庸无能，宠信奸臣，误国误民。现在齐国被灭，本应将齐王斩首，但念其四十年来对秦恭顺有加，免其死罪，迁其一家往共城，每天供应一斗粟。后胜误国，就地处斩。"王贲立即斩杀后胜，并将齐王建发往共城。

被发配到共城的齐王建，住的是茅屋，吃的是素粟，四周全是荒地，百里之内看不到人烟。齐王建家上下几十口人，终日食不果腹，夜间更是阴冷难耐。齐王建回想起当初的富贵生活，悔不该听后胜之言，使自己成了亡国之君，不久便郁郁而终。

第六章　修明法度定律令

一、收兵器，迁富豪

齐王建的不战而降，为秦王嬴政统一六国的战争画上了一个圆满的句号。为了在中国建立起一个空前统一的大秦王朝，秦王嬴政需要有一个安定的社会秩序，特别是防止六国诸侯残余势力的东山再起。而收缴六国兵器和迁徙山东富豪，便是他在统一天下之后为国家安定而首先采取的两大措施。

嬴政统一六国，凭借的是装备精良的精兵强将，多年的兼并战争，瓦解了六国庞大的军队，却留下了大量的兵器。为了不让这些兵器酿成后患，嬴政统一六国后立即下令收缴六国军队使用过的兵器，有敢私藏者严惩不贷。对于收缴上来的六国兵器，除部分补充军备外，大部分从六国故地运回秦都咸阳。等到兼并六国的战争结束，运到咸阳的六国兵器早已堆积成山。

六国已灭，这么多的兵器自然是用不上了，该怎样处置呢？嬴政召集谋臣商议，最后决定将这些兵器全部熔铸。六国的兵器除楚国兵器中有相当数量的铁制兵器外，其余多数为铜制。铁制兵器熔铸后可以制作成各种农具，而秦国各级官吏很早就有将各种铁制农具租给农户使用的传统。对于堆积如山的铜制兵器，有人建议将它们熔铸成巨型铜人像，立于宫殿的宫门两旁，这样不仅可以使想要作乱之人再也得不到兵器，而且可以壮大秦王朝宫殿之威仪，更可以表达秦王朝以后再也不会跟天下人兵戎相见的决心，这样天下就可永享太平。嬴政听了非常高兴，当即同意实行，随即下令"收缴天下兵器，集中于咸阳加以销毁，铸造成钟、大镶各若干和十二个各重千石的大铜人，置放于宫廷之中。"

刀枪入库，马放南山，这或许是每个王朝建立之初都要举行的仪式，意在宣扬太平盛世的到来。《史记·周本纪》中有这样的记载：

（武王灭纣后）纵马于华山之阳，放牛于桃林之虚；偃干戈，振兵释旅：示天下不复用也。

嬴政的做法比其他王朝更彻底，特别是将天下的兵器铸成十二个大金人，可谓一大壮举，前无古人，后无来者。

据《汉书·五行志》记载：秦王政二十六年（公元前221年），在秦国统一天下的那一天，临洮一带出现了十二个身高五丈、身穿夷狄服装的巨人。秦王嬴政以此为祥瑞，正式下达销毁六国兵器、熔铸十二个铜人的命令，以映照这一祥瑞，工作随即开始。这种说法不足为信，司马迁在《史记》中并无此记载。

《史记》中记载了每个铜人的重量：各重千石。而《水经·河水注》中是这样记载的：

秦始皇二十六年，长狄十二见于临洮，长五丈余，以为善祥，铸金人十二以象之。各重二十四万斤，坐之宫门，谓之金狄。皆铭其胸云："皇帝二十六年，初兼天下，以为郡县，正法律，同度量，大人来见临洮，身长五丈，足六尺，李斯书也。"

有史书对秦王朝时的十二个铜人的下落进行了记载："秦始皇所铸铜人，西汉时期沿存于长乐宫门；东汉末年，董卓锥破十个铜人，用来铸小钱，余下的两个铜人迁至清门里；到魏明帝时又把这两个铜人迁至洛阳，载到霸城时因过重无法运载前行，石季龙①将这两个铜人迁至邺地（今河北临漳县境内），苻坚②将这两个铜人迁至长安后销毁，如此等等。"如果这十二铜人能够留到现在，或许又是震撼世界的艺术精品。

嬴政所追求的是用战争消灭战争，建立一个大一统的帝国。兼并六国、收缴六国兵器后，他还是睡不安稳，不放心六国旧贵族及各地的商贾富豪，认为这些人是扰乱天下的祸根，是极不安定的乱世因素。但这些人在秦灭六国的过程中并没有对秦军进行武装抵抗，也没有公然与秦国为敌，嬴政在政治上完全找不到惩治他们的理由，也抓不到他们的过错，因此只能在经济上剥夺他们的财产。

作为一国之主，嬴政有着不同于世人的超凡能力，尤其是他洞察时局的能力非寻常之人可比，所以他总是能由此及彼地发现问题、解决问题，从而找到巩固王权的方向和方法。为了解决六国旧贵族的问题，嬴政又开动自己的大脑，寻找对策。后来还是吴起在楚国的变法给了他启示，吴起变法中有这样一条——"令贵人往实广虚之地"，嬴政决定也采取这条策略。秦王政二十六年（公元前221年），他断然下令将六国旧贵族强行迁至咸阳，而后又将天下富豪商贾分批迁往咸阳，而是分期进行的。秦王政二十六年（公元前221年），"徙天下富豪于咸阳，十二万户"；秦始皇三十五年（公元前212年），"徙三万家丽邑③，五万家云阳（今陕西淳化县境内）"。

嬴政这一举措不可谓不高明，六国富豪、贵族一旦被强令从原地迁出，他们在当地的势力、影响力也将随着他们的西迁而消失；他们

---

① 石季龙：羯族，上党武乡（今山西榆社）人，十六国时期后赵第三位皇帝，后赵明帝石勒之侄。

② 苻坚：字永固，又字文玉，氐族，略阳临渭（今甘肃秦安）人，十六国时期前秦的君主，公元357年至公元385年在位。惠武帝苻洪之孙、丞相苻雄之子。在位前期励精图治，重用汉人王猛，推行一系列政策与民休息，加强生产，终国家强盛，接着以军事力量消灭北方多个独立政权，成功统一北方，与东晋南北对峙。

③ 丽邑：今陕西临潼西北，位于秦始皇的陵墓外城。它属于陵邑，它的设立开创了在帝王陵附近置陵邑的制度。

在当地的产业事实上也被剥夺了。这些人被迁到咸阳或是别的地方，由于人生地不熟，财产又难以随身携带，在政治、经济上失去了影响力，也就无法作乱了。

嬴政迁徙王公贵族主要还是出于政治上的考虑，他并不是想抢夺他们的财产，至于这些人在被迫迁徙过程中的财产损失，实属在所难免的事情。

其实，不少史料证实强迁六国富豪、贵族及收缴六国兵器这两项政策，早在秦灭六国的战争进程中已经开始实施，而在统一天下之后才得以在全国范围内大规模地施行。

二、创帝号，废谥号

收缴天下兵器、迁徙富豪只是一般性的统一举措，秦王嬴政的真正目的还是追求权力的高度统一。因此，他接下来又制定了一系列的制度和措施，以巩固统一，独揽王权。他首先考虑的就是自己的称谓，认为"王"这个称号已经无法显示他的威严和前无古人的功绩。

因为在大一统的秦朝建立以前，历代统一王朝的最高统治者都称"王"，夏、商、周三代皆是如此。但到了春秋战国时代，礼崩乐坏，旧制度遭到破坏，就连国力弱小的宋、中山等国也敢称王，可见此时"王"的称号已经不够尊贵。嬴政完成一统天下的伟业后，心中志得意满，自然不屑于与这些人共同用"王"的虚名，必须有一个前所未有的名号才能配得上他前无古人的伟大功绩。

一天，嬴政坐在朝堂之上，对大臣们说："寡人以眇眇之身，兴兵诛暴乱，赖宗庙之灵，六国咸伏其辜，天下大定。今名号不更，无以称成功，传后世。其议帝号。"

他的意思很明确，六国已经统一了，不更改他本人的名号，就不能体现他的成就和地位，后世也无法称颂他的业绩。他的目标就是要建立一个前所未有、空前统一的中央集权的君主专制国家，这个国家和以往任何国家都不相同，所以他立国建制的首要问题就是更改自己的名号。新型的国家政体要有相应的国君称号，这样才能显示出国君至高无上的地位，才能树立国君的绝对权威。

当时朝堂之上的大臣有丞相王绾、御史大夫冯劫、廷尉李斯等人，他们跟随嬴政多年，个个都是精英，怎会不明白嬴政的意思？经过商议，他们向嬴政提出："昔者五帝地方千里其外侯服、夷服，诸侯或朝或否，天子不能制。今陛下兴义兵，诛残贼，平定天下，海内为郡县，法令由一统，自上古以来未尝有，五帝所不及。臣等谨与博士议曰：'古有天皇，有地皇，有泰皇，泰皇最贵。'臣等昧死上尊号，王为'泰皇'。命为'制'，令为'诏'，天子自称曰'朕'。"

秦王嬴政对大臣们的建议非常满意，但他也有自己的想法，于是说："去'泰'留'皇'，采用上古'帝'位号，称为'皇帝'。"找到满意的称号后，嬴政又追尊自己的父亲秦庄襄王为太上皇。没过多久，他又下令将天下百姓称为"黔首"。

当时嬴政还说："过去君王下世之后，即位的君王和大臣都要给先君一个谥号，这使得后代君王议论前代君王、臣子议论君王是以下犯上。现在就从朕开始，废除谥号。朕称秦始皇，下面是二世、三世……直至万世，传之无穷。"

从此，皇帝作为我国封建王朝最高统治者的称号一直沿用了下来，并成为无数野心家的目标。这一称号确立后两千余年，从未有人想过要更改它，因为它的尊贵程度无以复加。自公元前221年秦始皇创立皇帝称号及相关制度，经过历代王朝的不断发展、强化，到1916年袁世凯垮台、皇帝称号被彻底废弃为止，这一制度延续了两千一百三十七年。

公元前221年，是秦始皇人生中最为辉煌的巅峰时刻，更是中华民族历史的"统一元年"。

一个朝代能否兴盛发达、长治久安，关键看它是否有存在的理由，所以，历朝历代的统治者都会千方百计地寻找一些理由，作为自己统治的理论依据。秦始皇当然也不例外。他在自称"始皇帝"后，为了让自己的统治名正言顺，即开始寻找秦王朝正统性的理论基础。

商汤为了让自己消灭夏朝更加名正言顺，就宣称夏桀残暴，不行德政，于是上天派自己来接替夏王朝，于是夏朝灭亡了。商人宣称，他们的祖先是吞玄鸟的卵降生的。《诗·商颂·玄鸟》中说："天命玄鸟，降而生商。"就这样，商人灭夏被视为上天的意思。后来，周人灭商同样找了一个天意如此的理由，周人宣称：有邰氏之女姜嫄，在野外踩了"巨人"的脚印，便怀了身孕，生下了弃，也就是周人的祖先。由此看来，周人的出现也是上天的意志。当周文王伐耆（今山西长治西南）、邗（今河南沁阳西北）大获全胜后，连商臣祖伊也惊呼："天既讫我殷命。"意思是说，殷朝的结束是上天的安排，西周王朝的建立是理所当然的。这些无非是各朝代对自己统治的一种神化，企图以此来引导舆论，使自己的统治正统化。秦始皇深谙此道，而他采用的是"五德始终说"。

"五德始终说"由战国末年的阴阳家邹衍创立，它是用金、木、水、火、土来解释社会历史的变化。邹衍认为，每一个朝代各占一德，五德相克，循环往复。尧舜时代是土德，夏朝为木德，商朝为金德，周朝为火德，这些朝代的延续正好与五德相生相克的关系相对应。这样推理下去，假如秦朝是一个正统的朝代，假如它的存在也是上天的意志，那它就必须是水德。

于是，社会上就流传着这样一种舆论：有人传说，秦始皇的祖先在一次打猎时获得了一条黑龙，那是水德的祥瑞。老祖宗获得黑龙，意味着上天把水德转托给了秦人。秦灭周，就是水克火，这是上天早就安排好的。所以，秦始皇建立的政权完全是天意所为。

在五行学说中，水为黑色，主北方，北方为阴寒。按照这种说法，以水德建立的秦王朝也必须处处体现这些特征。所以在秦代，旌旗、礼服用黑色，处理政事讲究"严刑""峻法""刚毅"。为了进一步神化自己的政权，证明自己是"真命天子"，秦始皇还广泛祭祀上帝及各种神明，以祈求保佑，又大搞封禅仪典，以表达对上天的敬畏，并借此向臣民宣示自己受命于天、功德无量，其权力神圣不可侵犯。

就这样，秦始皇用神化舆论论证了秦王朝的正统地位。

三、建立三公九卿制

确立皇帝的名号，并提出"五德始终说"，这些只能保障秦王朝在思想舆论上的统一。要想有效地统治整个国家，还必须建立一整套从中央到地方的严密的政权机构和官僚制度，这样才能加强对地方和官员的控制，使皇帝真正拥有掌握国家大事的权力。

在秦代，最高国家权力机关是"朝廷"，皇帝是朝廷的首脑，拥有至高无上的权力，凌驾于法律之上，对国家一切事务拥有最后的决定权。为了保证"天下之事无大小，皆决于上"，确立皇帝在国家最高权力机构中至高无上的地位，秦始皇为自己的君主专制国家建立了以三公九卿为中心的中央官制。

三公，一般指丞相、太尉、御史大夫。实际上，秦国最初设置的是丞相、国尉、御史大夫，到秦始皇时期，国尉才改称为太尉。三公是直接隶属于皇帝的中央政府，是国家最高行政机关。丞相是文官之长，是中央政府中的最高行政长官，"掌丞天子，助理万机"，由皇帝直接领导，地位可谓"一人之下，万人之上"。

"相"作为官职出现得很早，但直到战国末年，它才成为"百官之长"，被称为相国或邦相。战国时期，秦武王设立丞相，为了让丞相有所制约与监督，秦国设左、右丞相，以右为尊。甘茂①、樗里疾②是秦武王的左右丞相，此后秦国一直设有丞相。秦统一后正式确立了丞相制

---

① 甘茂：姬姓，甘氏，名茂，下蔡（今安徽颍上甘罗乡）人，战国中期秦国名将，秦国左丞相。曾就学于史举，学百家之说，经张仪、樗里疾引荐给秦惠文王。

② 樗里疾：又称樗里子、严君疾，是战国中期秦国宗室、将领，秦孝公庶子，秦惠文王异母弟。擅长外交、军事，因足智多谋，绰号"智囊"，被后世堪舆家尊为"樗里先师"。曾辅佐秦惠文王、秦武王、秦昭襄王等秦国君主。

度，隗状和王绾是秦朝建立之初的左右二相；而李斯、冯去疾则分别做过秦朝的最后一任左、右丞相。丞相制度是秦王朝中央官制的核心。

丞相制度的建立，意味着世卿世禄的选官制度被彻底废除，皇帝和丞相掌控了中央任免官吏的权力。丞相制度抑制了贵族专权，使中央集权进一步加强。但是，丞相又制约着皇权，从这个角度来看，丞相又成了不利于中央集权的因素，这也是后来的朝代经常发生皇权与相权斗争的原因。到了明代，朱元璋废除丞相，这种斗争才算终止。

在秦王朝，丞相的职责主要有以下几个方面：

第一，作为皇帝的助手，为国家推荐人才，协助皇帝选贤任能。例如，吕不韦担任丞相时，将李斯推荐给了秦王，使李斯得以进入秦国权力的中央。

第二，带领百官议事，然后上报给皇帝。即国家有了军国大事，丞相要组织百官坐到一起讨论开会。会议结束后，丞相要向皇帝奏报会议的讨论结果，并和皇帝商量、斟酌，一起决定最后的处理办法。比如，嬴政要修改自己的称号，丞相便召集文武百官一起讨论，然后又汇报给嬴政，这才确定了"皇帝"这一称谓。

第三，负责监督百官的行为，发现问题及时弹劾。赵高任丞相时就行使了这一权力，弹劾李斯、李由[①]父子谋反。

第四，负责考核地方官，对地方官员进行审计。

秦朝时，丞相作为百官之首，权力最大，工作也最多，所以当时设有丞相府，丞相手下有一个集体班子，来帮助丞相出谋划策和处理政务。

丞相之下，就是御史大夫，御史大夫也就是丞相的副手，相当于副

[①] 李由：李斯的长子，尚秦公主，被任命为三川郡郡守，驻守洛阳。与刘邦作战时阵亡。

丞相，负责监察百官。

御史大夫虽然位居丞相之下，但比丞相还要忙，因为他既要辅助丞相处理政务，皇帝的命令、国家的法律经常由他转交给丞相颁布，还要帮助皇帝处理许多皇家私密事务，职权十分重大。总体来讲，御史大夫的职责主要如下：

第一，作为皇帝的私人秘书，为皇帝起草各类文书。

第二，作为国家的"救火队员"，负责调查处理各种突发事件。

第三，作为副丞相，负有与丞相相同的职责，那就是监察、弹劾、考核百官。

第四，掌管国家图书、密档和各类法律条文。从这一点来看，御史大夫既是国家图书馆馆长，又是国家档案情报处处长，还是大法官，身兼数职。

在御史大夫的诸多职责中，监察是其主要职责，因为御史大夫是直接听命于皇帝的专职监察官员之长。御史大夫也设有御史大夫府，秦汉时期与丞相府并称为"二府"。御史大夫府的下属机构和属员较多。御史中丞是御史大夫的第一助手，下属许多侍御史，主要负责监察朝廷百官，承办诏狱。御史大夫府还有许多监御史，他们作为中央监察机关的派出人员，负责监察郡县各级官吏。这样就构成了从中央到地方的专职监察体系。

从历史资料来看，秦国及东方六国只有御史，而没有御史大夫；关于御史大夫的记载最早见于秦始皇时期。秦始皇二十六年（公元前221年），参与议帝号的有御史大夫冯劫。秦二世元年（公元前209年），有"御史大夫臣德"。所以，有学者认为御史大夫一职是秦始皇统一六国后设置的，也就是说，是秦始皇将专职监察机构的官员的长官命名为"御史大夫"，并将之提升到三公的地位。由此可见，秦始皇赋予了御史大夫很大的权力，基本上不受丞相节制，而且还有权弹劾丞相。如果丞相去职，御史大夫就理所当然地成为继任者。

丞相和御史大夫都是主管中央政治的权臣，而作为三公之一的太尉则"掌武事，主五兵"，也就是说，太尉是中央行政机构中的军事首脑，协助皇帝掌管全国军事。太尉的地位与丞相相当，排序其后，金印、紫绶、秩万石。太尉作为全国最高军事长官，由皇帝直接领导，作战时有领兵之权，但无调兵之权，军队的调动权掌握在皇帝手中。秦代的太尉一般由能征善战或足智多谋的将领、军师担任，如白起、尉缭等人都曾出任秦国太尉。

太尉这一职位是官员分为文、武后的产物。战国时期，各诸侯国的最高军事统帅是国君，军队的组建、调动、征伐权力统属国君。各国均实行文武分职、将相分权制度。齐、赵、燕、魏等国设将、将军、上将军、大将军统帅军队。楚国武官之长为柱国、上柱国。秦国武官之长先称大良造，秦昭襄王时才开始设将军，后来设国尉。国尉是秦国最高军事行政长官，尉缭就曾担任过此职。各国武官之长以下的武官设置也比较完备，比如，赵国设左司马、都尉；齐国设司马；秦国设都尉、中尉、卫尉。各国在郡一级设立都尉一职。秦始皇统一六国后，进一步完善了军事方面的制度，并改最高武官之设的国尉为太尉。

尽管丞相、御史大夫、太尉三公作为皇帝处理国家行政、监察、文秘、军事等方面事务的助手，直接对皇帝负责，位居皇帝一人之下、百官之上，但是在秦代，三公的地位是不平等的，因为当时的三公制度只是一个雏形，并不完善。丞相是国家权力运行的核心，级别最高、权力最大；御史大夫的地位虽然也很高，权责也很重，但他的权力和待遇却比不上丞相；而太尉的地位就更低了，御史大夫是皇帝的总秘书，而太尉实际上只是皇帝的军事秘书。这一现象在秦代和汉代前期十分明显，汉代后期三公的地位才渐渐变得平等，三公九卿制度也更加完善。

三公是统领百官的3个中央要职，下面还设有"九卿"，掌管中央政府中的不同职能部门，分管全国的不同行政事务，分别受丞相、太尉、御史大夫领导，并直接听命于皇帝。秦王朝设立的九卿及其职责如下：

（1）奉常。奉常又被称为太常，掌宗庙礼仪，负责宗庙、陵墓以及思想、文化方面的事务和活动，并主持礼仪，兼任皇帝侍从。自古以来，华夏文明就有着浓厚的宗法血缘观念，很看重祖先的祭祀。例如，新的王朝建立后，统治者要先祭祀祖先；大战之前也要向祖先祷告。即使造反成功，也要祭祀祖先，告诉先人自己的功绩。因此，无论谁上台，无论政权建在哪里，奉常都是必须优先设立的职位。

奉常之下，设有太史、太乐、太祝、太卜、太宰、太医、博士等属官。太史负责记录皇帝的言行和国家大事，并掌管历法的修订。太卜负责占卜等事宜。博士的职责较为广泛，一是作为皇帝的智囊团成员，为皇帝出谋划策；二是参加朝会，讨论国家大事；三是负责教导那些准备担任官职的人员，大多是贵族子弟。奉常属于九卿之首，地位很高。

（2）郎中令。秦代的郎中令相当于后世的大内总管，是皇帝的顾问，也是皇帝的对外联络官，负责保卫皇帝和上传下达，"主管内诸官"。由于接近皇帝，其权力较为重大。赵高曾担任此职，利用与皇帝接近的机会，教唆秦二世干了不少坏事。汉武帝时，郎中令改称光禄勋，但职责并未发生大的变化。郎中令下设大夫（掌论议）、郎（掌门户，出充车骑）、谒者（掌宾赞受事）等属官。

（3）卫尉。卫尉是统辖卫士的官员。秦代时，卫尉的职责是保卫皇宫，并协助太尉等官员处理一些日常事务。

（4）太仆。太仆的职责有两个：一是负责管理皇帝的车马出行，出行的车马、次序都由太仆制订，有时太仆也会亲自为皇帝驾车；二是主管全国的养马和驯马等事宜。太仆和郎中令一样，都待在皇帝身边，因此也容易对皇帝的决策产生较大影响。

（5）宗正。宗正相当于皇室内部的大管家，主要负责管理皇族和外戚的名籍、褒奖等，宗室成员犯罪也由宗正负责处理。

（6）典客。典客负责接待少数民族和附属国的朝贡等对外交往事务,相当于现代的外交官。汉武帝时改称大鸿胪,除负责对外交往事务外,还负责诸侯王和归附部族的朝觐之事。

(7)廷尉。廷尉掌管国家的刑罚讼狱事宜,是全国的最高司法官。主要负责全国的司法活动,及处理皇帝交办的各类大案要案。李斯曾长期担任此职。

(8)治粟内史。治粟内史是秦朝专管财政的官员,相当于现在的财政部部长。治粟内史的职责十分广泛,既要负责全国的财政税收、财政收支平衡,还要负责全国各地的钱粮及各种物品的调配。在各地发展不平衡的情况下,在灾害频发之时,钱粮的来回调度、以丰补歉就成为治粟内史的重大职责。由于治粟内史工作繁重,因此有两丞和太仓令等大批属官协助其工作。汉代时改称大司农。

(9)少府。少府是皇室的财政机构,主要负责管理皇室的山泽之税和工商业税收。少府也就是皇帝的私人财务官,为皇室收税,其收入不归国家而归皇室,供应皇室的开销。由于要负责全国的山林物产等税收,还要管理手工业和商业,因此,少府是九卿中属官最多的。少府的长官多为皇帝的亲信,与皇帝的关系较为密切。

三公九卿制度是秦朝官僚制度的主体,除三公和九卿之外,秦朝还设有大量官职,处理庞杂的国家事务。例如,负责建设和维修事务的是将作少府,负责维持京城治安的是中尉,负责教育太子的是太子少傅,等等。

三公九卿制度,为专制主义中央集权国家制度的建立创造了基本的范式,是以后历代王朝建立官僚机构模式的主框架,其基本结构一直延续了八百年,直至隋文帝创立三省六部制,足见其深远影响。此后,三省六部制一直延续,直到明太祖朱元璋废掉三省,六部开始直接对皇帝负责,历史上的中央官制分三级的框架才寿终正寝。可以说,秦朝创立的三公九卿制度,上承商周,下启汉唐,是中国政治制度史上最浓墨重彩的一笔。

四、推行郡县制

为了加强对六国故地和边远地区的政治控制,秦始皇决定废除分封制,在原有郡县的基础上将郡县制推行到全国。这使秦王朝成了中国历史上第一个在全国推行郡县制的政权,不过,郡县制并非秦王朝首创。

春秋时期已有郡、县的设置,但是那时县的级别比郡高,而且两者之间没有统属关系。当时的郡建制很不稳定,因为很多是君主为了方便统治,临时起意在某一边境地区设置,它所辖的区域很大,地位却没有县高。比如,晋国的赵简子曾宣布:"克敌者,上大夫受县,下大夫受郡。"由此可见,春秋时期县的地位比郡高。

最初,县、郡的官员都是由国君派遣。比如,魏文侯就曾任命吴起为河西郡太守。魏武侯继位后,吴起受到猜忌,于是离开魏国到了楚国,在楚国的边郡担任太守,一年后才被任命为令尹,主持变法。后来,出于兼并战争和抵御外敌的双重需要,郡和县基本上成了地方上的固定政权,其最高长官有权处理边境的突发情况。

后来,各诸侯国的郡县数量越来越多,为便于管理,必须建立一套上下从属的管理机构,李斯建议否定分封制,推行郡县,秦始皇接受了这一建议,开始建立郡、县两级制的地方管理体系,郡县制正式在全国推行。

郡的最高行政长官是郡守,负责管理郡内的政治、经济、文化事务。秦朝时,郡守拥有很大的权力,有权依法颁布地方性政令,选举人才,整肃风俗,监察属县,辟除属吏,黜罚官员,掌握郡兵,支配财政。但是在法律上,郡守没有专杀权和任免郡尉、郡丞、长史及各县令、县丞等官员的权力。郡守由朝廷任免,必须对朝廷负责,每年向朝廷报告全郡政务。郡守的作用和职责类似于今天的省长。

郡守的属官是郡丞、郡尉、监御史。郡丞,秩六百石,协助郡守总理全郡政务。据史料记载,郡丞的主要职责是处理全郡司法事宜。郡尉，秩三千石，主要协助郡守处理军务，地位与郡丞差不多，一般有单独治所和单独属官，并具体负责郡内一切军事、治安行动，具有实权。监御史是朝廷派去的监察官吏，负责监督郡中的官吏，直接听命于御史大夫，这样朝廷就实现了对地方的直接监督。监御史是郡的最高监察官，有权监督郡守及其下属的行为并上报朝廷。除此之外，监御史还负责举荐人才、兴修水利、领兵作战等。中央直属官员的身份，使监御史职权广泛且有众多方便行事之权，其主要职责依旧是监察地方官员的所作所为，防止郡守权势过大。监御史时常向朝廷汇报地方的情况，使得朝廷对地方的情况了如指掌，这就加强了朝廷对地方的控制，达到了加强中央集权的目的。

郡守以下还有许多机构和职官，比如负责管理工程建设和有关刑徒的郡司空等。

郡属下的地方区域是县，一些少数民族聚集区域叫道，其主要长官是令或长。万户以上的县叫令，万户以下的县叫长。各种县级行政机构皆由郡统辖。县、道的主官是县令、道令。

县令及其主要佐官县丞、县尉都由朝廷任免。县的主要职官是县令、县尉、县御史，其职权的性质与分工大体和郡的守、尉、监类似。县令是一县之长，主管本县各种政务。县尉负责军事、治安。县御史负责监察。由于秦王朝具有军事专制的特点，因此县尉的任务十分繁重，要负责主持一县之内的治安、征发徭役、管理士卒等事务。因为负责治安，县尉还要经常上街巡查，防范不法之徒。由于事务繁多，县尉往往不止一人，具体人数根据县的大小而定，有时一个，有时二到四个。此外，为了分担县尉的工作压力，县尉也有自己的下属官员，如尉史、尉从佐等。

县丞作为县令的主要助手，职权较大，除了帮助县令处理政务外，还要负责地方仓库和诉讼等事务，地位相当于副县令。此外，县令还有一批属吏，如令史等。

据相关史料记载，秦朝县一级的经济管理机构比较多，也比较完善，有一批重要的机构及其主官，如掌管全县工程的县司空、掌管全县军马的县司马、掌管全县亭的亭啬夫、掌管全县仓库的库啬夫和掌管田政的田啬夫等。

县以下设乡，乡下设里。乡里作为国家最基层的政权组织，承担着国家的赋役，地方的教化、刑狱、治安等事务。

乡里制度早在春秋时期就已出现，当时县以下是里，里以下是伍。到秦朝时出现了以县统乡、以乡统里的地方基层制度，十里为一亭，十亭为一乡。其中，亭是直属于县尉的治安机关。

秦朝乡官主要有三老、有秩、啬夫和游徼。三老是极其古老的一种地方设置，周代就已经出现。三老是地方的总首领，负责对百姓进行封建礼教的教育；啬夫负责审问案件、征收赋税；游徼负责巡查地方治安、防备盗贼。

在乡以下，又有亭和里。亭有亭长和求盗等官吏。亭长主要负责地方治安，同时做一些迎送等接待工作并负责地方卫生。亭以下是里，里设里正和监门小吏。里以下还有更基层的组织，即什伍，五家为伍，有伍长。商鞅变法时就有"令民为什伍"的法令出台。

里长和伍长主要负责地方教化、协助亭长搞好治安等。

秦朝在全国推行了郡县制，郡县以下也推行了乡长制，但是在秦朝首都咸阳没有推行这套制度。咸阳作为秦朝都城，大概相当于郡一级的行政单位，但咸阳并不设立郡守，而是设置内史进行管理。内史是协助丞相处理政事的官员之一，一般是由国君最信任的人出任。秦朝设内史为首都地区的最高地方行政长官，管理咸阳及周边三十多个县的各类事务。

郡县制使秦国形成了中央、郡、县、乡一整套比较完整的系统化行政体系，废除了奴隶主旧贵族时代的世袭特权，有利于朝廷对地方的控制和管理。郡县制代替分封制，有效地解除了地方诸侯势力对中央政权的潜在威胁，防止了地方势力的割据分裂，有力地维护了国家统一。具体来说，秦朝的郡县制有以下几个特点：

一、全国上下基本实行了单纯的郡县制，因为中央政府以下设郡、县两级，县以下设乡、里等基层政权组织，而封君食邑的"国"数量极少，而且基本上相当于县一级的制。

二、郡县两级的官吏任免权都掌握在中央政府手中，其中郡县的主要官员均由中央政府直接任免。各级官吏均受国家法律法规的约束，所有地方官必须服从国家及上司的法令、政令，定期向上一级官府报告政务，并接受上一级官府的考核。中央在地方设置专门的机构以监察郡县百官或直接管理有关事务，比如监御史。

三、国家的各项重大权力，比如国家大政方针的决策权、国家法律和制度的制定权、各级主要官员的任免权、军事调动权、最高司法权、最高监察权和财政管理权等，都集中掌握在中央政府手中，从而有利于中央对郡县的控制，使地方上无法形成与中央政府对抗的政治势力。

四、初步形成了地方官吏的制衡机制，比如在郡内，郡守、郡尉、监御史在行政、军事、监察方面分工合作，使军事、监察权力在一定程度上具有独立性。不过，这一机制还不完善，有待进一步改进。

五、秦朝时的郡县制与后世相比有较多的自主权，因为中央赋予地方较多的实权。各级行政机构基本上是行政、司法、军事、财政、监察等诸权合一。郡守和县令长还有制定地方法规、政令和选任低级官吏、属吏的权力。每一级行政机构只有一个权力中心，行政首长的权力仍然比较大。地方享有的权力足以承担属于其职权范围内的各项日常政务。必要时，郡守还有条件集中包括军事力量在内的各种资源来应对危机。

秦朝这套金字塔式统治机构的建立，标志着专制主义中央集权制度的正式确立，也标志着官僚政治正式取代了贵族政治。此后，秦朝的统治模式被历代封建专制政权模仿和改进，成为中国封建时代采取的主流统治方式，所以后世有"历代都行秦政"的说法。至今我们依然能在农村看到这种制度的影子。在文化传统中，国人也习惯把家乡称为故里、乡里,其中的"里"正是源于此。

五、监察与谏官制度

秦朝时期的政治监控制度是由御史监察制度、谏官制度这两个基本制度构成的。

秦朝的监察制度相比前代有了重大发展,秦始皇将御史体系基本上从行政体系中分离出来,其主要措施是以御史大夫为副相,独立开府办公,大大提高了监察机构在整个政治体系中的地位。这在中国古代政治制度史上具有划时代的意义。

秦朝的御史监察机制和职官是皇帝的耳目,负有监察的职责,承担制定法律的责任,要向皇帝上言得失,监督法规的执行,弹劾百官的不法行为,纠举百官的失职,维护国家纲纪,整饬国家吏治。其实施监督、监察的各种主要方式和手段,包括参与决策,规谏君主,封驳诏书等,具有立法、决策监督的功能;审核奏章,纪弹失职,检举不法等,具有行政监察的功能;平抑冤狱,采集民意等,具有司法监督的功能。

无论是职位、秩禄还是印绶,御史大夫都比丞相低很多,但拥有许多特权。御史中丞、侍御史负有朝廷监察、执法的责任。侍御史秩位不高,却享有皇帝的特殊授权,他们头戴獬豸冠,在朝堂上弹劾公卿百官,犹如护法的神兽,"抵触不直者""辨别是非曲直",秦始皇甚至将楚国的王冠赏赐给他们作为职务象征,可见其权势足以震慑百官群僚,就连宰相公卿也要惧怕三分。

秦朝在各郡设置的监郡御史,官秩仅六百石,却有权监察包括秩二千石的郡守在内的各级官吏。在秩位上,监郡御史是"显大夫"中秩位最低的,但他是钦差大臣,可以和郡守等官员平起平坐,分权而治,而且有权监督、弹劾他们。监郡御史还参与考核官吏、荐举人才、率兵作战、主持工程等政务,并有权处置皇帝和朝廷交办的其他事务。监郡御史只对皇帝和朝廷负责,与封疆大吏没有统属关系,基本上不受制约地履行自己的职责。御史体系中的职官上可以谏君王，下可以监百官，在整个权力体系中占据着极其重要的位置。

秦始皇以相对独立的御史监察体系监控行政体系，赋予其很大的权力，实行上下相监、以卑监尊、以内监外的方法，由此形成了一个完善的政治体系。当然，秦始皇对御史监控体系并非毫无节制，为了防止体系失去掌控，他本人也对这个体系实行有效的监控，主要体现在以下几个方面：

一是整个御史监控体系的职官均由皇帝任命，职权由皇帝赋予。这样一来，御史体系就完全受皇帝节制，等同于皇帝的耳目。御史类监察官员基本上只有举奏弹劾的权力，最终的处分权掌握在皇帝手中。

二是御史监察体系必须在国家法制的约束下行事。秦始皇制定完备的治官治吏的法律，以法治国，御史监察机构必须按照法律行使权力或遵照旨意办事。

三是各种机构和官员相互纠察。秦始皇允许各类职官上书言事，御史监察体系的职官也必然受到其他职官的监控。

四是对御史监察官员的选择极其严格。御史监察官员既属于言官范畴，又属于特殊的法吏。在中国古代政治体制中，言官历来很受重视，皇帝总是尽可能选拔文化素养较高、具有实际政治经验的人才来担任。这类职官通常被奉为百官的榜样，秩卑、权重、赏厚，但从政素质很高。从历史记载来看，秦朝的御史和其他朝代一样，大部分仕途得意，当时很可能初步形成了一条由低级言官、法吏（御史）到中高级言官、法吏（御史中丞、廷尉等），再到御史大夫、丞相的晋升途径。

御史体系主要为监官而设，这种以卑监尊、以内监外的制度对强化皇权、稳固统治有着重要的作用。御史体系的相对独立和日益完善，是专制主义中央集权政治体制进一步发展的历史标志之一。

秦始皇虽然独断专行、刚愎自用，但他毕竟是一位政治家，对自己的独裁政治唯恐失策，于是在近侍官僚机关中设置了言谏官吏，并建立了议事制度。这构成了当时的言谏制度。

秦朝的议事制度是对中国王权的古老传统制度的进一步完善。历朝历代的皇帝普遍尊重这种制度，而且往往借此来决断军国大事。谏官和御史既有共性，同属言谏类职官，肩负着相近的职责，又有所不同，谏官的关注点在"君"，而御史的关注点在"官"。秦始皇设置谏官的做法，标志着谏议机制开始向制度化发展。

秦始皇在郎中令下设置专职谏官，统称大夫。谏议大夫是专职谏官的一种，《齐职仪》中记载："秦置谏议大夫，掌议论，无常员，多至数十人，属郎中令。"当时这种以议论为专门职责的大夫没有定员职数，说明这种制度尚处于初创阶段；谏议大夫有时多至数十人，表明这种政治设置逐渐受到重视。谏大夫的设置，说明已经开始明确地设置这类职官，并规范其职能，专职谏官制度初步成型。

谏，即规劝，指通过批评、劝诫、说服、建议等办法，使他人改过从善。以"谏"命名职官，明确了这类官员的职责，表明他们不是泛泛地发表"议论"，也不是只"议论"具体政务，而是"谏"，即谏诤君王，献可替否，充分表明最高统治者有意从制度上强化这方面的机制和职能。在朝堂上特别设立谏官，其"谏"的对象只能是皇帝。设置谏官的主要目的就是要他们注意防范朝廷的决策和施政出现错误，一旦发现错误就要以"谏"的方式进行阻止。

除了专司议论的职官外，还有一批职官被赋予了谏议之职，也就是给一些职官授予某种头衔，使其负有进谏的职责。这类头衔通常加授给近臣侍官，由大夫、博士、议郎等兼领，御史大夫、三公、九卿、将军等亦有加者。加授给事中的官员有更大的议政权，"日上朝谒，平尚书奏事，分为左右曹，以有事殿中，故曰给事中"。可以说，秦始皇是给事中的首创人，到南北朝以后，给事中逐渐发展为负有重要职责的专职谏官。在唐代，给（给事中）、舍（中书舍人）、台（御史）、谏（谏议大夫）分别在门下省、中书省、御史台等机构供职，形成若干专职言谏机构。

臣民上书也是秦朝时的一条重要言路。通常情况下，所有人都可以陈情建言，议论得失。其实，臣民上书由来已久，早在商周时期，国家就设立专门机构和职官来负责管理相关事务。到了秦代，秦始皇在皇宫门前设置公车，以便臣民上书言事，称为"公车上书"，有关事务由卫尉的属官公车司马令负责，凡"天下上事"皆由其负责转达。秦二世时期的丞相赵高就担任过公车司马令。臣民上书在各个朝代都备受统治阶级重视，因为它具有多方面的意义，比如通下情、纳谏诤、平冤狱、抑权豪等，对皇帝监控政情、统驭百姓极为有利。秦始皇对臣民上书也相当重视，他制定的鼓励"告奸"的政策和法律就是最好的证明。

六、完善军事制度

秦始皇横扫六国，凭借的是武力。秦国历来是一个典型的军事帝国，这一性质早在秦孝公时就通过商鞅变法确定了，当时秦国只讲耕战，而耕也是为了战，只有通过战争和为战争服务，秦国人民才能获得相应的社会地位和财富。

秦国的军事制度在秦王嬴政时期得到了进一步的发展和完善。秦王朝统一后虽然仅延续了短短十五年，但秦军北击匈奴、南平百越，进行过多次军事战争，这促使其军事制度相对于其他制度而言更加完善和成熟，具体表现在以下几个方面：

首先是军事领导体制。

在秦国，皇帝掌握着调动军队的虎符或玺书，从战国时代到统一六国，秦国一直实行的是这种制度。只要调动数量超过五十人，就必须得到皇帝许可，持虎符或加盖了玉玺的文书，临时应急的情况除外。虎符通常一分为二，皇帝持有一半，地方军事长官持有另一半，两者契合，军队才会听从调动，否则谁都调动不了一兵一马。

皇帝是国家的最高统治者，也是全国军队的最高统帅，控制着战争的发动、将领的任命、兵员的征集与调动。

秦朝的军事领导体制由中央和地方两部分构成，皇帝、将军、太尉及其他在京高级官员组成了军队的中央领导班子。作为三公之一的太尉常年在朝廷中任职，虽然是常设职务，但他只算是皇帝的最高军事参谋，平时并不带兵打仗，也没有调动军队的权力，除非得到皇帝的命令才能领兵出征。太尉之下是将军，将军之下是裨将军，裨将军之下是校尉，校尉一般是地方上郡一级的最高军事长官，也是征战沙场时独当一面的主力战将。

在地方上，秦朝的军事系统又分为郡、县两级，最高长官分别为郡尉和县尉。郡尉和县尉的工作包括征兵、练兵、为各地输送兵源，并维持当地治安。到了打仗时，郡尉和县尉还要随时准备率领本部人马出战。

其次是军队性质。

秦朝的武装力量有三种：都城咸阳的禁卫军和卫戍治安部队、郡县的地方部队、边疆的边防军。

驻守都城的部队是从全国各地挑选出的精兵。这些精兵被分为两部分，即禁卫军和卫戍治安部队，双方互不统属，其长官由皇帝直接任免。

禁卫军又分为两部分，一部分是负责保护皇室人员的侍卫，由郎中令统率，随时在皇帝身边护驾。这支部队中的所有士卒都被称为"郎官"，是精锐中的精锐。他们不仅武艺出众，而且具有一定的文化素养，很容易得到升迁，是军中骄子。禁卫军的另一部分是皇宫警卫兵，主要负责守卫宫门，保证各个宫门的出入安全并负责皇宫的巡逻。两支部队既相互配合，又相互制约，这样皇帝就能使禁卫部队既保证自己的安全，又把控制权牢牢掌握在自己手里。

秦国的都城咸阳是一个特殊的区域，负责其治安和警卫工作的也是一支特殊的部队，叫卫戍治安部队，它还负责京师的水灾、火灾和武库等事宜。如果皇帝外出，它还要派出人员负责外围警戒。因此，这支部队的人数也较多，大约有一万人，特殊时期还会更多。

秦朝的郡县内都有郡县地方军。秦朝律法明文规定，所有大秦成年男子都要服兵役，时间为两年，其中一年在郡县训练，维持地方治安；

一年在京城担任护卫或到边疆守边。郡县的军事工作由郡守和县令负责，但实际的执行人是郡尉和县尉，前面已经说过，县尉和郡尉平时的工作是征兵、练兵，向各地输出兵源，战争时期则奉命出征。

秦王朝建立后，疆域扩大了许多，与外族接壤的地区也多了起来，整个北部边疆都有少数民族存在，西南也有越族存在。为了维持边疆的稳定与安全，秦始皇在边疆部署了一支庞大的边防军，如蒙恬统率的沿长城一线戍守的秦军至少有三十万；在五岭地区，秦军也有四十万到五十万的兵力布防。

第三为兵种。

秦朝时期的兵种已经相当齐备，主要有战车兵、步兵、骑兵、弓弩兵、水军等。

1. 战车兵

战车兵比较古老，在春秋时期是战争的主要力量，而步兵只是辅助兵种。战国时期，战争连年不断，军事谋略与技能也不断发展，战车兵逐渐退居二线，因为它不适合山地作战、长途奔袭，也很容易被伏击，因此渐渐成了辅助兵种，为步兵所取代。

2. 步兵

步兵是最古老的兵种，也是战国时期各国军队的主力，当时各国步兵人数加起来大约有百万之众。在秦王朝近百万的部队中，步兵占多数，在秦陵兵马俑中排兵布阵的多为步兵。秦朝有轻装步兵、重装步兵两种，前者只有简单的铠甲，作战时一般持远程兵器，充当先锋，冲乱敌军阵形；后者有严密而厚重的铠甲，处在军阵中的核心部位，是秦国步兵的主力。秦军步兵轻重结合，搭配使用，有力地提高了军队的战斗力。据《资治通鉴》记载，崤山以东的诸侯军队，披甲戴盔来会战，秦兵即使扔掉甲胄赤身裸体，也可以击败敌人，左手提着人头，右臂挟着俘虏。秦兵和山东诸侯相比，就好像勇士孟贲对付懦夫一般；再以重兵相压，就好像大力士乌获对付婴儿一般。可见秦朝步兵是相当强大的，它在秦始皇统一六国的过程中发挥着重要作用，而且在后来对匈奴作战和进军岭南时也是当之无愧的主力。

3. 骑兵

秦朝部队的建制中，骑兵也是重要的兵种之一，在历次战争中发挥了不可替代的作用。骑兵最早出现于草原游牧民族当中，春秋时期，中原各国开始设置骑兵。战国时期，骑兵成为各国军队中的重要组成部分。

秦国的骑兵编制是四人一组，三组为一列，八列为一个纵队，一个骑兵阵由一个纵队加一个阵首列组成，共一百零八骑。秦军号称百万之师，但其拥有的骑兵队伍不过几万而已。这不是因为骑兵的战斗力不行，骑兵的战斗力远在步兵之上，但骑兵最大的缺陷就在于坐骑——马。当时中原各国的经济大多以农业为主，并没有多少马匹，适合作战的就更少了，而且骑兵一旦遭受损失，重建周期也较长。此外，当时的骑兵装备也不完善，没有马镫，上下马不方便，加上当时马匹的繁育技术落后，骑兵始终未能成为秦军的主力。正是由于骑兵的这些缺陷，中原各国建立骑兵的成本远比步兵高，训练也更加困难，军马供应也不足，因此，战斗力更强的骑兵只能成为配合步兵作战的辅助兵种。

骑兵虽然不是主力，但仍然在战争中发挥着不可替代的作用，这是因为骑兵机动灵活，突袭能力比较强。尤其在后来秦军对匈奴的作战中，秦朝骑兵更是立下了汗马功劳。

4. 弓弩兵

在秦军中，弓弩兵的作用也不小。自远古时期，弓箭就是人类打猎和防御的工具；到了商代，弓箭开始大量出现在战场上。春秋战国时期，经过不断的改进，人们发明了弩。弩分为三种：一种是弩弓，特点是轻便，射程和命中率都比弓箭远和高；一种是连弩，可以连发或齐发；还有一种是弩车，就是将连弩装在战车上，在布阵时，几十辆弩车排成阵形，往往可以达到万箭齐发的效果，对敌人造成极大的震慑。在秦国，弓弩兵隶属于步兵，而且在数量上占据多数。换句话说，步兵是秦军的主力，而弓弩兵则是步兵的主力。到战国时，由于弩的不断改进，显示出比弓更大的优势，弩兵渐渐成为一个独立兵种，取代了弓箭兵的地位。

在秦陵兵马俑一号坑内庞大的步兵阵中，弩兵数量最多，和其他兵种混杂在一起；在二号坑内，弩兵成了独立部队，独立摆阵，说明弩兵战法已经发展到了新的阶段，可以独立迎敌了。在整个兵马俑出土的兵器装备之中，弓弩和箭镞是数量最多的，这充分说明弓弩兵在秦军中的重要地位。

在步兵冲击敌人阵形前、骑兵突击前、包围战中以及敌人溃散后，弓弩兵都要进行一番铺天盖地的射击，从气势上彻底压垮敌人。长平之战时，赵军主将赵括就是被秦军弩兵射杀的。完成统一后，秦军对匈奴和百越作战，弩兵都是主力之一。俗话说："一寸长一寸强。"与其他兵种相比，弩兵具有远距离作战的优势，所以它在冷兵器时代一直是军队的重要组成部分。

5. 水兵

秦国建国时地处西北，离河、湖、海都较远，不需要水师。但进入战国后，随着疆域的不断扩大，尤其是司马错率军拿下巴蜀后，秦国开始大力建设水师，水师在后来的灭楚战争中发挥了巨大的作用。秦统一后，对楚国的水师进行了整编，这支新的水师被称为楼船之士。从此，大秦水师开始在战争中发挥其优势，平百越、征西南，作出了杰出的贡献。后来秦始皇求仙问药，多次派人出海寻仙，他自己也曾亲自出海，这些都要依靠水师来完成。

第四是兵役制度。

战国时期，各诸侯国普遍采用义务兵役制，秦国也不例外。秦法规定，户口登记时除记录一家人的姓名外，还要记录该家庭中男子的年龄。男子成年后，还必须注册另一种名籍——傅籍。傅籍记载的是成年男子的信息，为征兵服务。秦朝时，成年的标准大概是 16 岁，到 56

岁时才可以免除兵役。但到战争时期，这一规定就形同虚设了，因为战争需要更多的兵力，比如长平之战后期，秦昭襄王征发大批15岁的少年上前线作战。统一战争后期，随着战线的拉长，秦国的军队数量常常保持在百万以上，以当时秦国人口约五百万来推断，男子服兵役的年龄和年限都必然会超出法律规定。

第五是军事制度。

秦国向来以法家思想治国，国家的方方面面都离不开法律，包括军事。在频繁的战争中，秦国建立起了一整套从征兵训练、兵器制造到战场奖惩、后勤保障的军事法律制度。

《秦律》明确规定："为器同物者，其大小、短长、广袤亦必等。"意思是说，秦人在武器生产方面采用标准化的作业方法。标准化是现代大工业的基础，直到20世纪，标准化思想才被汽车大王福特运用到经济生产领域，从而创造了福特汽车的奇迹。秦人采用标准化作业，可见其在制造兵器方面已经相当先进。据史料记载，秦陵兵马俑中的兵器大多数是按照标准化的生产模式制造出来的。它们大小相同，即使不是出自同一模具，误差也极小。如出土的青铜弩机中，不同弩机上的同一部件可以互换，这就使秦国兵器的生产效率和使用效率都远超其他国家。

秦国的兵器生产部门还采取了一定的奖罚措施，"物勒工名，以考其诚"，以此保证兵器的质量。所有兵器都要刻上制作者的姓名、年代、制作机构以及督造者的姓名。这样一来，工匠在制造兵器时就必须尽心尽力，以确保自己不会受到惩罚，这也就保证了秦军可以得到高质量的兵器。当时秦军配备的青铜兵器是列国中最锋利和最坚固耐用的，有力地保证了士兵的战斗力。

秦军还设立了一套比较完整的保障制度。尤其是在战国后期，战争规模不断扩大，动辄出动几十万军队，而且秦军多是境外作战，没有优良的后勤保障机制，根本不可能完成军事任务。

在出土的秦简中记载了这样一件事：一位对楚作战的士兵写信给家人，希望家人寄点钱来供他购买衣服。考古学家推断，秦军当时的后勤保障，包括对粮食、兵器和铠甲等物品的供给，但可能没有统一的军服。在对楚作战时，秦军动用了六十万大军，以每人每月消耗40斤粮食计算，六十万秦军在两年内消耗的粮食数量近30万吨。考虑到当时的粮食生产能力，这无疑是一个巨大的数字。如果再考虑到运输中的损耗，这个数字就更加惊人了，即使考虑到秦军以战养战的策略，这个数字也不会减少太多。如果没有完备的后勤保障机制，怎么可能提供如此庞大的后勤保障？可以说，秦人创造了一个奇迹。

自商鞅变法后，一向崇尚武力的秦人就建立了一套完整的军事法规，秦国的军事法规可以用四个字来概括，即"重赏重罚"。秦国建国没多久就实行了军功爵制度，商鞅在变法中又将这一制度进一步完善，使之成为秦军主要的奖励措施。

秦国刚开始实行十八级军功爵制度，从低到高依次为：公士、上造、簪袅、不更、大夫、官大夫、公大夫、公乘、五大夫、左庶长、右庶长、左更、中更、右更、少上造、大上造、驷车庶长、大庶长。后来实行的是20级军功爵，增加了关内侯、彻侯两个爵位。

在奖励办法上，商鞅变法规定：将卒在战争中斩敌首一个，授爵一级，可为五十石之官；斩敌首两个，授爵二级，可为百石之官。杀敌越多，爵位就越高，即便是秦国的宗室也不例外。没有军功，即使是宗室贵族也不得授爵位，所以在秦国，没有立下军功的宗室往往会受到歧视，而且不能列入宗族的簿籍，也不能拥有任何爵位。

秦法还规定，士兵若斩获敌人"甲士"①的一个首级，不仅可以获得一级爵位，还能得到田一顷、宅一处和仆人一个。如果士兵在战场上能斩获两个敌甲士的首级，如果他的父母是囚犯，就可以被释放；如果他的妻子是奴隶，也可以转为平民。如果士兵能杀死五个甲士，不仅能

---

① 甲士：军官。

够获得相应的爵位，还可以获得五个仆人。

据史料记载，在秦国，士兵的爵位不同，获得的待遇也不同，通常是按爵位的高低来分配优劣不等的饭菜。三级爵位的士兵，军粮包括精米一斗、酱半升、菜羹一盘，而二级爵位的只能吃粗米。由此可以推测，那些没有获得爵位的普通士兵很可能只能勉强填饱肚子。

古人云："一人得道，鸡犬升天。"这句话在秦代的军功爵中也得到了很好的体现。秦人一向重视血统，所以秦法规定军功爵可以传给儿子。一家只要有一人获得军功，全家都可以受益。当爵位升到五大夫时，就可以食三百户的租税；如果军功卓著，可食六百户。

总的来说，秦代的赏赐力度是相当大的，这就是秦法中的"重赏"。即使是奴隶也可以获得爵位，从而改善自己的处境。这样的规定在其他诸侯国是没有的。如此大的赏赐力度大大调动了士兵的参战积极性，也调动了百姓参军的积极性。据说秦军当时形成了一股"闻战则喜"的热潮。

秦代不仅实行"重赏"，还实行"重罚"。如果违反军纪，将受到相当严厉的惩罚。

秦法规定，16岁以上的男子都要服兵役，以此保证士兵的数量。如果有人在年龄上弄虚作假，一经查出，就要受到"赀二甲"的处罚。秦简中"赀甲"和"赀盾"经常出现，"赀"，在这里是"罚"的意思，罪小了是罚盾，罪大了是罚甲，盾是防护兵器，甲是铠甲，甲和盾在当时造价都比较高，无论被罚甲还是罚盾，都是相当严厉的处罚，尤其"赀二甲"更是如此。对于知情不报的地方官，也要给予赀一甲的处罚；同伍的人连坐，也要赀一盾。一户中如果有两人被征发服役，主管官员会被赀二甲。地方官如果包庇子弟，也要被罚二甲。

秦法对士兵的质量也做出了相应的规定：步兵、骑兵等各个兵种第一年在郡县服役时，要进行集中、系统的训练，训练的内容是射箭、骑马、搏斗、驾车和使用弩机等。在最后的考核中，如果发弩不中靶、驾车不合格，主管训练的官吏会受到处罚。这就从源头上保证了秦军的作战能力。

在确保了士兵的数量和质量的前提下，秦国还制定了相当严格的战时法规，若有人违反作战法令，将受到严厉的制裁，不管他是将军还是士兵。将领受到制裁的例子在史书上有不少记载，比如当年平定长安君之乱后，不仅处死了叛军将士，甚至连当地百姓也被处以流放之刑；樊於期作战失败后，畏罪逃往燕国，在秦国的宗族被杀戮殆尽，秦始皇还下令以"金千斤、邑万家"悬赏樊於期的首级。

对于投敌卖国，或是指挥不利导致战场失败的将领，判处死刑或通缉都在情理之中。但是，秦代对那些奉行"将在外，君命有所不受"的将军的惩罚则过于严厉，一代战神白起便是个典型的例子。

白起是秦昭襄王时秦军最杰出的将领，他战必胜、攻必取，攻破楚国都城郢，率领秦军取得长平之战的胜利，战功卓著，但如此盖世高功也没能挽救他的性命。

邯郸之战初，白起生病，不能走动。于是，秦昭襄王派王陵攻邯郸，王陵久攻不下，秦昭襄王增兵支援，结果王陵损失五名校尉，秦军大败。白起病愈后，秦昭襄王打算派白起再攻邯郸，但是，白起分析认为已经失去取胜的最佳时机，此时攻打邯郸，必会招致失败。他一再向秦昭襄王解释，但是秦昭襄王根本不听，一再派人催请，白起始终称病不出。

秦昭襄王无奈，只得派王龁为大将，再次围攻邯郸。结果，魏公子信陵君和楚国春申君率兵救赵，秦军大败。白起听到秦军战败的消息后，私下说："当初秦王不纳我忠言，现在如何？"秦昭襄王闻知大怒，强令白起出兵，白起仍旧称病不出。秦昭襄王便免去白起的所有职务，降为士兵，令他迁往阴密（今甘肃平凉）。当时白起确实疾病缠身，因而一直没有出发。

接连三个月，信陵君率领联军不断进攻秦国，打得秦军一退再退。这让秦昭襄王更为愤怒，于是派人遣送白起离开咸阳。白起走到杜邮时，秦昭襄王与范雎等人商议，认为白起被贬出咸阳后，心中必有怨气，不如处死。

于是，秦昭襄王赐白起宝剑，令他自裁。白起长叹道："我固当死。长平之战，赵卒降者数十万人，我诈而尽阬之，是足以死。"言毕挥剑自刎。

一代战神就这样被逼身死，着实令人惋惜。这件事充分证明了秦法的严苛与残酷。不过在当时连年征战、杀伐不休的背景下，正是这套严苛的军法造就了秦军严明的军纪和强悍的战斗力。

除上述诸项外，秦法还对保护战争机密、以军功爵抵罪、私买私卖军粮等做了详细的规定。正是在这套完整而严密的军事法规的保障下，秦军才创造了一个又一个战争奇迹。荀子在谈到秦国的这套制度时说，秦军之所以能够取胜，"非幸也，数也。"韩非曾根据自己在秦国的见闻写下《初见秦》，认为秦军士卒的非凡和勇敢令人钦佩，这要归功于秦国赏罚分明的制度。

秦国这套制度虽然具有极其显著的优越性，但它毕竟是应战争而制定的，其适用性有着时空的局限。秦始皇统一六国后，并没有对这套战争时期的制度进行大的改进与完善，其弊端便明显地暴露出来。这也表明秦始皇最终没能带领大秦完成由战争状态向和平状态的完美转变，从而为秦王朝短命而亡埋下了伏笔。秦二世元年（公元前209年），在一个风雨交加的夜晚，九百名去渔阳戍边的壮丁因为大雨而耽误了行期，按照秦法，"失期当斩"，这九百人被逼上了绝路。"今亡亦死，举大计亦死，等死，死国可乎？"最终，他们选择了"死国"。在陈胜、吴广的率领下，九百人揭竿而起，各地反秦势力立即响应，起义的星星之火迅速燃成燎原之势，将秦王朝推向覆灭的边缘。

七、制定《秦律》

统一六国后，鉴于天下初定，人心还未宾服的现实，秦始皇决定将法家思想作为治国方针，以严刑峻法治天下。他要制定一套律法，以维护国家秩序，保持社会安定。也就在这时，李斯建议说："如今天下刚刚平定，六国的人心尚未归附，各国的律法各不相同。为了使帝国秩序整齐划一，应该重新厘定法律、修订法典，使法度一统，从而使万民有可遵循的统一标准，这样天下就好治理了。"

秦始皇采纳了李斯的建议，决心厉行法制，将六国与秦不同的法律全部废除，命李斯主持重新修订律令典章，制定《秦律》，颁行全国。

秦始皇之所以让李斯主持制定《秦律》，一是因为李斯主张法家学说，二是因为李斯担任过秦国最高司法官廷尉一职，对法律非常精通。

《秦律》的基本内容来源于战国初期魏国李悝变法制定的《法经》，商鞅变法时将《法经》的六法改为六律；秦统一天下后，李斯在原来六律的基础上又做了补充修订，制定了新的《秦律》。

《秦律》的正式文本早已遗失，长期以来，人们本着汉承秦制的想法，结合零星的记载，用汉律来推断《秦律》的内容。但汉代普遍认为秦是"暴秦"，因此，汉人对秦的记载难免言过其实，不能准确反映《秦律》的原貌。

直到20世纪70年代中期，云梦秦简的出土才揭开了《秦律》的神秘面纱。这批秦简记录了大量秦代的法律文书，从中可以看出秦代法律的主要形式有律、令、法律问答、式、廷行事①等多种。它以刑法为核心，包括民法、行政法、诉讼法、经济法、军法等十多个法律门类，涵盖官吏任免、军事、经济、司法、社会治安、徭役戍边等国家生活的各个层面，并且每项法律都有具体而详尽的实施办法，使各行各业"皆有法式"。

《秦律》的主要目的是保护封建经济基础，保护官僚地主特权，维护专制主义中央集权的封建国家。但是，它和任何法律一样，其基本作用是维护社会秩序。例如，《秦律》中有这样的规定："五人共同行盗，赃物在一钱以上，断去左足，并黥为城旦②。"还规定偷摘别人的桑叶，

---

① 廷行事：秦代的主要法律形式之一。"廷行事"即判案成例，在秦朝时把司法机关的判例作为司法实践中除律文之外可资援引的审判依据。在律文无相关规定时，可作为司法实践中同类案件判决的依据。

② 城旦：秦汉时的一种刑罚名。秦为服四年兵役，汉为刑期五年，夜里筑长城，白天防敌寇（站岗）。

赃值不到一钱，罚服徭役三十天。这些规定反映了《秦律》维护社会秩序、维护基本的社会道德和社会正义的作用。

《秦律》中还有一些条文，是为维护专制统治而存在的。例如，秦始皇颁布的焚书令，就是为维护文化专制而颁布的。此外，《秦律》是由统治阶级颁布的，自然要维护统治阶级自身的利益，因此，《秦律》中对于逃避赋税、徭役等义务的人，规定了相当严厉的处罚措施。

除了维护统治这一鲜明的特点外，《秦律》还有两大特点：一是维护等级制度，二是轻罪重罚。

先秦诸子百家中，法家坚定地站在新兴地主阶级的立场上说话，并坚决反对奴隶制度。早期为反对奴隶制的等级制度，法家曾喊出"不别亲疏，不殊贵贱，一断于法"的著名口号。这一口号有利于新兴地主阶级夺权，加速了奴隶制度的覆灭，有很大的进步意义。

进入战国时代后，新兴地主阶级夺权成功，封建制取代了旧的奴隶制。此时法家成为新兴地主阶级的宠儿，他们不再反对等级制度，转而维护封建的等级制度。以历史的眼光来看，他们反对奴隶等级制度的目的，就是建立起新的封建等级制度，这是顺应时代要求的。

《秦律》中有许多条文是为维护等级制度而设立的。例如，二十级的军功爵制度不仅规定了授爵的条件，还规定了各爵位的地位尊卑，不同的爵位会有不同的田宅、奴仆和相应的服饰。

《秦律》还明确规定，王室贵族及有爵位者受特权保护，有罪可以以爵位相抵，这实际上就是明确了法律面前人人不平等的原则。"男子赐爵，一级以上，有罪以减"，而且，有爵位的官员一般不编入"什伍"，也可以免除连坐，一般百姓则无法享受这一待遇。

《秦律》甚至规定，不同等级的人，即使犯罪后服劳役，待遇也是不同的。高级官员的子弟犯罪后如果需要服劳役，只需在官府做一般的杂役即可，还可以找人代服劳役。公士及庶人在服某些刑罚期间，可以不穿囚服，不戴刑具，但下级官吏和贫苦百姓则必须穿囚服、戴刑具。

不过，《秦律》还规定罪犯可以以钱赎刑，比如被判处死刑、黥刑的人，可以拿钱财来赎买，使自己减少或免于刑罚。然而，从表面上看人人平等，任何人都可以这样做，但是贫苦百姓根本没有赎刑的经济能力。官僚、贵族等上层人物犯罪后，大多可以减少甚至避免处罚，一般百姓就只能生活在"各尽其刑"的恐慌之中。

秦法的另一个特点是轻罪重罚，而且刑罚极其残酷，其种类大致如下：

死刑，分为戮刑、磔刑、弃市、腰斩、枭首、具五刑①、族刑②等多种，执行方式极为残酷。

肉刑，包括黥、劓、斩左趾、宫、笞等。

徒刑，是一种限制罪犯人身自由并强制其服劳役的刑罚。秦朝的徒刑有城旦舂③、鬼薪白粲④、隶臣妾⑤、司寇⑥、候。

耻辱刑，包括髡刑⑦、耐刑⑧或完刑⑨，常作为附加刑使用。

身份刑，包括收刑、废刑。收刑是将一般平民籍没为官奴婢，废刑是剥夺为官吏资格的刑罚。

由上可知，秦朝的刑罚相当野蛮、残酷，而且法律过于严苛，百姓稍不注意就会触犯法律。据记载，秦代的囚徒大约有百万之众，在全国

---

① 具五刑：秦汉时期的一种酷刑，即对一个囚犯先后施用五刑，是一种极端残忍的肉刑与死刑并用的刑罚。

② 族刑：中国古代各类株连形式中最严厉的一种，它把犯罪人和一定范围内的亲属都看作是罪犯，分别称为"正犯"和"缘坐犯"，一并追究刑事责任。

③ 城旦舂：城旦是针对男犯人的刑罚，其意思是"治城"，即筑城，后也有守城的工作；舂是针对女犯人的刑罚，其意思是"治米"，即舂米。

④ 鬼薪白粲：一种男犯上山砍柴、女犯择米的徒刑。鬼薪，指男犯要为祭祀鬼神而去上山砍柴；白粲，即女犯要为祭祀鬼神择米做饭。

⑤ 隶臣妾：秦汉徒刑的一种，指罚为官府服役。男者为隶臣，女者为隶妾。秦时刑期往往为终身服役，但允许以钱或战功、耕作、劳动而赎免。至汉文帝除肉刑时，才对隶臣妾定有刑期。

⑥ 司寇：即伺寇，意为伺察寇盗。

⑦ 髡刑：中国上古五刑之一，是一种将人的头发全部或部分剃掉的刑罚，主要流行于中国古代夏商周到东汉。

⑧ 耐刑：即强制剃除鬓毛胡须而保留头发，大多单独使用，用于一些较轻的罪行。

⑨ 完刑：古代一种剃去鬓须的刑罚。对于完刑的解释，大致有两种观点：一种认为耐刑就是完刑，是剃去鬓须而保留头发；另一种则认为完刑是剃光头发和鬓须。

人口中占据着相当高的比重。不过,秦朝处于封建社会初期,中国的封建法制化进程才刚刚起步,难免会有诸多缺陷,不可过于苛责。

秦朝的法律事务由一系列的机构负责处理,皇帝作为最高决策者,不仅要主持修订各类法律法规,还常常要发布诏书,修改和补充法律条文。

在秦代,各类案件通常由各级司法机关处理,一些涉及王室或政治问题的大案要案则由皇帝亲自审理。比如当年的嫪毐案、吕不韦案,都是秦始皇亲自审理的。

在秦代,三公也负有司法责任。丞相有弹劾百官的权力,御史大夫有考查、监督和弹劾之权,太尉在军事领域有一定的司法权力。但秦朝的最高司法机构由廷尉等人组成,最高长官为廷尉,位列九卿。廷尉责任重大,要处理全国范围内的法律事务,上对皇帝负责,下统各级地方司法机关。廷尉之下是各个郡的郡守,当时的郡守兼有司法职务,是地方司法最高的领导者。郡守上承皇帝或廷尉,下启县令,起着承上启下的作用,是秦朝司法中最核心的环节,大多数案件到郡一级就能处理完毕。在郡中,本地的各类司法事务由大量的郡丞、功曹等辅佐郡守进行审理。

郡守以下是县令,县级的司法设置类似于郡,也起着桥梁作用。县令也有一批属官帮助自己处理司法事务。县级以下的乡、亭等,也都有一定的司法职责,如刘邦任亭长时就曾押运过犯人。由此可见秦朝的司法体系相当完善,是一套从皇帝、廷尉经郡县长官直达地方的垂直管理系统,办事效率较高。

秦朝的法律甚为详细,甚至对案件的具体审理也有规定。比如,《秦律》规定,诉讼可以由当事人发起,这种方式称为"劾"。但一般情况下,诉讼是由基层小吏代理,将情况上报县官,这种方式称为公诉。此外,官府还规定了案件的受理范围。比如,被贼人所伤、被他人盗窃等案件属于"公室告"①,而那些儿子偷家里财产、父母伤儿女或

---

① 公室告:秦朝的诉讼形式之一,指控告主体对其家庭之外的人所犯的杀伤人、偷窃财物之类行为所提出的控告。对于这类案件,官府必须受理。

家中奴婢等案件属于"非公室告"①。官府只受理公室告。

为了确保案件的审理能反映实情，《秦律》规定，获取犯人的口供时，最好不要对犯人动刑，而要智取，这样获得的口供才具有较高的真实性。同时，秦人也非常重视对案发现场的勘查与研究，执法官常常亲临现场，记录案件的详情和现场情况。从现存的秦简看，当时的记录还是很详细的，包括受害人的服饰、外貌特征、受伤部位，作案人的残留物品以及周围人的旁证等。

如果被告对判决不服，可由本人或其他人提出复审。此时，官府必须对案件进行重新审理和判决。一般情况下，秦朝实行三审终结制，也就是只有两次复审机会，此后不得再次申诉。

《秦律》中最为著名的当数极其严苛的连坐制度，而且连坐覆盖面比较大，不仅适用于百姓，一般官员也会受到百姓的监督，成为连坐的对象。低级官员也要相互监督。这样，《秦律》就起到了鼓励和强迫他人检举揭发的作用，那些隐瞒不报的人会受到和犯罪者一样的处罚。多数情况下，执法者严格遵守法令来判案，"事皆决于法。"秦始皇一生从未大赦天下，因此秦朝的囚徒数量惊人，所以才有"天下苦秦久矣"的说法。

在秦代的司法系统中，从廷尉到亭长，各级各部门职责不同，分工较为明确。基层的亭长、啬夫等，有权处理一般民事案件和刑事案件，负责抓捕犯人并向上级移交，但没有审判权，只能进行民事调解及最基本的处罚。从县级开始，各级司法部门开始有了审判权，县令有审判权，从一般的刑罚到死刑，县令都可以判决。但死刑案件必须上报郡里，郡里批复后再上报廷尉，经廷尉同意后才可执行。县里的重大案件和死刑案件，一般由县令负责办理，力求公平公正。郡守和县令的司法权力相仿，在判处死刑后也要上报，经廷尉批复后方可执行。郡中如有

---

① 非公室告：秦朝的诉讼形式之一，指控告主体对其家庭内部的犯罪行为向官府提出控告。对于这类案件，官府不予受理，如果控告人坚持控告，还要追究控告者的刑事责任。

重大案件，如杀人越货等，郡守从追捕到最后判决应全程负责，并上报廷尉。

这种三级审理制度和允许上诉的制度，在一定程度上保证了司法的公正性和量刑的合理性。这种做法被后来的历代王朝所模仿，奠定了我国司法审判制度的基础。

八、同文、同轨、统一货币和度量衡

秦始皇统一六国之前，中国长期处于分裂割据状态，各诸侯国形成了自己的文化，正如《说文解字》中所说："田畴异亩，车涂异轨，律令异法，衣冠异制，言语异声，文字异形。"毋庸置疑，社会生活的诸多不统一对已经统一的政治集权极为不利，因此，秦始皇除了制定《秦律》、统一法律外，还在文字、交通、经济等诸多方面制定了统一措施。

首先是统一文字。

中国文字历史悠久，经历了漫长的演化与发展过程。在商代和西周时期，中国的文字虽然笔画比较复杂，但还是统一的。后来由于各诸侯国长期分裂割据，各国之间甚至一个诸侯国内部的文字在使用时出现了变异，使同一个字有了不同的写法，最终形成了"文字异形"的局面。战国时期，齐国的文化最为发达，有稷下学宫等文化中心，当时齐国使用的文字较为简洁，被称为蝌蚪文，又叫古文；其他各国的文字都比较复杂。

秦始皇统一六国后，文字的混乱给统治带来了诸多不便，严重阻碍了文化的交流；书写上的不统一，也成了书面交流的最大障碍，阻碍了秦始皇所发政令的贯彻执行；政令得不到贯彻执行，统治就难以巩固、坚守。

秦始皇二十六年（公元前221年），秦始皇下令李斯等人着手进行统一文字的工作，即"书同文"。李斯本着便于推广的原则，尽量使新文字笔画简洁，字体尽量美观。最终，李斯取周代大篆和齐国蝌蚪文之长，创造出了秦篆这种全新的字体。字体的创造工作完成后，李斯又着手进行了艰难的普及工作。他亲自写下《仓颉篇》，赵高和胡毋敬①也分别写了《爱历篇》和《博学篇》，这三篇文章都由小篆写成，秦始皇下令将这三篇文章发布全国，作为孩童识字的标准课本。遗憾的是，这三篇文章全部失传，不过，从李斯所写的琅琊石刻上的字来看，小篆非常漂亮，就像画画一样。

小篆并不是一种新创造的文字，而是从秦国大篆演化而来的，秦国在统一六国之前就在使用。与大篆相比，小篆更加整齐和定型化，线条也更加简单、均匀，写起来更加容易。而当时六国文字普遍比大篆还难辨认、书写，所以小篆成了秦文字的首选。

后来秦始皇五次出巡，在名山大川留下了不少碑刻，也都是用小篆刻成。可以说，秦始皇和李斯为普及小篆花了不少力气。只是还没来得及完成普及，另一种更为简洁、笔画更少的方形字体——隶书就诞生了。

隶书比小篆更加简单，在秦始皇统一六国之前就在秦国国内流行使用，据说这种文字是程邈②在狱中整理的。程邈本是一名狱吏，后来因为犯罪被关押了十几年。他在狱中对小篆进行改进，去繁就简，变圆为方，改曲为直，改进后的文字更便于书写。由于程邈是个小官吏，当时被称为"隶人"，所以他的书法被称为"隶书"，也叫"佐书"。开始时，隶书和小篆并没有太大的区别，它只是一种比较草率和不规范的小篆。二者的不同之处在于，小篆笔画复杂，但写出来华美、漂亮、整齐；隶书笔画简洁，把小篆的圆转笔画改成方折，书写效果略微宽扁，讲究"蚕头燕尾"。

秦始皇看到程邈改进的文字后，也觉得原来的小篆不够简洁，因此倾向于推行隶书，但不久他便驾崩，秦朝也很快灭亡。汉朝建立后，隶

---

① 胡毋敬：又作胡母敬，姓胡毋，秦朝著名书法家，担任太史令。
② 程邈：字元岑，内史下邽（今陕西渭南北）人。秦代书法家，相传他首先将篆书改革为隶书。蔡邕称其"删古立隶文"。

书成为主要书体，后来在马王堆汉墓出土的文物及在西北发现的汉简上，书写的字体都是隶书。

不管怎样，秦始皇的"书同文"是我国历史上第一次规模宏大、成效卓著的文字规范化工作。文字的统一有利于各地区之间思想文化的交流和发展，有助于形成中华民族统一的心理状态和文化，增强中华民族的凝聚力。尽管秦始皇统一文字的主观动机是为了加强统治，便于政令执行，但从客观上讲，他的确为中国文化和文字的发展作出了巨大的贡献，对此后中国的政治、思想甚至经济都产生了重大影响。

其次是统一车轨。

文化、文字是一种软实力，文化统一是一种较为根本的治理措施，但是它的效益毕竟着眼于长远的未来，秦始皇刚刚完成江山统一，社会秩序还不安稳，出于眼前利益考虑，他在采取长远的文化统一措施的同时，下令"车同轨"，并修筑连接全国各地的统一宽度的道路，以便秦军能及时到达各个地方，镇压反秦势力。

"轨"是指车子两轮之间的距离，"车同轨"就是统一车轮的间距。战国时期各国的车轨距离并不统一，秦始皇颁布法令，规定两轮之间的距离以六尺为度，这就使全国的车辆在车宽上达成一致，有利于车辆在驰道上行驶。

车轨统一后，驰道的修建也有了统一标准，秦始皇下令修建了很多道路，以咸阳为中心、遍及山东六国的多条驰道，以及联系边境地区的直道、五尺道、新道，构成了一个四通八达的交通网，极大地便利了秦国的交通发展。

第三是统一货币。

为了建立与政治统一相匹配的经济体系，秦始皇认为必须在货币政策上实现统一。战国时期，各国的货币非常复杂，形状、大小、轻重各不相同，计算单位也不一致，而且各国都有很多铸造货币的地点，这就使得币制更加不统一。当时各国通行的货币主要有四种形态：

（1）布币，形状似铲，也称铲布，主要流通于三晋，即韩、赵、魏三国。形状像农具中的镈，是从镈这种农具在商品交换中演化而来的。布币的种类很多，有形式比较原始的古布，方肩、圆足、圆跨的布，以及圆肩、方足、圆跨的布等。

（2）刀币，主要流通于齐、燕、赵三国。形状像刀、削，是从刀、削这些工具在商品交换中演化而来的，有形状比较原始的古刀、较大的尖头刀、形状较小的方头或圆头刀。

（3）圆钱，主要流通于秦、西周、东周、赵、魏沿河（靠近秦国）等地，有圆孔和方孔的区别，方孔出现较晚。

（4）郢爰①与铜贝，仅通行于楚国，形状像海贝。

货币的不统一使秦始皇深深地感到，就算政治统一了，如果不能掌握经济，还是不能有效地统治全国，加上战国中后期若干个经济区的出现，使得货币统一逐渐提到了日程上。

秦始皇二十六年（公元前221年），秦始皇下达命令："以秦币同天下之币"，并让李斯全权负责此事。货币统一的主要措施如下：

第一，废除各国发行的旧货币，在全国范围内推行黄金和铜钱两种货币。

各国曾经作为货币使用的布帛等物品不再具有货币价值，银、珠宝等物品可作为收藏物品，其价值不变，但必须退出流通领域，不得作为货币使用。为了进一步规范新货币的流通，秦始皇还颁布了《金布律》，这是我国最早的关于货币金融的法规。

第二，规定货币的单位和兑换率。

秦朝统一货币后，规定黄金和铜钱是唯一流通的货币。黄金以镒为单位，一镒为二十四两，也有一种说法认为一镒是二十两。铜钱则以半两为单位，每枚铜钱的重量都是半两，上面铸有"半两"二字。布帛被排除在法定货币之外，不过，在实际生活中，秦人仍广泛使用布帛来

---

① 郢爰：古代黄金货币，是楚国的一种称量货币，也是我国最早的原始黄金铸币。"郢"为楚都城名，"爰"为货币重量单位，其含金量在90%以上，质量上好的可达到99%。使用时，根据需要将金版或金饼切割成零星小块，然后通过特定的等臂天平称量使用。

交换物品，秦朝的《金布律》规定了铜钱和布帛之间的兑换比率，十一个半两可兑换一块长八尺、宽二尺五的布。

此外，秦朝还规定了秦半两的形制，秦半两仿照周代的圆形方孔钱制作。

秦半两在全国的流通，结束了中国古代货币形状各异、重量各异的混乱状态，是中国货币史上的一次重大突破。此后，"方孔钱"成为历代王朝货币的基本形制，因其造型设计较为合理、携带起来较为方便，所以一直使用到清朝末年。

第三，将货币制造权收归国家，以国家信誉保证货币的流通。

秦律规定，货币的铸造权属于国家，私人铸造货币是违法的。湖北云梦出土的秦简中，就记载了非法铸造货币的人被抄家、铸造模具被没收的案例。

《金布律》规定，凡是国家铸造的货币，无论成色好坏，都是法定货币，可以正常流通，在使用中禁止对货币进行挑拣。如果拒绝使用新铸货币，将触犯刑律，包庇者也会受到连带处罚。

总的来说，秦始皇统一货币的措施是非常成功的，这主要是因为改革后的货币更加实用，易于携带，"内方"便于穿串，"外圆"不易磨损，而且"内方外圆"的圆形货币与中国古代"天圆地方"的哲学思想相吻合，所以秦国的货币形制一直沿用了两千多年。

货币统一使战国币制的混乱局面得到了有效控制与规范，结束了全国各地区之间在币制上的严重不统一状态，减少了货币流通中不必要的换算，有利于商品交换和经济交流。

第四是统一度量衡。

度量衡即三种量具：度用来量长度，量用来量容积，衡用来量重量。

秦统一之前，中国的度量衡和货币、文字一样，都是各个诸侯国自己制定标准，各不相同，但随着交往的密切，到战国末期，各诸侯国的度量衡制开始趋向一致。

在度制上，战国时期各国基本一致，即使有差别，也十分微小。当时周王室的一尺等于现在的23.1厘米,秦和楚的一尺等于现在的23厘米,相差并不大。

当时各国的换算标准也都一样:一丈等于十尺,一尺等于十寸,一寸等于十分,当时的一分相当于现在的0.231厘米。可见战国时期各国在度制上基本一致,沿用了周制。

而在量制上,各国差异较大。当时粮食是按容积计算的,而不是按重量。因此,在度量衡三制中,量制是最为重要的制度。

当时,秦、赵、东周和西周等都有斛、斗、升三个基本的量制单位。文化和经济较为发达的齐国,在量制上与他国不同。在齐国,升以上是豆、区、釜、钟四个等级,而且前三个等级采用四进制,从釜到钟又变成了十进制。齐国这套独特的计量单位是为了方便本国的税收。齐国作为大国,有一定的影响力,因此郑国和鲁国也采用和齐国一样的量制,也有"钟"这一类的计量单位。

各国在量制上有一个共同的特点,那就是都把升作为最小的计量单位。但从斗开始,各国的量制就不同了。秦国的一升相当于现在的200毫升,但在赵国一升等于175毫升,在楚国一升等于225毫升,在韩国一升等于169毫升,魏国则差异更大。因此,虽然许多国家都有斗、斛、升这三个计量单位,但换算方式并不一致,而且差异很大。这就阻碍了各地区之间的交流,不利于相互认同和国家统一,也给国家税收造成了一定麻烦。

在衡制上,从出土的文物看,还不能说各国之间有差别,经过对出土文物的测定,楚国和赵国的一斤等于250克,一两等于15.6克;秦国的一斤等于253克,一两等于15.8克。如果考虑到误差和实际情况,换算一般采用整数,因此,各国的换算应当是统一的,当时没有"克"这一单位,都是一斤等于十六两,一两等于二十四铢。

当时的赵、秦等国,在衡制上均是一石等于四钧,一钧等于三十斤,一斤等于十六两,一两等于二十四铢。

可见,各国在衡制上是没有差异的。

秦王朝建立后，大力推行大一统政策的李斯，在向秦始皇建议实行统一律法和统一文字后，建议废除六国旧制，统一度量衡，并得到了允许。

于是，在李斯的主持下，秦朝开始了度量衡改革。在度制上，李斯以寸、尺、丈、引为单位，采用十进制。也就是说，在度制上，李斯并没有做过多改变，依旧沿用旧制，但因为统一后的秦王朝需要更大的长度单位，因此，李斯设了一个新的长度单位"引"，并规定：一引等于十丈，一丈等于十尺，以此类推。在量制上，李斯以合、升、斗、桶为基本单位，也采用十进制。在衡制上，以铢、两、斤、钧、石为单位，规定：一石等于四钧，一钧等于三十斤，一斤等于十六两，一两等于二十四铢。

新的度量衡标准制定出来后，李斯又采取了一系列措施来保证新的度量衡制度的实施。

在秦始皇的授意下，朝廷制造了一批标准量器，然后发往全国各地，作为新的度量衡制度的标准。考古发现的"始皇方升"就是秦始皇统一量制的标准量具，其容量为标准的一升，即现在的200毫升。此外，考古工作者还在关中地区秦朝故地发现了"高奴乐石铜权"等标准量器，在山东、江苏等地也有秦代的标准量器出土，这表明秦朝统一度量衡的工作十分有效，已经推行到了各个地方。

此外，为了规范新制，秦始皇还立法杜绝私造度量衡器。春秋战国时期有大量的"私量"存在。私量又叫家量，是大家族私自制造的一种量具，目的是盘剥百姓。他们常常以小斗出贷，大斗收回，加倍盘剥百姓。齐国的田氏为了夺取政权，反其道而行之，以大斗出贷，小斗收回，即在向外贷出粮食时用大容积的家量，收租时却用公量，以此收买人心，最终顺利地夺取了齐国政权。秦始皇立法杜绝私造度量衡器，既有利于减轻百姓负担，缓和矛盾，也有利于防止地方势力借此收买人心与朝廷对抗，为新度量衡制度的施行提供稳定的社会环境。

秦始皇还以法律形式保证统一的度量衡标准。云梦秦简《效律》规定："衡石不正，十六两以上，赀（罚没）官啬夫一甲；不盈十六两到八两,赀(罚设)一盾。"其他如桶不正、斗不正、升不正、斤不正等,凡误差超过一定限度,都要受到法律的惩罚。

秦始皇统一度量衡的做法,既巩固了秦朝的统一,促进了经济的发展,便利了各地的交流,也为朝廷征收赋税提供了便利。两千多年过去了,这种计量方法基本没有变化。

九、改革土地制度

在经济领域,除了统一货币、统一度量衡,秦始皇在土地制度改革方面也颇有作为。

秦始皇三十一年(公元前216年),秦始皇下了一道命令:"使黔首自实田。"即占有土地的人自动呈报实际占有土地的数量,并按照规定缴纳赋税。这个法令承认各类实际占有状况,在客观上具有推动私有土地数量不断发展的意义。他还改变各地"田畴异亩"的状况,统一土地度量制度,规定六尺为一步,二百四十方步为一亩。这一改革被后世沿用上千年而基本没有变化。

那么,秦朝的土地制度究竟是什么样呢?这还要从商鞅变法对土地制度的改革说起。

秦简公七年(公元前408年),秦国推行"初租禾",也就是承认土地私有。这种制度一直持续到商鞅变法前夕,一直没有过大的改动。商鞅变法则规定:"为田开阡陌封疆,而赋税平。"意思是国家收回土地重新分配,然后由农民向国家交纳税收。

在实现了土地国有后,为了更好地开发利用土地资源,秦国在"为田开阡陌"后又制定了一系列政策,大大促进了秦国农业的发展。这些政策大致包括以下内容:

第一,将土地尽量分给农民,推行休耕①制。秦国法令规定,每个成年农民由国家授田"小亩五百",当时的五百小亩相当于现在的140多亩。以当时的生产力水平,即使一个最优秀的农民也无法耕种这么多的土地。但秦国地广人稀,为了更好地利用地力,国家将如此多的土地分给农民,是为了让农民实行休耕,从而增加粮食的产量。

第二,实行优厚政策,吸引他国农民到秦国耕种。秦国地处西陲,人口稀少,但有大量的土地资源,而韩、魏等国人多地狭,因此,商鞅变法规定凡是外来农民到秦国的,也享受秦国国民的待遇,可以得到授田。同时,秦国还免除他们的兵役、徭役,十年不征田赋。面对如此优厚的条件,很多外国农民来到秦国耕种,不仅增加了秦国的人口,还带来了先进的生产技术,提高了秦国的劳动生产率。

在古代,一个国家最重要的财富就是人口和土地,而且人口是战争的主体,没有足够的人口,就无力发动大规模战争。商鞅变法采取吸引外来农民的政策,很好地弥补了秦国人口较少的不足,为秦国提供了大量劳动力,同时也为秦国发动大规模战争积累了足够的人力资源。

为了更有利于土地的开发,增加国家的税收,商鞅还积极推行小家庭制,规定:一个家庭若有两个或者两个以上儿子,儿子成年后必须各立门户,否则要加倍征税。

第三,大力推广铁制农具。铁制农具在春秋时期就已经出现,到战国时期,各国都开始推广,但是因为当时的冶炼技术落后,铁制农具造价昂贵。在秦国,长期贫困的农民无力购买铁制农具,极大地制约了秦国的农业生产和荒地开垦。为此,秦始皇下令,农民可以到官府借用铁制农具,若在使用中损坏,农民只须上报官府,不用赔偿。

《秦律》一向以严苛闻名,损坏公物一般要按价赔偿,但借用铁制农具即使损坏却无须赔偿,充分说明秦国以法令的形式保证了农民拥有

---

① 休耕:不是让土地荒芜,而是让其"休养生息",用地养地相结合来提升和巩固粮食生产力。其间同样要注意耕地管理与保护、防止水土流失等现象。

优质的铁制农具,从而极大地促进了秦国的土地开发和利用。

第四,制定政策,鼓励养殖耕牛。在古代,农活大多是由人力和畜力来完成,耕牛是当时农业生产中最主要的生产工具。为了鼓励农民饲养耕牛,秦始皇制定了一系列政策。例如,《厩苑律》规定:每年四月、七月、十月、正月进行耕牛养殖评比大赛。比赛包括两种:一种是官方的,对官府饲养的牛进行评比,成绩优秀的,赏赐管理耕牛的官吏酒一壶、干肉十条,免除饲牛者一次更役,赏赐牛长资劳三十天。成绩差的,管理耕牛的官吏要受到处罚。另一种是民间的,村级管理人员对各家各户饲养的耕牛进行评比,成绩优秀者赏赐里典资劳十天,成绩低劣者鞭笞三十。

第五,向农民提供优良种子。现在农民种地时,都会到市场上选购优质的种子,这些种子都是国家或企业培育出来的优良品种。但古代农业科技极其落后,农民通常没有办法获得优良的种子。为了增加粮食产量,秦国官府会存留颗粒饱满的种子,等到农民耕种的时候再提供给农民使用,有时是无偿发放,有时是出售。

为了保证种子的数量和质量,秦国法令《仓律》对每亩土地使用种子的数量做出了明确规定:稻、麻每亩用二又三分之二斗,谷子、麦子每亩一斗,黍子、小豆每亩三分之二斗,大豆每亩半斗,"其有不尽此数者",依律处罚。当然,这只是参考数值,农民要根据自己耕种土地的肥沃程度,因地制宜地播种,良田可以用更少的种子,贫瘠的土地则需要更多;如果是间作,就要酌情播种。

第六,种地也能获得爵位。《秦律》规定,杀敌有功,可得军功爵,这就使大多数秦人愿意出征。为了鼓励农民积极耕种,《秦律》做出了与军功爵相似的规定:如果从事农业生产收获了较多的粮食,就可以免除徭役,每向国家交纳一千石粮食,就可以得到一级爵位。相反,那些完不成应收粮食数量的人,则要全家为奴,到官府服役。

为了有效地控制和管理大量的国有土地,秦朝不仅设置了系统的管理土地的政府机构和相关的职官,还有相关的立法。云梦秦简《田律》《秦律杂抄》等文献中有一些与土地管理相关的法规，主要内容如下：

一是以法律形式明确国家所有权。商鞅变法后，秦国就实行了土地国有制。秦统一后，秦始皇虽然下令"使黔首自实田"，但土地的所有权仍属于国家。为此，秦法《田律》通过有关各项规定，以直接有效的管理方式和租税征收，体现国家对这部分土地的所有权。《法律问答》中也讲述了国有土地的租佃问题。《秦律杂抄》中规定得更为具体，比如"采山重殿"等条明确规定山林、水泽均为国家所有，不经国家允许，矿山、漆园及其他物产不得攫为己有。这些法律规定与国家的赋税制度相匹配，全面维护并实现了皇帝对全国土地的最高支配权。

二是规范各级官吏对土地的管理责任。为了更好地管理农田耕作事务，秦朝专门设置了"大田""田啬夫""部佐"等官职，并用法律条文明确规定这些官吏的职责。如《田律》规定，负有土地管理职责的地方官吏，必须及时以书面形式向朝廷报告土地的使用情况，如雨后的墒情①、谷物抽穗和尚未垦殖的土地数量等情况。如果发生旱涝、蝗灾，也要及时、快速地报告受灾面积。《厩苑律》详细规定了耕牛的管理、饲养、考核等方面的事宜，如果耕牛死亡率高于三分之一或考核为下等，田啬夫、里典②要负刑事责任。《法律问答》还规定，田官不得隐匿土地数量及其使用情况。

三是明文规定国家土地使用者的义务。《田律》等明确规定，凡国有土地使用者，无论是否耕种，一律"以其受田之数"，向国家缴纳租税。依照秦朝的财政管理制度和赋役制度，凡使用国家的山林、水泽、矿产，从中获取物产者，必须向国家交纳租税。《田律》还禁止"百姓

---

① 墒情：指作物耕层土壤中含水量多寡的情况。墒指土壤的湿度。墒情指土壤湿度的情况。土壤湿度受大气、土质、植被等条件的影响，在灌溉上有参考价值。
② 里典：古代官名，又称"典"，战国时秦国设置，是秦国居民区一里之长，负责社会治安、调解邻里纠纷、征粮纳税等。

居田舍者"酿酒贩卖,由田啬夫、部佐等负责监督,不从令者有罪;禁止农民损坏庄稼、随意壅堤提水等。

四是要求官吏和农民都必须了解土地管理的相关法令。作为郡守行政文告的《语书》,命令下属官吏"明布"法令,要求吏民都要"修法律令、田令",并严格遵守。其中特别提到了田令。《田律》及各种田令的重要性,从一个侧面体现了当时国有土地的规模及国家对各类土地的支配权乃至直接管理权。

五是对国家认可的土地占有或使用权益进行明文规定。比如,《法律问答》规定:"盗徙封,赎耐。"私自移动土地界标,要处以赎耐之刑。土地界标标示着土地权益的范围,私自移动土地界标,必然侵犯他人权益。无论土地权益拥有者的具体身份是占有者还是使用者,都需要由土地界标界定其权益范围。这条规定旨在保护国家认可的合法权益。

六是以法令形式保护农业生产条件和资源。比如,《田律》规定:春季禁止采伐山林和堵塞水道;不到夏季禁止烧草为肥、采集刚发芽的植物及捕捉幼兽、幼鸟等;在禁猎期内禁止毒杀鱼鳖,不准设置捕捉鸟兽的罗网;禁止其他破坏资源的行为。这些法令表明,秦朝法律继承了传统的"四时之政"的合理成分。有关的规定具有保护环境和资源的作用,有利于农业生产更好地发展。

和其他制度一样,秦朝的土地制度也有着时代的局限性,存在一定的缺陷。不过,因为秦朝只存在了短短十五年,土地制度方面的弊端还没有充分表现出来。之后的历代王朝,都采用了与秦国类似的土地政策——土地国有,使用权归耕种者。这样只要国家不出台法令禁止土地买卖,就会不断地出现土地买卖现象,土地的兼并也就成为影响社会安定的痼疾。

十、完善户籍制度

前面说过,秦法规定,男子成年后必须进行登记,这样做是为了征兵，因为秦朝时，成年男子都有服兵役的义务。秦始皇统一六国后，实行什伍编制，在户籍管理上有了一整套制度化、法律化的规定。

我国的户籍制度形成得较早，周宣王时期实行的"料民于太原"就是一次明确的户口调查。关于秦国户籍制度的最早记载是秦献公十年（公元前375年）的"为户籍相伍"，即以五家为一个单位，编造户籍进行管理。秦孝公时期，商鞅变法中有一项重要内容就是加强户籍管理，实行什伍编制。全国人口无论男女必须登记在册，"生者著，死者削"，禁止擅自迁徙，迁移户口必须到官府办理手续，以使"民不逃粟，野无荒草"。"令民为什伍"，五家为伍，十家为什。里以上为县乡行政机构。乡里居民互相监视，五家相保，十家相连，凡有善恶之事，必须报告官府，实行什伍连坐，即一家有罪，四邻共同纠举，九家相连告发，否则十家连坐。为了防止人们隐瞒户口，官吏会经常进行排查，凡在册之人，都要履行一系列的义务，包括缴纳赋税、服兵役、联合"伍"检举及捉拿不法之徒。

商鞅变法不仅推行了"令民为什伍"，还推行了连坐法，这样一来，百姓就更不会也不敢隐瞒了。"令民为什伍"和连坐法之所以能够施行，除了秦孝公的全力支持外，还因为商鞅采取了奖惩相结合的政策，即只要服从国家法令，就有足够的耕地和奖赏，就可以获得利益；而不服从者不仅不会得到任何好处，还会受到严厉惩罚。在服从获益、不服从受罚的情况下，绝大多数人都会选择前者，这是商鞅变法能够成功的重要原因之一。它给出好、坏两种选择，只要大部分人选择好的，变法就容易取得成功，这种智慧值得后来的改革者学习借鉴。

秦始皇即位后，为了使户籍制度更加严格、规范，对户籍管理制度进行了一定的改善。秦王政十六年（公元前231年），"初令男子书年"，即在户口册上记录男子的年龄，这使国家进一步掌握了人口的年龄状况，便于徭役和兵役的征发。

秦始皇完成统一大业后，将商鞅的连坐制度和户籍制度进一步完善，户口册上开始记录人口的姓名、年龄、土地、身高、面貌等详细情况，以便加强对人民的控制，保证稳定的租赋徭役来源。据史料分析，秦朝的户籍可能还有民户户籍和"宗室籍""宦籍""弟子籍"等区别。

秦朝法律中有一个《傅律》，是专门规范户籍的法律，其中规定，百姓自报户口进行登记，然后由里典、伍老①进行核对。里典、伍老如果发现申报不实，必须向上级官府报告，否则将受到惩处。登记户口时，必须申报姓名、年龄及疾病、伤残情况。当百姓达到可以免役的年龄时，也要向官府提出申请，经批准后方可生效，否则仍以"为诈伪"论处。法律禁止任何不依法登记、隐瞒户口、逃避徭役的行为。如果出现这种情况，有关人员要受到法律惩处，知情不报的同伍②、里典、伍老也会受到惩罚。凡是登记了的人口就被称为"编户民"，所有编户民不得随意迁徙，出逃和脱籍也要受到严厉惩罚。云梦秦简中有这样的法令：有帮助他人出逃或帮助除去名籍者，"上造以上为鬼薪，公士以下刑为城旦"。

秦朝法律对出游也有规定，凡是出游的人都必须持"符"，这里的"符"就是类似现代通行证的东西。对于没有"符"的人员，《秦律》会进行严厉惩罚，这主要是为了防止编民脱籍流亡。秦汉时期的"符"一般用竹简做成，上面除记载本人姓名、籍贯、年龄等基本信息外，还要记载身高、肤色、职业等。如果有人想迁居，必须首先得到当地地方官的认可方能持"符"进行迁徙，当他迁到新的居住地后，还必须到当地官府重新入籍。

总之，为了严格控制户口，秦朝制定了相当烦琐的规定，目的就是将人口束缚在土地上，以便国家能获得长期而稳定的税收、兵源和徭役。

---

① 伍老：即伍长。
② 同伍：指同一伍的人。古时军队五人为伍，户籍五家为伍。

十一、开疆土，修灵渠

统一六国后，崇尚武力征服的秦始皇并没有停止其武力争夺，而是命令军队继续向东南、岭南、西南地区前进，进一步为秦帝国开疆拓土。

秦王政二十五年（公元前 222 年），秦军灭掉楚国后，趁势进军，统一江淮地区，由此拉开了南平百越的序幕。

"百越"又名"百粤"，是对越人的总称。他们有与中原地区不同的文化特征和标志，其中，断发文身、铸铜为鼓等是最明显的特征。"百越"的分布区域非常广泛，部族的流动性也很强，其活动范围遍及江淮以南的广大地区。很早以前，百越与中原就有了密切往来。据说早在三皇五帝时期，这一带就臣服于中原王权。岭南各族曾向商王、周王进贡珠玑、玳瑁、文犀、翡翠等地方特产。春秋时期，楚国的疆域大部分取自诸越之地。在今天浙江一带的于越曾建立越国，越王勾践是春秋霸主之一。公元前 306 年，楚国攻灭越国，部分越人南迁，扩散到今福建、台湾、海南岛、越南等地。南方广大地区成为楚国的势力范围。

秦始皇统一六国后，派大将军屠睢率五十万大军，兵分五路进攻百越。进攻东越、闽越的一路大军很快取得了胜利，并在今福建省福州市设立了闽中郡。进攻南越的两路大军，一路由今江西省南昌市南下，翻越大庾岭进入广东北部；另一路由今湖南省长沙市南下，翻越骑田岭攻占番禺，后来秦始皇在这里设置了南海郡。然而，就在这三路大军顺利完成任务的时候，西线的两路大军却遭到了西瓯人英勇而顽强的抵抗。这两路大军一路翻越萌渚岭进军广西贺县，一路翻越越城岭进军广西桂林，这些地区河道纵横、山路崎岖，行军非常困难，运输给养供应也成了一大问题。越人素来剽悍善斗，他们顽强抵抗，英勇善战，利用地形和善于跋山涉水的优势，躲进深山老林，与秦军周旋。秦军"深入越地，越人遁逃。旷日持久，粮食乏倍，越人击之，秦兵大败"。秦军曾经因为进退维谷，"三年不解甲弛弩。"

为了解决给养供应的难题，秦始皇派监御史禄组织人力修筑运河，"凿渠运粮"，并派遣一批战将率领"楼船之士南攻百越"，最后终于全部占领百越之地，使秦朝的南部版图到达今越南境内的北向户①。这里"凿渠运粮"的渠指的就是灵渠。

灵渠，又称兴安运河，起点在湘江上游海洋河畔（今广西兴安县城东南），连接湘水和漓水，而湘水是长江的支流、漓水是珠江的支流，所以灵渠实际上是沟通珠江与长江两大水系的运河，也是世界上最古老的运河之一。灵渠自秦始皇三十三年（公元前214年）修成，距今已有两千二百多年的历史，是古代两大水系交通运输的一大动脉，直到今天还在发挥作用，可见其设计、施工已经达到了相当高的水平。

中国长江流域与珠江流域之间，隔着五岭山脉，陆路交通相当困难，水运更是无路可通。但是，湘水和漓水的上源正好都出于广西兴安县境内，因此，秦朝监御史禄将灵渠的选址定在这里。在湘水和漓水相距的最近处，二水仅相距1.5公里，水位相差不到6米，其间只有一些低矮的山坡，相对高度只有二三十米，在此处开渠将湘水引入漓水，地理位置是非常有利的。

位置选好后，史禄又进行了精心的设计。灵渠分南渠、北渠两部分。南渠注漓江，北渠汇湘江，开凿灵渠要先在湘江中用石堤筑成分水铧嘴②和大小天平（过小坎），把湘江隔断。铧嘴是用石头垒成的高达6米、长74米、宽23米的分水坝。在铧嘴前开南北两条水渠，北渠仍通湘江，南渠就是灵渠，和漓江相通。铧嘴的前端将湘江分为两股，使河水大部分流入湘江，小部分流入漓江，这样就连接了湘江和漓江。铧嘴

---

① 北向户：古人概念中的极南地区。因当地居民往往向北开门窗以纳日光，故称。秦朝后，北向户一词指代日南郡地区。

② 铧嘴：位于兴安县城东南3公里海洋河的分水塘（又称溪潭）拦河大坝的上游，由于前锐后钝，形如犁铧，故称"铧嘴"。

的末端是用大块石灰岩砌成的人字形长堤，长的一端为大天平，约380米；短的一端为小天平，约120米。天平的作用一是可以提高湘江水位，二是可以拦河蓄水，也可以开闸泄水，保证灵渠的水势便于行船。另外，灵渠蜿蜒行进于起伏的丘陵之间，这样的路线能够降低渠道的坡度，平缓水势，而且灵渠设计了很多斗门，使船只能够顺利通过运河。

灵渠的渠道工程相当艰巨复杂，南渠一路都是傍山而流，途中不仅要劈开拦路的山崖，有的地方甚至要从几十米高的石山上劈开一条河道，在当时一无机械、二无炸药、全靠双手和简单工具的条件下，其艰巨程度可想而知。

灵渠建成后，秦军立即加快了军队的调动和粮草的运输，并继续向西南挺进，终于征服了南越和西瓯。不过，灵渠的效用显然不止于此，它还是"三楚两粤之咽喉"，既是沟通南北的交通枢纽，还可供引水灌溉。这样看来，灵渠是一个高效益的水利工程。

占领百越之地后，秦始皇马上采取了一系列统治措施，在这一地区设置南海郡（在今广东境内，郡治在番禺）、桂林郡（在今广西境内，郡治在桂平西南）、象郡（包括今广西西部、广东西部，南达越南中部）三郡，建立郡县等地方政权组织，把这个地区置于朝廷的直接管理之下。同时命任嚣、赵佗等统率重兵镇守岭南。他还先后征发内地数十万人口，迁徙岭南各地，与当地越人杂处，垦荒戍边，修筑了许多城池、关隘。为了打通南岭山脉的阻隔，便于物资流通、人员往来和军队调动，加强对这些地区的控制，秦始皇还命人在这些地区整修、拓宽道路，兴建了一批新道。

当时，在包括今四川、云南、贵州等西南地区，还生活着几十个少数民族，中原人称之为西南夷。自古以来，西南夷就与中原各部族有密切往来，殷周时期，这个地区的一些部族曾参与推翻殷商王朝的活动，并获得了西周王朝的封赏。战国时期，楚威王①派兵"略巴、黔中以西"，兵至滇池一带，"肥饶数千里，以兵威定属楚。"

秦始皇统一六国以前，西南夷的一部分已经纳入秦国的版图。秦惠文王更元九年（公元前316年），秦国先后灭亡蜀国、巴国，在这里设置郡县，并将统治势力扩张到今云南、贵州的部分地区。秦国最初对巴蜀地区采取羁縻政策，在设置巴郡、征收赋税的同时，改封蜀王子弟为"侯"，改封巴的统治者为"君长"，"蛮夷君长，世尚秦女"，并派遣蜀相代表朝廷统治巴蜀。到秦始皇时，秦王朝进一步加强对西南夷的统治，秦始皇在这一带建立政权，设官置吏，修筑道路。这条道路比中原的驰道窄得多，所以又叫"五尺道"。这条道路沟通了四川、云南的交通，有利于加强各地的经济、文化交流，也便于朝廷强化对边疆的控制。

秦始皇对北部的匈奴采取的主要政策是防御。西北部的游牧民族骑兵比较强大，向来是中原国家难以对付的敌人，他们掠夺成性，经常扰乱边境。燕、赵、秦等国都是采用筑长城的办法来防止游牧民入侵。秦始皇派蒙恬伐匈奴、筑长城，除了因为听信术士卢生的话外，更多的是防御匈奴的入侵，保护北部疆域。

经过南平百越、巩固西南夷、北却匈奴等一系列的军事行动后，秦朝版图空前辽阔。据史书记载，秦朝一共建置了四十多个郡，包括了现代中国版图的大部分地区，中华民族就是在此基础上不断地巩固、发展，形成了今天的辽阔疆域。

---

① 楚威王：芈姓，熊氏，名商，楚宣王之子，战国时期楚国国君，继承其父楚宣王救赵伐魏与开拓巴蜀的格局，一生以恢复楚庄王时代的霸业为志业，力图使楚国冠绝诸国之首。是战国时代楚国继楚悼王以后，使楚国国势发展最强的君王。

第七章　宣示威权游四方

一、西巡祭祖，体察民情

秦始皇二十七年（公元前220年），也就是秦朝建立的第二年，横扫六国、荡平四海的秦始皇便开始了"示秦威，服海内"的巡视计划，并把首次巡游的目标定在了西部，即帝国西陲的陇西一带。陇西之行是秦始皇的第一次出行，也是唯一一次西行，后来他再也没有西行过。

秦始皇西行的主要目的是视察西部的政务，安定西部边疆。很多年来，秦始皇一直把精力放在东部，吞六国，定国策，繁忙的政务让他无暇西顾。如今东部已经基本安定下来，他开始有时间关注一下西部了。巡视西部，不仅能安抚西部边疆居民，还能宣扬秦朝皇威，威震域外。加上这一带还是嬴秦的发祥地，因而秦始皇这次西行有了几分寻根问祖的意味。

早在原始氏族部落时期，秦人祖先和殷人祖先生活在黄河下游的东海之滨，以"玄鸟"为图腾和部落标志。当时人们还没有姓氏，直到中国第一个奴隶制政权建立，部落首领舜赐秦人为"嬴"姓，不过还没有"秦"这个名称。殷人慢慢强大后，不断由东向西扩展，最终推翻了夏王朝，建立了殷商王朝。在这个过程中，作为部落联盟成员的嬴氏做出了巨大贡献，有一部分族人随着殷人的胜利向西推进，直到黄河中游，并且跟已经建立王朝的殷商保持着联盟的关系。但是，殷商最后又被西周所灭。西周刚建立没多久,以武庚①为首的殷商人发动了一次叛乱。在这次叛乱中,嬴氏作为殷商的盟友,有一些部落参加了这次反周的斗争。

历史的车轮滚滚向前,谁也无法阻止。这次叛乱虽然声势浩大,但最终还是失败了,周公②很快便平息了叛乱,叛乱者都受到了极为残酷的惩戒,其所在部落也受到了严惩,纷纷被降低身份,并迁徙他乡、远离故土。秦人的祖先由统治者的盟友变成了周朝的奴隶,被驱逐到贫瘠而遥远的黄土高原一带。当时黄土高原地区位于周朝边境,土地贫瘠,经常受到戎狄的侵袭,而且远离东海之滨的故乡,生活极其艰苦。

此后,秦人的祖先在西方边陲以畜牧、狩猎为生,过着逐水草而居的游牧生活,养马和御车成为他们擅长的事情。在西周平静地沿着历史的车轮逐渐走向衰落时,秦人的祖先也在向西开拓,并用他们最为擅长的养马和御车本领再一次接近了统治阶级,为天子养马、赶车,并因此提升了自己的地位,成为周朝的"附庸"。也就是说,他们还没有资格向周天子朝贡,只能附属于某个诸侯,并且获得了修建"城邑"的特殊荣耀。直到"邑之秦"建立后,嬴氏才被称为秦人。

由此看来,秦始皇这次西行告祭祖先的意思远比向戎、狄"示秦威"更重要。对中华民族来说,祭祀是相当重要的典礼,尤其是在子孙取得了"自上古以来未尝有,五帝所不及"的功绩之后。古人认为子孙取得了好成绩都是得到了祖先的庇佑,所以身为诸侯或天子不仅有夏祭、秋祭、祭祀天地山川之责,还有告慰祖先的任务。秦始皇横扫六国后,建立了前所未有的大秦帝国,理所应当要去告慰祖先,感谢祖先的庇佑。

---

① 武庚:史记中称作禄父,是商纣王之子。周武王即位后,让武庚管理商朝的旧都殷(今河南安阳)。为防武庚叛乱,周武王又在朝歌周围设邶、鄘、卫三国,共同监视武庚。后三监之乱,武庚兵败被杀。

② 周公:姬姓,名旦,周文王姬昌第四子,周武王姬发之弟,曾两次辅佐周武王东伐纣王,并制作礼乐。因其采邑在周,爵为上公,故称周公。他是西周初期杰出的政治家、军事家、思想家、教育家,被尊为"元圣"和儒学先驱。

经过一系列的准备后，秦始皇的巡游队伍浩浩荡荡地出发了，长长的车队从咸阳从容而威武地向西前进。当时由咸阳通向西方有两条大路：一条是沿着渭水河谷到洮河流域，进而向西通达西域，这条路就是后来的"河西走廊"；一条是沿着泾水河谷上行。秦始皇这次出巡是先由咸阳出发，沿着洮河河谷到达渭水发源地陇西郡，又沿着泾水河谷之路到达北地郡，并到达泾水上游的鸡头山，然后翻过陇山到陕西陇县，在岐州休息几天，后经武功返回咸阳。这条路线是环形的，秦始皇之所以这样做，是因为这条路线通向戎、狄，连接西域，走向中亚。他在西部边疆宣扬秦朝皇威的举动，可以通过迁徙不定的"戎"人传达到更远的西方，进而加深大秦对西方的影响。而且这条路线也几乎囊括了秦国发展的每一处痕迹，渭河沿岸的雍城（今陕西宝鸡）是秦国迁都咸阳以前的旧都城，这里有秦孝公的王墓和宗庙；而秦人最早就生活在陇西郡犬丘一带（今甘肃境内）。

帝王巡游通常有着非同寻常的目的与意义，也往往会带来意想不到的结果。自秦始皇二十七年（公元前220年）仲春二月，秦始皇开始陇西之行，历时两个月，不但达到了宣皇威、祭先祖的目的，更达到了他体察民情、安抚西部边民的目的，并颁布了一系列有利于秦国发展的措施。在巡游过程中，他发现道路崎岖，难以行走，于是下令"筑驰道"。当时驰道相当于现代的国道，规定路宽为五十步，两旁种有树，拥有较为出色的运载能力和传输作用。

秦朝的驰道主要是为政治、军事目的而修建的，是国家的重要设施，当时人们视之为"天子之道"。从秦始皇二十七年（公元前220年）秦始皇西巡后开始，秦朝以国都咸阳为中心，大幅修筑四通八达的驰道。最著名的驰道有九条：由咸阳出函谷关、沿黄河、经山东的东方大道；至甘肃的西北大道；至巴蜀的川陕大道；由咸阳出发经陕西、河南到湖北的秦楚大道；南通蜀广、西南直达桂林的江南新道；由九原（今内蒙古包头）至河北的北方大道等。这九条驰道四通八达，可以说是"堑山堙谷"，以咸阳为中心，由南至北、由西向东皆有驰道可通，可见其工程的庞大。以当时的生产力和技术水平来看，修筑这些道路不倾注全国之力恐怕无法完成，由此可以看出秦始皇统治下的秦朝的执行力之强。

有史料认为，秦始皇修驰道主要是为了出巡方便，广播皇威，也有一种说法是为了方便大规模地运兵输粮。不管怎样，秦始皇"治驰道"的措施，把战国时期的交通线都连接和统一起来，从而保证了秦朝国内交通的畅通，可是付出的代价十分惨重。在短短两年半时间里，秦朝修筑了工程浩大、高质量的驰道，尤其是在刚刚结束兼并战争之后，无疑给老百姓及国内生产造成了极大的伤害。这也是秦始皇虽然取得了卓越辉煌的功业，结束了纷乱的战事，却依然遭到老百姓痛恨的原因之一。

二、东巡祭天，威服四海

秦始皇二十八年（公元前219年），秦始皇开始了东巡之旅，目的是祭天告成、歌功颂德、向全国宣示皇帝权威。这是秦始皇第一次来到东南地区。齐国是秦始皇统一六国时最后灭掉的国家，距离秦国都城特别遥远，容易出现不服从秦朝统治、爆发动乱的情况，所以秦始皇才精心安排了这次东巡，以展现秦帝国和皇帝本人神威。

秦始皇这次出巡配置了一个庞大的车队和仪仗队，大驾八十一乘，并由法驾陪伴。大驾、法驾、小驾都是天子车驾的一种，其中，大驾是车辆八十一乘，法驾是三十六乘，小驾为九乘；大驾由公卿在前方做奉引车，大将军在右边陪乘，太仆驾驭马车。

巡行队伍从咸阳出发，沿渭水南岸的大道浩浩荡荡向东出函谷关，经洛阳，一直走到齐国的邹县（今山东邹县）。登上峄山后，秦始皇命李斯用铭文刻碑，立下东巡路上的第一块纪功刻石，即"峄山刻石"：

皇帝立国，维初在昔，嗣世称王。
讨伐乱逆，威动四极，武义直方。
戎臣奉诏，经时不久，灭六暴强。

廿有六年，上荐高号，孝道显明。

既献泰成，乃降溥（专）惠，亲巡远方。

登于峄山，群臣从者，咸思攸长。

追念乱世，分土建邦，以开争理。

攻战日作，流血于野，自泰古始。

世无万数，他（陀）及五帝，莫能禁止。

乃今皇帝，一家天下，兵不复起。

灾害灭除，黔首康定，利泽长久。

群臣诵略，刻此乐石，以著经纪。

峄山是齐国的一座小山峰，与泰山南北对峙，高度只有泰山的三分之一，却非常出名。这里是孔子的故乡，不仅景色秀美，而且有着深厚的文化积淀。孔子说："登东山而小鲁，登泰山而小天下。"这里的"东山"指的就是峄山。另外，秦始皇之所以在此停留，是要在这里会见70位博士，商议泰山封禅的礼仪，泰山封禅是他此次巡游的重要目标之一。

在古代祭礼中，封为"祭天"，禅为"祭地"，是帝王祭祀天地的大型典礼。帝王只有祭过天地，才算受命于天。但并不是所有帝王都有封神的资格，只有取得了公认的大成就或是天降祥瑞的帝王才有这个资格。春秋时期齐桓公称霸后，觉得自己的功绩超越古今，想行封禅之礼，但是管仲劝阻道："古代封泰山、禅梁父的有七十二位帝王，其中著名的有伏羲、神农氏、炎帝、黄帝、颛顼、帝喾、尧、舜、禹、汤、周成王。这些帝王都是承受天命然后才举行封禅典礼的，而且封禅的时候有嘉禾出生、凤凰来仪等祥瑞昭示。"管仲这是在委婉地提醒齐桓公，他既不是受命帝王，也没有祥瑞出现，是不能进行封禅之礼的。齐桓公听后，只得放弃了封禅的念头。

古代皇帝举行封礼，是祭拜天帝，向天帝汇报自己的所作所为及功绩，所以必须在最靠近天帝的地方举行。古人认为群山中泰山最高，所以历代皇帝大多在泰山举行封禅大典。秦始皇认为自己的统治是受到了上天的委命，理所应当进行封禅大典。然而，自春秋战国以来，战争频繁，几乎没有帝王举行过泰山封禅之礼，所以秦始皇对封禅礼仪并不了解，只是道听途说了一些古代帝王在泰山封禅祭天的故事而已。正因为如此，他要在此停留，借此召集齐儒、博士七十人商议封禅之礼。

令他失望的是，齐鲁之地的儒生、博士虽然穷其一生都在研究钻研经书和古籍，装了一肚子的诗书经集，但对泰山封禅之事也知之甚少，谁也说不出个所以然来。有的说古代天子封禅时，车轮必须用蒲草裹住，以免损伤山上的草木土石；有的说要扫地而祭，铺上苴秸做的席子……总之要求相当怪异，操作起来十分困难。秦始皇听了非常生气，怒斥儒生、博士一顿，然后下令清路备车，率大臣与侍卫从泰山南面直接上山。

到达山顶后，秦始皇命太祝①主持仪式，按照在秦国故都雍城祭拜天帝的礼仪，捧土而封，算是完成了"封"礼。礼毕，秦始皇让人立石于山巅，命李斯手书刻石成文，即"泰山刻石"。《史记》中对这一刻石没有记载，现代泰山山顶石刻尚存十余字，但很有可能是后人"覆刻"，并不是当年的真迹。

完成"封"礼后，秦始皇率领众臣从泰山的北面下山，前往梁父山行"禅"礼。梁父山位于泰山脚下。在梁父山埋祭品，即为降禅于地，表达祭地之意。不料巡行队伍在下山途中遭遇了暴风雨，幸好在山腰有一棵冠盖如伞的巨松，让大家有一个避雨之处。雨过天晴后，君臣继续前行。临行前，赵高对秦始皇说："陛下，此树以冠盖荫翳为陛下及臣等提供避雨之所，实在是居功至伟；它虽为顽树，却也是天地间的生灵，您也该封赏它。"秦始皇听了赵高的建议，笑着点头认可道："是啊，此树为朕遮风挡雨，使朕免受风雨侵袭之苦，其功甚大，理应受到封赏。那朕就封它为五大夫吧，以表彰其护驾之功。"这就是泰山

---

① 太祝：古代官名，又叫大祝。《周礼》中说为春官宗伯之属官，掌管祭祀祈祷事宜。

"五大夫松"的由来。

到达泰山脚下后,秦始皇一行在梁父山举行了祭地的仪式,随后同样命李斯刻石纪念,碑文如下:

> 皇帝临位,作制明法,臣下修饬。
> 二十有六年,初并天下,罔不宾服。
> 亲巡远方黎民,登兹泰山,周览东极。
> 从臣思迹,本原事业,祗诵功德。
> 治道运行,诸产得宜,皆有法式。
> 大义休明,垂于后世,顺承勿革。
> 皇帝躬圣,既平天下,不懈于治。
> 夙兴夜寐,建设长利,专隆教诲。
> 训经宣达,远近毕理,咸承圣志。
> 贵贱分明,男女礼顺,慎遵职事。
> 昭隔内外,靡不清净,施于后嗣。
> 化及无穷,遵奉遗诏,永承重戒。

秦始皇为了让子孙后代奉行秦帝国制定的法律制度,不得更改,在此刻石中叙述了他在制定法律方面的功德,从中透露出他要将大秦帝国永远传承下去的期望。

泰山封禅后,秦始皇没有立即返回咸阳,而是继续东行,经临淄到达渤海之滨,"于是乃并渤海以东,过黄、腄,穷成山,登芝罘,立石颂秦德焉而去。""黄"即今山东黄县,"腄"即今山东福山县,两地都是渤海湾上的港口。成山即今山东半岛的成山头,芝罘即今山东烟台。在芝罘,又有人为秦始皇勒石颂德。

刻石后,巡行队伍转向东南,沿海岸线一路南下,到达琅琊郡,即今山东省诸城市东南,登琅琊山。琅琊郡位于黄海之滨,原是东夷与淮夷人的居住地,因郡内有琅琊山而得名。五霸称雄中原之前,这里一直是蛮夷荒野之地，并不为人所知，一直到越王勾践灭吴并北上称霸，将其都城迁到这里以后，琅琊这个地方才渐渐有了些名气。

琅琊山出于众山，孤立特显，从这里向远处张望，只见海天一色，岩壁连绵，惊涛拍岸，颇为壮观。这里有时还会出现海市蜃楼。据说蓬莱仙境就在远方的大海之中，那里居住着仙人，他们有长生不死药，人如果吃了，就可以长生不老。如果得到仙人的指引，还可以化为神仙。

秦始皇迷恋这里的美景，更想得到那长生不老之药，于是便在琅琊待了整整三个月，并下令自内地迁徙百姓三万户到琅琊，又建了琅琊台，台上筑有神庙，以供祭祀神仙使用。遥想当年越王勾践在此筑台观海，会盟诸侯，成为春秋时期最后一位霸主，但即便如此，他又岂能与当今的秦始皇相比？秦始皇抚今追昔，内心感慨万千，于是命人在此"立石刻，颂秦德，明得意"，这就是著名"琅琊刻石"。内容如下：

维二十八年，皇帝作始。端平法度，万物之纪。以明人事，合同父子。圣智仁义，显白道理。东抚东土，以省卒士。事已大毕，乃临于海。皇帝之功，勤劳本事。上农除末，黔首是富。普天之下，抟心揖志。器械一量，同书文字。日月所照，舟舆所载。皆终其命，莫不得意。应时动事，是维皇帝。匡饬异俗，陵水经地。忧恤黔首，朝夕不懈。除疑定法，咸知所辟。方伯分职，诸治经易。举错必当，莫不如画。皇帝之明，临察四方。尊卑贵贱，不逾次行。奸邪不容，皆务贞良。细大尽力，莫敢怠荒。远迩辟隐，专务肃庄。端直敦忠，事业有常。皇帝之德，存定四极。诛乱除害，兴利致福。节事以时，诸产繁殖。黔首安宁，不用兵革。六亲相保，终无寇贼。欢欣奉教，尽知法式。六合之内，皇帝之土。西涉流沙，南尽北户。东有东海，北过大夏。人迹所至，无不臣者。功盖五帝，泽及牛马。莫不受德，各安其宇。

维秦王兼有天下，立名为皇帝，乃抚东土，至于琅琊。列侯武城侯王离、列侯通武侯王贲、伦侯建成侯赵亥、伦侯昌武侯成、伦侯武信侯冯毋择、丞相隗林、丞相王绾、卿李斯、卿王戊、五大夫赵婴、五大夫杨樛从，与议于海上。曰："古之帝者，地不过千里，诸侯各守其封域，或朝或否，相侵暴乱，残伐不止，犹刻金石，以自为纪。古之五帝三王，知教不同，法度不明，假威鬼神，以欺远方，实不称名，故不久长。其身未殁，诸侯倍叛，法令不行。今皇帝并一海内，以为郡县，天下和平。昭明宗庙，体道行德，尊号大成。群臣相与诵皇帝功德，刻于金石，以为表经。"

在游览琅琊期间，一个名叫徐福的齐人向秦始皇上书，说海上有三座神山，即蓬莱、方丈和瀛洲，居住着许多神仙，"请得斋戒，与童男女求之"。秦始皇很想成仙得道，长生不老，稍作思考后便答应了徐福的请求，全力支持徐福的求仙活动。然而，徐福不仅要求有童男童女，还需要有坚实的船只，因为他所求的神仙住在海上，必须乘船才行。恰好秦始皇这次出巡经过山东的五个港口城镇：黄、腄、成山、芝罘和琅琊。前四个古港属于原莱国，莱国人一向以善于航海而闻名，常常在渤海打鱼捕捞。由黄县、腄县向北，经庙岛群岛就可以横渡渤海海峡；从成山向南，则可以到东南沿海各地。而琅琊古港，更是春秋战国时越国最重要的港口城市之一。当年越王勾践迁都至此，在这里造台观海。后来，勾践造船八百艘，率死士三千人出海航行，场面空前壮观，也显示了琅琊人民高超的造船技艺。

对于这些历史，秦始皇是了解的，所以他相信秦帝国可以造出适合远距离航海的船只，于是便答应徐福的要求，下令造船。

徐福这次出海是中国历史上第一次有组织、有计划、有目的的大规模远航活动。

秦始皇送走徐福后，便一心一意地在琅琊等着徐福为他求来长生之药。然而，他等了整整三个月也没等到徐福归来，内心既愤怒又无奈，只得继续巡游。

离开琅琊后，秦始皇一行南下东海郡，到达彭城，即今江苏徐州。

秦始皇之所以走这条路线，是因为听说泗水之中有周鼎，这可是国宝，象征着权利和皇威，得到它就能使秦之代周更为合乎天意，他怎能失去这个得到它的大好时机呢？相传象征九州的九鼎是大禹铸造的，被历代君王视为重器，是最高权力的象征。夏、商、周历代相传，作为镇国宝器。当年秦昭襄王灭周，取九鼎，但只得到了八鼎，这是一个极大的缺憾，秦始皇急切寻觅失鼎的心情可想而知。所以，他在封禅之后特意绕道彭城，来到泗水边。

秦始皇令千人入泗水寻找周鼎，据说当时泗水之畔舟车相继，人声鼎沸，可谓声势宏大，劳心费力，但结果并不理想，寻找了很多天都一无所获。秦始皇十分郁闷，但也无计可施。

随后，秦始皇率领文武百官及随行人员，乘船沿长江顺流而下，渡过淮河，进入衡山郡，然后从衡山郡向西，到达南郡，再从南郡沿长江一路向东，来到洞庭湖畔的湘山。在湘山，巡行队伍正在行进，突然刮起了大风，使得行人无法渡江。一路顺畅的秦始皇见此情形，龙颜大怒，认为是这个地方的山神水神在和自己作对，便问随行官员："这里的神仙什么来头，竟敢和朕过不去？"随行官员回答说，湘山祠里供的神仙是湘君，他的妻子是舜帝的妻子、尧的女儿。

按理说对这些上古明君的后人，秦始皇应该给予足够的尊重，但他一路巡行过来，看到万里河山都拜倒在自己脚下，内心不禁飘飘然，产生了唯我独尊的心态，认为自己就是天地万物的主宰，即使尧舜也不放在眼里，何况他们的后人。所以他听到那个官员的回答后勃然大怒，认为湘君有意为难自己，于是派三千人将湘山之树全部砍掉，直到湘山露出光秃秃的红土才罢休。后来，这些木料变成了征伐百越的造船材料。不仅如此，他还令人放火烧毁了湘山祠。

徐福求药去而不返，入泗水求周鼎而不得，湘山祠又突遇狂风，诸种事情让秦始皇游兴大减，他取消继续南行的计划，命车驾取道返回都城咸阳，结束了这次东南之旅。

三、为求长生，再东巡

秦始皇返回咸阳没多久，再次决定出巡。秦始皇二十九年（公元前218年），他开始了第三次出巡。这次路线的设计与上一次几乎一样，经阳武县，到齐地，登芝罘山，过琅琊，从上党取路而归，目的是寻求长生不老之术。因为徐福带领童男童女去寻仙访药一直未归，秦始皇心中十分焦虑，于是再次到琅琊，接见方士。

不过，秦始皇这次出巡并不顺利，途经阳武县博浪沙（今河南原阳）时遭遇了刺客，差点丢掉性命。这位刺客不是别人，正是大家都很熟悉的张良。张良是韩国人，他的祖父张开地"相韩昭侯、宣惠王、襄哀王"，父亲张平"相釐王、悼惠王"。张良家"五世相韩"，是韩国的贵族显宦，有家僮三百人。秦国灭韩的时候，张良年纪还很小，尚未出仕，但因家族世代受韩恩惠，他发誓要为韩国报仇。为此，他连弟弟死了也顾不上埋葬，而是"悉以家财求客刺秦王"。张良曾经于淮阳学礼，又到东方拜见了沧海君。沧海君是东夷的首领，在沧海君那里，张良寻得了一个大力士。此人膂力出奇，双臂能轻松挥动一百二十斤重的大铁锤。于是，张良专门为他打造了一柄重达一百二十斤的大铁锤。因为大力士是东夷口音，张良便让他扮哑巴，只有他们两个人时，大力士才会开口说话。

张良以贩卖私盐为掩护，带着东夷大力士到处奔波，暗地里则四处打听秦始皇的情况。功夫不负有心人，他打听到了秦始皇东巡的路线行程，连忙带着东夷大力士赶到颍川阳武县，住进客栈，一边耐心等待秦始皇途经此地，一边打听详细情况。在了解到秦始皇的具体行程后，他带着东夷大力士出了县城。

张良本想在秦始皇出行的时候从路旁冲出来，杀其一个措手不及，但他细想之后便打消了这个念头，因为东夷大力士虽然力大如牛，头脑却不太灵光，而且秦始皇出行肯定会有无数兵丁侍卫随行，让东夷大力士独自对付那些训练有素的兵马，显然是寡不敌众，有去无回。

又经过一番细致的勘察与询问，张良选定了一个绝佳的下手地点——博浪沙。此处山脉连绵，中间只有一条狭窄的人工驰道，而且道路两旁峭壁陡立，如果他与东夷大力士埋伏在峭壁之上，一定可以击杀秦始皇。

张良和东夷大力士在选中地点埋伏下来，没等多久，秦始皇的队伍就浩浩荡荡地进入了他们的视线。张良从藏身的山顶向下望去，不觉愣住了，只见山下有无数车马人员在不停地走动，东夷大力士一时有些晕了，开口问道："主人，下面这么多车，我该砸哪辆车呢？你说的那个与你有破国亡家之仇的人，到底坐在哪辆车里？"

张良看着眼前的情形也一时不知所措，他虽然出身贵族世家，见过一些世面，但从来没有见过这么大的阵势，他强作镇定对大力士说："行了，行了，你就别管那么多了，你先把铁锤拿出来，等我命令，我让你砸哪辆你就砸哪辆。"

张良一边说着，一边紧张但又细致地观察着每一辆车。他知道机会稍纵即逝，一旦错过这个机会，以后再想杀秦始皇就更难了。

忽然，他看见了一辆外观装饰得极为华丽的马车，心中不由为之一震：这一定是嬴政那个匹夫乘坐的马车。这时，东夷大力士已经将那一百二十斤重的铁锤拿在了手中，张良刚想让他照准那辆大车砸下去，结果后面又接连出现了五辆颇为类似的马车，只是稍小一点儿。

张良犹豫了，前前后后一共有六辆马车，嬴政到底会在哪辆车里呢？"主人，到底要砸哪一辆啊？"东夷大力士手执铁锤，眼睛都看花了。

看着那几辆模样差不多的马车，张良陷入茫然，铁锤只有一个，而马车却一下子冒出来六辆。就在他犹豫之时，六辆马车不停地向东边前进着，张良急得额头上冷汗直流。最后，他一咬牙，指着为首的那辆马车，对东夷大力士说道："对准最大最豪华的那辆马车砸！"

张良对秦始皇有所了解，知道秦始皇性格刚愎自用，好大喜功，而且特别喜欢炫耀。如果有第一辆马车，他绝不会去坐第二辆，而且那辆马车的装饰看上去似乎比其他的更豪华一些，正符合他的特点。

东夷大力士将手中的铁锤举过头顶，照准那辆排在最前面的马车狠狠地砸了下去。在一阵尖锐的呼啸声中，那铁锤直坠下去。底下的人还在安安静静地走着，谁也没有想到从天上会掉下来这么一个庞然大物。只听一阵稀里哗啦的乱响，那只铁锤不偏不倚正好落在金银车上。整辆大车被砸得粉碎，那名驭手也被砸得血肉模糊。六匹驾车的骏马骤然受到惊吓，顿时狂乱嘶叫，翻开四蹄，疯了似的向前猛冲。前面的不少兵士和骑在马上的侍卫都被这六匹惊马以及它们拖着的破车撞翻在地，甚至被踏在马蹄之下。

所有人都惊呆了，一时不知道发生了什么事。

"有刺客，赶快保护陛下！"只听一声高呼，众兵士连忙执械拥到了嬴政乘坐的副车旁，全神戒备，警惕地向四周张望着。

张良看见下面的人全都拥向另一辆马车，心里知道这次行刺失败了。秦始皇这次确实没有坐在那辆最豪华的马车上，由此躲过一劫。原本天子的车驾是六匹马拉的"六驾"之乘，大臣是"四驾"之乘，秦始皇虽然如张良所想喜好奢华炫耀，但他已经不止一次遇袭，因而早有防备。在巡游路上，太尉尉缭准备了多辆六匹马拉的"六驾"副车，以保护秦始皇的安全。这才让张良产生了误会，砸错了车。

一击不中，张良十分气恼，为了杀掉嬴政，他耗费了无数心血，不仅倾尽家财，甚至连刚刚死掉的弟弟都没来得及埋葬，没想到到头来竟白忙一场。他沮丧至极，便打发东夷大力士拿着包裹里的钱财走人。

随后，张良呆呆地坐在悬崖边，突然看到山顶上到处都是大石头，心头突然一动，没有了铁锤，但地上还有无数的石头，石头照样能砸死人。他急忙转过头对正要离去的东夷大力士低声叫道："我要杀的人在后面那辆车上，你赶紧用地上的石头砸他，砸死他！"

东夷大力士从地上抱起一块最大的石头，几步走到悬崖边，慢慢探头向下看着。他在寻找张良所说的第二辆车，没想到被山下正在搜寻刺客的秦兵发现了。只听山下有人大叫一声："快，大家赶快上山，刺客就在山顶上，快点，上去抓住他！"

一时间，秦始皇的随行卫队一个个手持兵刃，叫喊着从两翼的缓坡地带向山上冲去。

东夷大力士见自己被对方发现，心中大为慌乱，他怀中抱着的大石头掉在地上，顺势向山下滚去。

山下的人看到又有一块大石头滚落下来，都拼命往秦始皇的车边拥去，想趁这个机会好好表现一下自己。幸好，那块石头只是东夷大力士失手跌落，虽然落势甚急，但只滚落在路边，在地上砸出了一个大坑。附近的马都被吓了一跳，但这次早有不少军士围在马车的周围，死死地拉住马的缰绳。

作为秦始皇近侍的赵高，赶紧靠近秦始皇的车驾，大声说道："陛下，形势危急，请您立即下车躲避！"

听到赵高的叫声，秦始皇也连忙探身出来，向崖上望去。他倒要看看是谁这么大胆子，竟然敢在青天白日之下行刺自己。此时张良也正探头从崖上往下张望，只见一名衣着华丽的人从后面的马车中探出身来，而且也正抬头向山上望。二人四目相对，虽然距离很远，但张良仍然感到了他眼光之中的暴戾和残忍。

"快点，就砸那个人，给我砸死他，给我砸死他，快点！"张良用手指着崖下的嬴政，冲着东夷大力士大声叫道。

"主人，他们快要冲上来了，咱们还是快走吧，晚了可就走不了啦！"

这时，山坡两边有无数秦兵呐喊着往山上冲，东夷大力士已经能看清冲在最前面的兵士的容貌了，他的心中充满了恐惧，对张良的命令充耳不闻。

而此时张良心中只有一个愿望——杀死嬴政这个暴君，而对眼前的危险浑然不觉。他见东夷大力士没有行动，便亲自抓起身边的石头狠命地照着秦始皇所在的位置掷下去，无奈他力气不够，只能举起小石头，而且下边的人已早有准备，所以他扔下的石头都被一一避开。

东夷大力士见张良沉浸在仇恨之中，根本不顾及自己的安危，干脆弯腰抓住张良的腰带，将他挟在腋下，转身向密林深处跑去。张良死命地挣扎着，无奈始终挣不脱东夷大力士的胳膊，只能随着大力士远逃了。后来，张良隐姓埋名，隐藏在下邳，并得到刘邦赏识，帮助刘邦夺取了大秦的天下，也算是完成了自己当初的宏愿。

等到秦兵费尽力气爬到山顶时，张良和东夷大力士早已逃得无影无踪。气急败坏的秦始皇严令继续搜索，务必抓住刺客，他要亲手将这两个敢于冒犯自己尊严的匹夫杀死。然而，他在峡谷外等了半天，仍一无所获。这么多人竟然抓不住两名刺客，他气得将两名带兵上山的军尉大骂一通，然后下令继续在当地搜查，凡有可疑之人一律抓捕拷问。于是博浪沙一带的百姓遭了殃，许多无辜百姓只因生得面貌凶恶了一点，或是其他一些莫名其妙的原因，便丧命于牢狱之中。

秦始皇这次遇刺可谓惊险无比，如果不是早有准备，说不定他已经命丧此地。尽管如此，他并没有停下巡游的脚步，而是继续东行，到达山东，登上芝罘山，刻石纪功，这就是"芝罘刻石"，内容如下：

维二十九年，时在中春，阳和方起。
皇帝东游，巡登芝罘，临照于海。
从臣嘉观，原念休烈，追诵本始。
大圣作治，建定法度，显著纲纪。
外教诸侯，光施文惠，明以义理。
六国回辟，贪戾无厌，虐杀不已。
皇帝哀众，遂发讨师，奋扬武德。
义诛信行，威燀旁达，莫不宾服。
烹灭强暴，振救黔首，周定四极。
普施明法，经纬天下，永为仪则。
大矣哉！宇县之中，承顺圣意。
群臣诵功，请刻于石，表垂于常式。

随后，秦始皇又带领众臣与随从在芝罘的东观刻石纪功，这就是"东观刻石"，内容如下：

维二十九年，皇帝春游，览省远方。
逮于海隅，遂登芝罘，昭临朝阳。
观望广丽，从臣咸念，原道至明。
圣法初兴，清理疆内，外诛暴强。
武威旁畅，振动四极，禽灭六王。
阐并天下，甾害绝息，永偃戎兵。
皇帝明德，经理宇内，视听不怠。
作立大义，昭设备器，咸有章旗。
职臣遵分，各知所行，事无嫌疑。
黔首改化，远迩同度，临古绝尤。
常职既定，后嗣循业，长承圣治。
群臣嘉德，祗诵圣烈，请刻芝罘。

事毕，秦始皇的巡游队伍再次经过琅琊港，从这里折而向西，回到咸阳。

秦始皇这次出巡不仅遭遇刺客，险些丧命，而且也没有达到寻仙问药的目的，所以他的心情极度恶劣。《史记·封禅记》中说，秦始皇在归途中曾经抵达恒山。恒山是五岳之北岳，虽比不上东岳泰山之雄伟，但山体巍峨，景色秀丽，也是一个相当不错的歌功颂德的好地方。按照秦始皇前两次出巡的情形，遇高山必登拜，但是恒山上并没有秦朝石碑的痕迹，由此可以看出秦始皇第三次出巡的心境明显与前两次不同。

四、北巡得图谶

第三次出巡返回咸阳后，秦始皇整整两年没有出巡，或许是因为国事繁忙，或许是因为在博浪沙遭遇刺客受到了惊吓，又或许是因为接连两次寻仙求药都毫无所获。秦始皇三十年（公元前217年），一年平安无事；秦始皇三十一年（公元前216年），秦始皇将"腊月"改名为"嘉平"，赐百姓米、羊，然后在夜巡咸阳时在兰池大道上遇盗、击盗。

事情是这样的。秦始皇因为一直没有得到长生之术，整天郁郁寡欢，赵高等一些谄媚之人便将术士韩终、侯公二人引荐给他，秦始皇让他们在宫内炼制丹药，一直未果。韩终、侯公担心被杀头，想出了一个主意，建议在咸阳宫附近造兰池仙山。他们对秦始皇说："天帝所居之处为兰池，兰池之中有蓬莱、方丈、瀛洲三神山，三座神山之上是天帝所居的楼台阁宇。皇上为地皇，如能在咸阳宫附近造兰池，上筑神山以居之，机缘所至，或许就能早登仙路。而且即使不能借此成仙，皇上也能在仙山之上驱除世俗之间的污秽之气，打下坚实的仙基。"

韩终、侯公所说的造兰池，是指掘地为坑，引渭河之水注入其中，而后运山石在池中筑仙山三座，中间筑桥梁相连，最后在山上造起楼阁宫殿，这就是所谓的兰池仙山。

秦始皇一心求仙，加上身边有赵高的鼓动，相信了韩、侯二人的说法，马上下令修建兰池仙山。兰池仙山建成之日，韩、侯二人为了让仙山更为神秘，在秦始皇率领众人等去仙山巡视时，不仅拦下了其他人等，只允许秦始皇一人进入，而且还说就是皇上今天也不能登山："为了皇上早日成就不老之身，当然得小心谨慎，不能有任何差错。"他们给出了三个理由不让秦始皇当天登山："皇上，有三个原因决定您今天还不能登上仙山：第一，兰池周围还没有兵丁卫护，奴才明天会把这件事办好；第二，皇上今天穿的是盛装朝服，以后再来这里要便装微服；第三，皇上还要改腊月为'嘉平'之纪，同时还要大赐天下黔首。完成这三件事，皇上就可以登上仙山了。"

大臣们都觉得这些理由纯属术士胡说八道，既麻烦又虚幻，但秦始皇深信不疑。为了自己能够长寿，他马上颁行诏令，自本年起改腊月为"嘉平"，每里赐米六石、羊两只。

从此以后，秦始皇每天白天在咸阳宫中批阅奏折，发布诏令并接见文武大臣，晚上则换下朝服，身着便装，在四名侍卫的护卫下赶往兰池仙岛夜宿，过着一种仿佛清修静养的平静生活。

一天晚上，他又在四名身着便服的侍卫保护下前往兰池仙岛。

这一晚没有月光，夜空中闪烁着黯淡的星光。他们几人在夜幕下静悄悄地走着，突然，从路旁的灌木丛中窜出三个黑影，直接扑向秦始皇，手中似乎还拿着兵刃。

事情来得如此突然，那四名侍卫尽管反应奇快，但也为时已晚。或许他们认为皇宫周围戒备森严，根本不会有人敢来行刺，所以有些放松了警惕，所以才让刺客逼到了近前。

所幸秦始皇反应灵敏，他一听见响动，又隐约看见有三个黑影扑向自己，连忙向前疾奔几步，想躲开这三个人的进攻。但事起仓促，尽管他反应很快，还是被最后一人的长剑刺中左臂，其深及骨，疼得他一声惊呼。

借着微弱的星光，秦始皇看到这三个意欲刺杀自己的人都身穿一袭黑衣，而且以黑巾蒙面。后面的两名侍卫已经与两个蒙面刺客交起手来，刺中了秦始皇胳膊的这名刺客眼见自己一击得手，想要挥剑再刺，一名侍卫已经挥刀向他砍来。当下，四名侍卫和刺客们缠斗在一起，剩下的那名侍卫则执刀护卫着秦始皇。

秦始皇捂着胳膊上的伤口，觉得伤口处有鲜血不断地冒出来，而且还伴随着一阵阵的疼痛。他那本来挺好的心情被这三名突如其来的刺客给破坏了。四名侍卫的武功颇高，刺客们根本不是对手，屡屡想弃战而逃，但被四名侍卫死死缠住。

"先别杀死他们，要抓活的，朕倒要看看是谁如此大胆，竟敢行刺君王，朕非要诛他九族不可！"秦始皇狂怒地吼叫着。

那三名刺客听到了秦始皇的吼叫声，知道今天铁定难以逃脱，于是都豁出去了，一时间，四名侍卫竟然难以打赢他们。这时，从远处传来一阵嘈杂之声,秦始皇料定是巡夜的卫兵赶来了,不由得精神一振,心道:"大胆狂徒,你们逃不掉了!"

忽然,一名刺客嘴里发出极其怪异的啸声,声音高亢,而且还有一点凄凉。另外两名刺客也以同样的啸声与他相和。紧接着,三人又是一阵狂风暴雨般的猛攻,而后撤回兵刃,几乎在同一时间,一齐挥动手中的兵刃,割向自己的咽喉。

手起刀落间,鲜血从三人脖颈处喷溅而出,三个刺客相继倒地,气绝身亡。侍卫们走到尸首旁边,揭下他们的蒙面黑巾,发现一个都不认识。

秦始皇受了伤,无心再去兰池,他回到皇宫处理伤口后,越想越气,认为是内侍们泄露了自己的行踪才招来刺客,一怒之下连斩六名内侍。不过,秦始皇的怒火也就持续了两天,两天后,他的情绪便稳定下来,照例白天批阅奏章,与文武大臣商议国事,晚上前往兰池夜宿。

直到秦始皇三十二年(公元前215年),秦始皇才开始他人生中的第四次出巡。这一次他不再走前两次的东巡之路,而是将目标确定为帝国的东北及北方的边塞。

巡行队伍从咸阳出发后,一路向东直达碣石,这就是曹操诗文中所说的"东临碣石,以观沧海"中的"碣石山"。秦始皇又在这里留下了一块纪功刻石,这就是著名的"碣石门刻石",内容如下:

遂兴师旅,诛戮无道,为逆灭息。
武殄暴逆,文复无罪,庶心咸服。
惠论功劳,赏及牛马,恩肥土域。
皇帝奋威,德并诸侯,初一泰平。
堕坏城郭,决通川防,夷去险阻。
地势既定,黎庶无繇,天下咸抚。
男乐其畴,女修其业,事各有序。

惠被诸产,久并来田,莫不安所。

群臣诵烈,请刻此石,垂著仪矩。

这次出巡,秦始皇直奔碣石,依然是为了寻仙访药。燕齐之地自燕昭王时期就不断有入海寻仙之说,方士众多,秦始皇在齐地多次接见徐福和齐地方士,但齐地方士一直没有给他带来好消息,让他更气的是徐福还带着他的东西一去不复返,于是他便有了到神仙、方士传说最多的燕地巡视的想法。他之所以选择碣石这个地方,一是因为燕地方士众多,二是碣石地形颇有几分仙风道骨之气。从山形走势来看,古人认为碣石山是一座与太行、恒山两座大山脉终相连、形势相应的山峰,而太行山、恒山在古代文化中与神仙传说紧密相连,所以太行山又叫女娲山、王母山。而且这座山峰周边有以"鸟"为图腾、以兽皮为衣服的部落或民族,人们由水路或陆路行进时,抬头远望,必能望见碣石山,这无疑增加了碣石与仙人的联系。秦始皇一直在迫不及待地求仙,当他听到这座充满魔力的碣石山时,哪能不动心呢?

在碣石门,秦始皇接见了卢生等方士,并派他们入海求仙,"使燕人卢生求羡门、高誓",羡门、高誓是传说中的古仙人。由此可见,秦始皇在寻仙访药上可谓是百折不挠,煞费苦心。

秦始皇这次出巡还有一个目的是为驱逐匈奴、巩固北部边防做准备。送走卢生后,秦始皇率众沿着黄河岸边前进,途中发现了严重的水患问题。当初各国在交界之处和大河两侧修建了许多防御工程和堤防,目的是防御敌国,以邻为壑。六国统一后,这些东西竟然成了妨碍交通、造成灾害的多余之物,对国家的发展有百害而无一利。发现这一点后,秦始皇下令"坏城郭,决通堤防",也就是拆除以前各诸侯修筑的旧城墙,挖掘打通各地之间的河流堤防,使道路和河流畅通。这一措施大大降低了黄河沿岸水患发生的概率,而道路的畅通也在一定程度上加强了各个地区的交流,提高了生产力。

随后,秦始皇率臣子们沿着帝国北部边境继续巡行,先后经过北平郡无终(今天津蓟州区)、渔阳郡渔阳(今北京密云区西南)、上谷郡沮阳(今河北怀来县),至代郡。这时,被派往海上寻仙的卢生回来了。为了表明自己工作得力,神仙之说并非谎言,卢生编造了一部记述各种预言的"图书",呈报给秦始皇。秦始皇一看顿时惊出一身冷汗,因为其中有一条预言说:"亡秦者,胡也。"这可是关乎大秦帝国存亡的预言,秦始皇信仰神仙,迷信谶言,因而对此宁信其有。他想让大秦世世代代传承下去,怎么能让可恶的胡人破坏自己的千秋大业?这使秦始皇北御匈奴的决心更加坚定。

五、驱逐胡人

为了不让预言成真,秦始皇丝毫不敢耽搁,马上经雁门、云中郡回到咸阳,召集群臣商议北伐匈奴之事。

当时,匈奴帝国已经在中国北方崛起。在欧亚大陆古代的游牧民族中,匈奴最为强悍。匈奴人被汉人称为"胡人"。

战国时期,中原各国的总体态势是不断向北发展。赵、秦、燕都曾攻占匈奴及其他少数民族之地,其中以秦国最为强势。秦昭襄王时,宣太后①以与义渠王长期通奸的方式,"诈而杀义渠戎王于甘泉,遂起兵伐残义渠,于是秦有陇西、北地、上郡,筑长城以拒胡。"秦王朝建立前后,匈奴首领为头曼单于。头曼单于号令各部,在北方建立了一个军政合一、游牧骑射的匈奴帝国,然后不断向四方扩张,并趁中原各国战事激烈、无暇外顾的时候,攻占河套地区,控制了南至河套、北至贝加尔湖的广大地区。匈奴骑兵剽悍骁勇,来去迅速,经常侵扰内地,掠夺

---

① 宣太后:芈姓,出生于楚国丹阳(今湖北境内),又称芈八子、秦宣太后。战国时期秦国王太后,秦惠文王之妾,秦昭襄王之母。秦昭襄王即位之初,宣太后以太后之位主政,执政期间攻灭义渠国,一举消除秦国的西部大患。死后葬于芷阳骊山。

人口、财物，对中原各国构成重大威胁。匈奴是一个游牧民族，所以它的侵扰具有明显的野蛮性、破坏性，动不动就屠杀民众，视人命为草芥。秦始皇统一中原后，强盛的匈奴帝国成了大秦王朝来自外部的最大威胁。经与众大臣商议，秦始皇决定派公子扶苏和大将蒙恬率领秦兵三十万北上抗击匈奴。

秦始皇三十二年（公元前215年），扶苏与蒙恬率领大军出发了。匈奴人虽然彪悍，但在训练有素的秦军面前还是弱了一筹，因此，秦军一路北上，势如破竹，很快便攻到了杀虎口（在今山西境内）。在这里，秦军与匈奴兵展开了一场惨烈的厮杀。杀虎口之战也充分显示出公子扶苏的智慧与贤明，试想，如果秦朝传至扶苏手中，历史会不会另有一番景象？只可惜秦始皇一死，扶苏就葬送在赵高等人之手。

杀虎口是当年李牧为将时，赵国修筑的长城的一处险要隘口，地势极其复杂。当时匈奴右贤王率领着十万人马已经在杀虎口外20里处屯兵许久，准备继续南下开拓疆域。经过一番休整，右贤王率领大军拔营出发，慢慢地接近了杀虎口。西风正紧，扬起迷蒙的黄沙，匈奴兵士无不眯着双眼，缩着脖子。四望不见秦军的踪迹，右贤王疑心顿起，因为十万大军前来，秦军不可能一无所知，莫非是设下了埋伏？他急忙传令："大军后退5里。"

果然，扶苏和蒙恬很快带着二十万大军从东、西、南三面包抄上来，大将辛腾带领十万人马也从背后围堵。匈奴军陷入包围之中，已是无路可退。右贤王急令旗牌军点起狼烟，给头曼单于①报信。

在杀虎口以北的老狼谷，头曼的总营还有十万人马。事前他与右贤王约定，如遇强敌需要增援，即点狼烟报警。太子冒顿发现南方狼烟升起，忙来报告："父汗，一定是右贤王遭遇埋伏了。"

---

① 头曼单于：匈奴第一代单于，挛鞮氏，冒顿单于之父。秦始皇死后，他率众南下，以头曼城（今巴盟乌拉河以北）为中心建立了北方民族第一个国家政权。秦二世元年（公元前209年），为其子冒顿所杀，冒顿自立为单于。

头曼不假思索地说:"左贤王,快引领大军前去救援!"

然而冒顿却阻止了他。头曼问其原因,冒顿说:"父汗,我们只有这十万人马了,倘若秦军在杀虎口还有伏兵,我们岂不是白白送死!"

"那么,难道我们不去救助右贤王,让他在秦军的包围圈里盼救兵不到,置十万人马于死地吗?"十万人马可不是小数目,头曼怎能说弃就弃?

"父汗不仅要为自己着想,也要为匈奴的江山着想,我们只有这些本钱,不能孤注一掷啊!"冒顿继续劝阻道。

"不行,我不能见死不救,右贤王忠心耿耿,十万儿郎皆我子民,本汗一定要把他们接应出来。"

左贤王见单于与太子争执不下,说出了一个折中意见:"大汗,太子之言也不无道理,不如这样,让臣带五万人马前去救援。万一再遇伏兵,大汗也可全身而退。"

"不可,五万人马力量太弱,我身为可汗,怎能只顾自身安全?这十万大军全部增援,或许可以一战而胜秦军。"头曼说完,强行下达了命令,"左贤王为先锋,立刻奔赴杀虎口前线。"

与此同时,秦国的五万兵马正在杀虎口的黄沙岗后严阵以待,只等一声令下,猛攻匈奴军。扶苏、蒙恬在中军大帐内对战局进行着分析,也担心匈奴有大队人马杀过来增援。如果敌人数倍于己,形势就危险了。而且,能否挡住敌人的援兵,也关系到秦军围歼战的胜负,可以说是牵一发而动全身。

黄沙岗上,秦军的两名哨卒在瞭望敌情,隐隐看见正北方扬起了滚滚沙尘。看来是匈奴的援军到了,他们赶紧进帐禀报。扶苏、蒙恬闻讯,急匆匆登上岗顶,此时北方的沙尘已冲天而起,几乎遮天蔽日。扶苏说道:"蒙将军,看来匈奴军至少在五万以上,不然扬不起这么大的沙尘。"

"据情报称,匈奴还有十万人马,说不定是全部压上来了。"蒙恬担心秦军战败,便让扶苏带领部分兵马先行离开,但勇敢、爱军的扶苏不肯临阵脱逃，无论蒙恬怎么劝说，他都执意留下来与将士们一起抗敌。他说："我身为皇子，大敌当前，不协助将军迎敌，反倒带兵自保，你这里兵力更加薄弱，这如何使得？"说完他又下令，"我是行军都总管，本应尽快决定如何排兵布阵，设法拖住敌人，保证蒙恬将军全歼右贤王的十万大军。"

处于包围圈中的右贤王，看到北方升起的沙尘，知道是左贤王带兵前来接应，便领兵想要冲杀出去。辛腾截住右贤王，双方又是一场大战。蒙恬也率兵紧紧追杀过来。右贤王和辛腾本就战个平手，现在加上蒙恬夹击，不由得手忙脚乱，匈奴的士兵也明显处于下风。秦军人多势众，右贤王的兵马越战越少，渐渐地，蒙恬、辛腾和三员偏将把右贤王牢牢困住，右贤王左冲右突，始终难以突出重围。

蒙恬一杆枪逼住右贤王，厉声喝道："大胆胡寇，你已是鸟入牢笼，鱼进网中，还不下马投降，更待何时！"

辛腾的刀锋直指右贤王的脑前脑后："右贤王，你已无路可逃，只有投降方能活命。"

右贤王知道自己无路可逃，但他耻于被俘，于是仰天长叹一声："可汗，我为匈奴尽忠了！"说完拔出腰间匕首，猛地刺向自己的胸口，接着身子晃了几晃，栽下马去，倒地而亡。

右贤王一死，匈奴兵群龙无首，被秦军恣意砍杀，就像砍瓜切菜一般。

很快，匈奴的援军赶到了，在杀虎口北部的黄沙岗战场与秦军展开激烈的厮杀。匈奴有可汗督阵，又有太子冲杀在前，左贤王则救右贤王心切，因而都是死命地冲杀。

战斗越来越残酷，双方的死伤也越来越大。秦军阵亡两万人，匈奴也战死一万多人。

这时，头曼单于在后鼓动："杀啊！冲啊！消灭秦军，活捉扶苏，赏肥羊战马一千。"

冒顿冲锋在前，与扶苏捉对厮杀。左贤王与蒙恬也杀得不可开交。

双方势均力敌，一时难分上下。而各自手下的偏将、兵卒也都在激战，匈奴一方明显占有优势，秦军只是勉强支撑，眼看就要溃败。头曼单于见状，挥动金背砍山刀，纵马杀入阵中，与冒顿一起夹击扶苏。

蒙恬见扶苏处境危险，急欲过来救助，然而左贤王死死缠住他不放，硬是不得抽身。公子扶苏枪法渐乱，战马几欲跌倒，只得败退。

扶苏一退，整条战线松动，秦军全线后撤，蒙恬也抵挡不住，身不由己地被裹挟着后退。头曼单于兴高采烈地喊道："勇士们，追啊！杀呀！秦军败了，我军胜了，不能放走扶苏，抓住他重赏黄金千两、美女百名。"

就在扶苏这边即将全线崩溃的紧急关头，蒙恬终于撕开一道口子杀了过来，辛腾也率领大军前来救援。援军到后，秦军士气复振，知道右贤王的人马已被全歼，而匈奴一方则是彻底绝望。头曼单于得知右贤王殉国的消息后，一怒之下挥起大刀将一名偏将斩为两段。

战场上两军还在厮杀，秦军鼓噪向前，匈奴人马节节败退，毫无招架之力。冒顿劝说道："父汗，秦军势大，寡难敌众，我们还是撤吧。"

左贤王不敢明劝："大汗，你与太子赶快脱身，给臣一万人马，我来掩护大汗平安退走。"

头曼单于心知大势已去，长叹一声："老天何其不佑，让本汗败得如此惨烈，还留什么掩护，我们全线离开吧。"

杀虎口之战，秦军取得了空前的胜利，蒙恬将盘踞在河水（黄河）以南地区多年的匈奴人赶到了河水以北。

第二年，蒙恬又率大军将榆中至河水以东一线的匈奴人一路驱赶到阴山以北，并在这一地区设立四十四个县，并沿着那一带的黄河修筑长城，以河水、长城为障，向北抵御匈奴。

同年，蒙恬又率兵渡河向西北连取高阙（在今内蒙古潮格旗东南，杭锦后旗东北）、陶山（今狼山山脉）、北假中（狼山东南的五原、乌梁素海一带）等地，并且派人筑建城墙抵御匈奴。

从秦始皇三十三年（公元前214年）开始，蒙恬统率秦军在对匈奴的战争中不断取得胜利，为秦帝国开拓了辽阔的疆土，但战争也让秦王朝付出了沉重的代价，不仅要不时向北部边境移民以屯垦，而且守卫攻占的领土和巩固边防对秦王朝而言也是一个大难题。另外，对匈奴作战时的后勤粮草供应也是秦军的一个沉重负担。为了从根本上解决这一问题，秦始皇决定在秦、赵、燕北部边地长城的基础上重修长城。

秦始皇下令蒙恬及其统率的数十万士兵负责修建长城，还下旨让公子扶苏督军修建长城。圣旨大意是，以往的赵国长城已经残缺不全，才使匈奴有隙可乘，敌人的军马从豁口长驱直入。为了保护国家的安全，30万大军应立即动手把原有长城全部连接起来。人员不足，再发二十万黔首罪犯参与，共五十万人。

从秦始皇三十四年（公元前213年）到秦始皇三十七年（公元前210年），秦军在公子扶苏的监督及蒙恬的主持下，用差不多四年时间修建了一条长达万里的气势磅礴的长城，横跨今甘肃、宁夏、陕西、内蒙古、河北、辽宁六省区。这个奇迹是数十万秦国军民日夜赶工创造的，更是秦人充分发挥自身智慧创造的。

在修建长城的过程中，修建者"因地形，用制险塞"，使得长城的修建更加顺利；而秦、燕、赵原有的长城为秦长城提供了基础，使新修长城的工程量大大减少。修建者正是在原有长城的基础上"可缮者缮之"，进行增补、新筑，才使工程进行得如此顺利。在具体实施时，秦长城的西段借用了秦昭襄王时修筑的长城，中段、东段则借用了赵长城、燕长城。

秦昭襄王时，为了防备匈奴入侵，秦国在北部边境修建了一条西起临洮的东向长城，这条长城在到达今天的陕西安塞县后一分为二，一条到达秦国上郡治所，一条到达内蒙古托克托县十二连城附近的黄河岸边。

赵武灵王时期，赵国在攻破林胡①、楼烦②后修筑了一条从今河北蔚县东北到今黄河河套西北狼山附近的赵长城；而燕国在燕昭王时则修筑了自今河北怀来县至今辽宁辽阳市的燕长城，当时燕国还在这一地区设置了上谷、渔阳、右北平、辽西、辽东等郡。

秦长城是在这三条长城的基础上修建而成的，所以新修长城的走向与这三条长城大体一致，西起临洮，沿贺兰山、阴山向东到达辽东，长达1万多里。当时秦长城在军事防备方面是有着重要作用的，它将匈奴阻隔在长城之外，保障了秦北部边境的安定。可以说，在封建社会时期，长城一直是中原农耕民族防御北方游牧民族最为有效的防御体系。秦王朝灭亡以后，从汉代到明代，很多王朝为了防御外敌入侵，都在原长城的基础上重新修葺了这一防御工程，其中以明朝时期的修建最为突出。

在中华民族的历史发展中，秦长城的确做出了巨大的贡献，但是规模如此宏大的工程，在科技发达的现代社会修建起来都不是件容易的事情，它无疑要耗费秦国极其庞大的人力、物力和财力。据史料记载，秦始皇为修建长城，动用了近百万人力，占当时全国人口的二十分之一。而且，当时修建长城全靠人力，在崇山峻岭、峭壁深壑中进行如此艰险的工作，必然会造成伤亡。据说修建长城死亡的人不计其数。关于秦始皇修长城的故事，民间流传甚广的便是"孟姜女哭长城"。

其实，孟姜女的故事是根据《左传》中的一个故事改编的，故事的主人公是杞梁妻。原故事是这样的：齐国有一个名叫杞梁的大夫战死在沙场上，杞梁的妻子不远万里去寻夫，没想到在路上遇到了齐国的国君齐庄公。齐庄公听了杞梁妻的哭诉，便想在路边祭奠一下杞梁。但是杞梁妻以这种做法不合礼制为由拒绝了，请求齐庄公到杞梁家里去祭

---

① 林胡：又称林人、儋林，为林中胡人之简称，生活于森林中。活动地区为鄂尔多斯高原东部，包括今伊金霍洛旗、东胜区和准格尔旗及东越黄河到晋北山地森林区。

② 楼烦：北狄的一支，约在春秋之际建国，其疆域大致在今山西省西北部的保德、岢岚、宁武一带。

奠。齐庄公无奈，只得跟随杞梁妻到其家中祭奠杞梁。这个故事的主人公并非孟姜女，而且整个故事也与秦长城没有半点关系。然而到唐代时，这个故事口口相传，几经改编，在敦煌词中便出现了"孟姜女，杞梁妻，一去燕山更不归"，孟姜女和杞梁妻就成了同一个人，而且她丈夫的葬身地也由战场变成了长城的工地。

  史书中并没有记载这个故事，但它流传甚广，并且世代相传，从这一点也说明它在某种意义上代表了百姓的思想倾向。秦始皇筑长城、开灵渠、修驰道，虽创下丰功伟绩，但在百姓眼中他却是劳民伤财、不恤民情的暴君。而他大兴土木、独断专行的做法也为大秦二世而亡的结局埋下了隐患。

第八章　苛政虐民失人心

一、扩宫苑，建阿房

对匈奴战争的胜利，使秦王朝的版图空前扩大，其疆域"东至海暨朝鲜，西至临洮、羌中，南至北向户，北据河为塞，并阴山至辽东"，可谓幅员辽阔。

但凡庞大的帝国都有宏伟壮丽的国都及相应的政治性建筑与之相配，但凡大一统的王朝，总会有那么几个嗜好大兴土木的皇帝出现。秦始皇实现天下统一之后，也开始大兴土木，想要修建与大秦帝国相匹配的宫殿。

秦国历代经营关中，早已形成了庞大的都邑和宫室体系。自秦孝公迁都咸阳以来，国力一直处于上升状态，伴随着国家强大，历代国君也不断对咸阳的宫殿进行修整和扩建，使咸阳宫殿之宏伟壮丽成为六国之最。但是，秦始皇对此并不满足，继续大规模地修建皇宫庭苑。

据相关史料记载，每征服一个诸侯国，秦始皇就命人"图绘其宫殿"，然后在渭水北岸仿造各具特色的"六国宫殿"。这些宫殿有的以国名命名，如"楚宫""卫宫"等；还有的以地名命名，如"冀阙""咸阳宫"等。

六国被灭后，咸阳宫内已经宫苑林立，极尽奢华，但是秦始皇似乎意犹未尽，继续大规模地修建宫殿。秦始皇二十七年（公元前220年），刚刚完成统一的秦始皇意气风发，在第一次巡狩陇西回来后，下令：

"焉作信宫渭南，已更命信宫为极庙，象天极。自极庙道通骊山，作甘泉前殿。筑甬道，自咸阳属之。"这一建筑群的核心应当是极庙。极庙又称太极庙，象征着天上的北极星。北极星在古代被认为是群星的中心，是不动的，群星都围绕着它运动，因此北极星就成了象征皇帝在世间处于核心地位的"紫微帝宫"。后来，秦二世将极庙改为始皇庙，尊为"帝者祖庙"。

然而，不管是六国宫殿还是太极庙建筑群，相对于秦始皇后来大兴土木而言都只是小巫见大巫，接下来，秦始皇修驰道、筑长城、开凿灵渠，这些都是耗时耗力又耗财的大规模工程。尽管如此，这些工程在当时及后世还是有好处的，或利于军事防御，或益于交通灌溉。而秦始皇大肆扩建宫殿，尤其修建阿房宫则是有百害而无一利。

唐代杜牧曾作《阿房宫赋》，描述道：

六王毕，四海一；蜀山兀，阿房出。覆压三百余里，隔离天日。骊山北构而西折，直走咸阳。二川溶溶，流入宫墙。五步一楼，十步一阁；廊腰缦回，檐牙高啄；各抱地势，钩心斗角。盘盘焉，囷囷焉，蜂房水涡，矗不知其几千万落！

长桥卧波，未云何龙？复道行空，不霁何虹？高低冥迷，不知西东。歌台暖响，春光融融；舞殿冷袖，风雨凄凄。一日之内，一宫之间，而气候不齐。

当然，这只是杜牧凭想象而作的描述，因为阿房宫实际并未建成。据史料记载，阿房宫是秦始皇在晚年才开始建造的。秦始皇三十五年（公元前212年），秦始皇觉得"咸阳人多，先王之宫廷小"，于是征发几十万人在渭水南岸大规模修建宫殿，将宫室的重心移向西周故都遗址"丰镐之间"。"先作前殿阿房，东西五百步，南北五十丈，上可以坐万人，下可以建五丈旗。周驰为阁道，自殿下直抵南山，表南山之颠以为阙。为复道，自阿房渡渭，属之咸阳，以象天极阁道绝汉抵营室也。阿房宫未成；成，欲更择令名名之。作宫阿房，故天下谓之阿房宫。"

秦始皇修建如此宏大的工程，常年用工七十万人，但还没有建成，他就暴病而亡。

秦始皇死后，为修建骊山陵墓，阿房宫一度停工，直到秦始皇下葬后才复工。不过一直到秦朝灭亡，这座庞大的宫殿只建成了前殿地基。因其所在地叫阿房，此宫就命名为阿房宫。秦二世本打算在整个宫殿建成后再为它重新命名，但他很快被赵高所害，秦朝也随之灭亡。

秦始皇为什么要耗费如此大的财力、物力、民力去扩建都城和宫室呢？仔细分析，不外乎以下几个原因：

一是为了威震天下。

历代皇帝大兴土木的原因，从汉初刘邦与萧何的一段对话可窥一斑。汉高祖刘邦刚刚称帝，丞相萧何就修建未央宫，"立东阙、北阙、前殿、武库、大仓"，极其宏伟壮观。刘邦见之大怒，指责萧何："天下纷乱多年，老百姓吃苦已经够多了，现在好不容易太平了，我们的政权还不稳定，你就搞这样劳民伤财的工程，太过分了！"萧何分辩说："正因为天下人心未定，才要修建壮丽的宫殿。天子本来就四海为家，如果没有一个威严的宫殿，如何能够威震天下呢？修建豪华的宫殿，是为了让老百姓知道谁是真命天子，这正是为了维护稳定！更何况现在修了一步到位，也能防止后世的王子王孙不停地扩建导致民怨沸腾。"听了萧何的解释，刘邦马上转怒为喜。

萧何的解释是符合中国古代统治术的。可以说，历代帝王之所以不惜花费巨资修建宫廷，正是为了体现皇权不可一世的气势、皇帝君临天下的威严及皇家地位的尊贵。

宫廷制度是皇权的物质标志，包括地理位置、建筑格局、内侍组织及其相关规制等。在观念上，皇宫内苑是帝王齐家的地方，朝堂大殿是帝王治平的地方，帝都京城是国家的政治中心。皇帝，即天子，宫廷的各种称谓如天宇、天衢、天阙、大邑、宸极、皇州、帝乡等，都是在尊崇天子。天子所在的各种建筑当然也都具有政治功能和象征意义，在设计上都刻意通过空间和色彩的对比来营造富贵、崇高和威严的气势，比如巍峨的宫阙、恢弘的门楼、雄伟的围墙、宽阔的广场、壮丽的殿堂，并以河桥、华表、金龙、石兽来装饰，再用白玉、碧瓦、红砖来渲染，从而使建筑显得富丽堂皇、庄严肃穆、凌驾一切。另外还有隆重、神圣、威严、繁缛的大典仪轨。皇帝在这种意境与氛围之中行使"官天下"的权力，扮演"家天下"的角色，人们只能仰视、崇拜，哪个敢对君王怀有二心呢？

二是为了炫耀自己的功德。

秦始皇为了与皇帝尊称相匹配而修筑极庙，为了炫耀自己威武地横扫六国而复制各国宫室，无非是为了彰显自己的伟大与不凡。

三是穷奢极欲的表现。

秦朝的皇家建筑群可以说是自古以来极其罕见的，它以宫室建筑为主体，配以苑囿园林，依山傍水，布局严整，错落有致，气势雄伟，集当时各种技术工艺之大成。秦始皇还将分布在各地的各国王宫、离宫统统据为己有。即使如此，他仍然不满足，又大规模修建恢宏奢华的阿房宫，并在各地大量建造离宫，"关中计宫三百，关外四百余，于是立石东海上朐界中，以为秦东门"。修建如此规模宏大的宫殿、苑囿和遍布各地的离宫，显然远远超出了帝王日常生活的实际需要，不是穷奢极欲又是什么呢？

四是修炼仙道。

秦始皇听信术士卢生之言，为了见到"真人"，将自己隐蔽在宫中。为了适应这个特殊需求，"乃令咸阳之旁二百里内宫观二百七十复道甬道相连，帷帐钟鼓美人充之，各案署不移徙。行所幸，有言其处者，罪死"。这纯属为了满足个人私欲，对国家没有一点益处。

秦都宫室苑囿规模宏大，建筑极其豪华，直到秦始皇辞世，阿房宫的主体工程阿房前殿还没有完工。此外，秦始皇还先后兴建梁山宫、曲台宫、长乐宫、兰池宫、宜春宫、望夷宫、南宫、北宫、兴乐宫、林光宫等。为了修建宫室、陵墓，秦始皇派遣"隐宫徒刑者七十余万人，乃分作阿房宫,或作骊山。发北山石椁,乃写蜀、荆地材皆至";又"因徙三万家丽邑,五万家云阳,皆复不事十岁"。这些包含着山岭的皇家禁苑,要兴徭役才能修缮,可见其规模之大。但秦始皇对此仍不满足,司马迁在《史记·滑稽列传》中说:"尝议欲大苑囿,东至函谷关,西至雍、陈仓。"秦始皇不仅大肆修建宫殿,还扩大狩猎的场地,足见其生活的奢靡程度。

二、修建骊山陵墓

帝王陵墓属于国家工程,帝王们往往为了维护皇权、巩固统治而修筑奢华壮观的陵墓,不论中外,有帝国必然有帝王陵墓,而且帝国越强盛,帝陵越宏伟。秦始皇开创了伟大的大秦帝国,自然也会为自己建造豪华的陵墓。在中国历史上,秦始皇骊山陵工程的规模之大、耗费之巨,可谓前无古人,后无来者。

中国自古就有厚葬之风,甚至形成了"事死如事生"的礼制。考古发现的商王及后妃、贵族之墓即可证明。春秋战国以来,厚葬之风更加盛行,还增加了封土山陵。先有"吴王阖闾,违礼厚葬",然后"秦惠文、武、昭、严襄五王,皆大作丘陇,多其瘗臧①"。而秦始皇的做法则超过了前面所有的君王,成为中国古代帝王厚葬之最。

秦始皇陵位于风景秀丽的骊山和渭水之间,这是他经过多次挑选才确定下来的风水宝地。据史书记载,秦始皇13岁即位后,就开始在这里为自己营建地下宫殿。生前修建陵墓,并不是秦始皇首创,很可能从春秋战国时期就开始了,如赵国的赵肃侯"十五年起寿陵",现今发现的许多战国时代的陵墓也都是当时的权贵生前建造的,但秦始皇很可能是历史上第一个一即位就开始为自己建造陵墓的君王。依古代制度,"天下贡赋三分之一,一贡宗庙,一贡宾客,一充山陵"。秦汉

---

① 瘗臧:指殉葬品。

时期，皇帝的开销由皇室财政负责，皇室财政与国家财政是分开的，尽管如此，皇帝仍然有办法将国家财政挪为己用。秦始皇为自己修筑陵墓，名义上是用皇室财政，其实仍是民脂民膏，所用劳力是国家徭役。

作为中国历史上的第一座皇帝陵园，秦始皇陵的规划设计等前期工作由丞相李斯负责。为了让秦始皇死后还能享尽荣华富贵，李斯按照秦国都城咸阳的宫殿格局绘制了秦始皇陵的规划图，陵墓大致呈回字形，分陵园区和从葬区两部分，四周修筑内外两重城垣。

陵墓开始修建后，由大将章邯①负责监工，由囚徒和征发来服徭役的百姓进行建造。

在世界建筑史上，秦始皇陵工程无论从规模、耗时、耗资，还是动用民力、陪葬品都是空前的，开创了历代统治者厚葬的先例。如此浩大的工程，整整修建了三十九年，大致可分为三个阶段：

第一阶段从秦始皇即位（公元前247年）到统一六国前，共二十六年时间，属于陵园的初建阶段。这一阶段的工作主要由丞相李斯负责，包括确定陵园工程的设计、施工方案、所需材料及来源，确定陵园的基本格局。

第二阶段从秦完成统一（公元前221年）到秦始皇三十五年（公元前212年），共九年时间，属于陵园的主要修建期。在这一阶段，章邯等大秦官员负责监督，役使七十多万囚徒不分昼夜地劳动，大规模地施工建设，到秦始皇三十五年，陵园的主体工程基本建造完毕。

第三阶段从秦始皇三十五年（公元前212年）到秦二世二年（公元前208年），历时三年多，属于陵园的后期收尾阶段。这时秦王朝的统治已经摇摇欲坠，各地农民揭竿而起，反抗秦朝的暴政。秦始皇死后，为了加快陵园的修建，秦二世命令修建阿房宫的大批囚徒暂停作

---

① 章邯：秦朝著名将领，上将军。秦二世时任少府，为秦朝的军事支柱，秦王朝最后一员大将。

业，先去修筑始皇陵。但即便耗时三年多，调集了更多的劳力，整个陵墓工程最后仍未能竣工。

就在陵墓最后的覆土阶段，陈胜①、吴广②领导的农民起义爆发。起义军迅速壮大，不久，起义军的一部在周文的率领下向咸阳进军，很快就打到了距离始皇陵不远的临潼附近。

大军压境，咸阳岌岌可危，从未经历过战争的秦二世惊慌失措，急忙召集群臣商议对策。少府令章邯对秦二世说："盗已至，众疆，今发近县不及矣，骊山徒多，请赦之，授兵以击之。"面对性命之忧，秦二世也顾不得给父亲修陵墓了，当即答应章邯的请求。出人意料的是，章邯带领这群乌合之众，竟然打败了周文的起义军，缓解了秦二世的燃眉之急。此时秦军主力还在长城一线和岭南地区，因此这支由囚徒组成的军队暂时成了秦朝的主力军。此后，始皇陵工程彻底停工。

现在，从地表上看秦始皇陵，只能看到一个平地堆积起来的巨大的黄土堆，好像一个口向下的方形巨斗，高47米，东西长345米，南北宽为330米。陵外围有两道城墙。内城为正方形，周长为2525米，边长为631米左右；外城为长方形，周长为6294米。

据说，皇陵地表下面，一直凿到见地下水，然后用铜封铸，防止泉水上溢，再安放棺椁，这就是《史记》所说的"穿三泉，下铜而致椁"。

墓室里面，"百川""江河""大海"一应俱全，里面均灌满水银；地宫之内，宫苑齐全，百官都刻成石像侍立两旁，跟秦始皇生前没有什么两样。正如史书中所说："下具地理，江河流布，村舍四野，宫室狗马，无一不备；上具天文，日月星辰，流光溢彩，雕龙画凤，应有尽有。"而且地宫内的所有物品都是用珍珠、宝石、黄金镶嵌，十分奢侈

---

① 陈胜：字涉，阳城人，秦末农民起义的领袖之一，反秦义军的先驱。在陈郡称王，建立张楚政权。后被秦将章邯所败，遭车夫刺杀而死。刘邦称帝后，追封他为"隐王"。

② 吴广：字叔，阳夏（今河南太康）人，秦末农民起义的领袖之一。后来因与义军将领田臧意见不合，被田臧假借陈胜的命令杀害。

豪华。为了不让秦始皇死后生活在黑暗中，聪明的中国古代工匠居然将鲸鱼油做成玉象，玉象口衔火珠为星来代替膏烛，这样秦始皇就可以永远沐浴在光明之中了。

由于秦始皇死得突然，骊山陵的修筑最终由秦二世胡亥完成。胡亥或许出于对父皇的崇拜，也许出于阴谋篡位后的愧疚，抑或是欲借此树立自己的权威，总之，他对骊山陵的工程不计任何代价，竭力追求完美，企图借助千古一帝的伟大葬礼来彰显大秦帝国的威仪，以及帝国的继往开来。

为了让秦始皇在另一个世界不孤独寂寞，秦二世胡亥竟然实行"生殉"。"先王后宫凡是没有子女的嫔妃，不宜再放出去，一律殉葬。"为了缓和阶级矛盾，秦国在秦献公时期就废除了"生殉"制度，而秦二世再次以活人殉葬，足以表明其昏庸与残暴。

秦二世的残暴还不止于此，为了防止修筑秦始皇陵的能工巧匠和知情者泄露陵中机关，丧事完毕，他下令将这些人统统活埋在地宫里。如此浩大的工程，如此众多的宝藏，到底有多少人经手、多少人知情，这实在是一个惊人的数字。据《汉书·刘向传》称："多杀宫人，生埋工匠，计以万数！"

秦始皇陵的陪葬规模也极其庞大，位于秦陵东侧1.5公里处的兵马俑陪葬坑就是最好的证明。

1974年春天，当地一个农民在打井时挖出一个秦俑武士的头部。后来经过进一步发掘，考古学家在附近又发现了三个兵马俑坑，坑内埋葬着大量的陶制彩绘兵马俑以及当时使用的各种实战兵器，其兵马形象与真人真马一模一样。随着挖掘的深入，出土兵马俑近万个，全都手执弓箭、长矛、戟剑等实战兵器，队伍整齐，阵容庞大，气势恢宏，被称为"世界第八大奇迹"。这威武雄壮的秦俑军阵，生动地再现了当年秦始皇"飞剑决浮云"，横扫六国和创建大秦帝国的气势。

考古学家们按照兵马俑坑被发现的时间，分别命名为兵马俑一、二、三号坑，三个坑的总面积为227 780平方米。

一号坑的平面呈长方形，东西长230米，宽62米，深5米左右，总面积14 260平方米，坑内有十道2.5米宽的夯土隔墙，隔墙上架着粗大的横梁，上面还铺有芦席、细泥和土，底部铺满青砖。一号坑兵马俑是按现实的战场军阵排列的。俑坑的东端是一个长廊，站着军阵的前锋部队，兵士全都身着战袍，手持弓弩，称为武士俑，共有三排，每排70件，共210件，全都面东而立。长廊南边有一排面向南的武士俑，是右翼；北边有一排面向北的武士俑，是左翼。西边有一列面向西的武士俑，是后卫。左右翼及后卫武士俑也都拿着弓弩等远射兵器，负责整个军阵的警戒。十道隔墙隔开的十一个过洞里排列着三十八路面向东的纵队，每路中间都排列有驷马战车，陶俑全部身披铠甲，手执长兵器，这是一号坑的主力部队。一号坑共有27个探方①，出土兵马俑6000余件，大部分为步兵。

兵马俑二号坑在一号坑东往北20米的地方，由四个单元组成，面积6000平方米，出土陶俑1000多件，车马、鞍马近500件。所有陶俑分四个兵种，共同组成了一个曲尺形军阵。第一单元，俑坑东边突出的大斗子部分，是由334件弩兵陶俑组成的小方阵；第二单元，俑坑的南半部，包括一至八过洞，是由64乘驷马战车组成的方阵，每乘战车有军士俑3件；第三单元，俑坑的中部，包括九至十一过洞，是由19乘战车和100多件随车徒手兵俑组成的方阵；第四单元，俑坑的北半部，包括十二至十四过洞，是由战车6乘、鞍马和骑兵俑各124件组成的骑兵阵。这四个单元组成了一个大阵，又可以分开独立成阵，能攻能守，自我保护力强，反应迅速。在二号坑的军阵中，战车就占面积的一半以上，由此证明秦代车兵仍为作战的主要力量。

在二号坑往西、一号坑向北25米的地方是三号坑。三号坑面积为520平方米，平面呈凹字形，仅有4马1车和68件陶俑。三号坑内发现

---

① 探方：考古学家在挖掘陵墓时通常把发掘区划分为若干相等的正方格，这些正方格就叫作"探方"。

了一种无刃兵器铜殳。铜殳在秦代是一种专门用于仪仗的兵器，在北厢房内还发现有残鹿角一件、动物朽骨一堆，可能是专供战前占卜或祷战活动用的。从三号坑的整体布局来看，专家推测它很可能是整个地下军阵的指挥部，当时叫"军幕"。

陶俑跟真人一样有高矮胖瘦之分，最矮的为1.78米，最高的为1.97米；最轻的不到110公斤，最重的达300公斤。陶俑和陶马都是有色彩的，有红、绿、黄、兰、紫、褐、白、黑、朱红等十余种颜色，均为矿物颜料，但因年代久远，只有个别的还保留着的色彩。

兵马俑坑内有很多兵器，其中有一把青铜剑最引人注目。这把青铜剑已经在地下埋藏了两千多年，竟然没有生锈，依然锋利无比，一次能划透二十张纸，而且至今光亮如新。经过专家鉴定，此剑乃铜锡合金，并且含有十多种稀有金属，表面涂有10~15微米的含铬化合物氧化层，表明当时人们已经能使用铬盐氧化保护技术了。中国在秦朝时期就已经将镀铬技术使用在兵器上，而德国直到20世纪30年代才发明出该技术，比中国晚了两千多年。

1980年12月，在秦始皇陵西侧20米处，发掘了2乘大型彩绘铜车马，考古科学家按照发现的顺序，编为一号和二号铜车马。这两乘车呈前后纵向排列，均为四马单辕双轮。一号车是古代的"高车"，车上配有弓弩、箭头、盾牌，驾车者戴有官帽，由此可以推测这乘车是负责护卫工作的。二号车叫"安车"，分为前御室和后乘室。两室之间隔以车墙。前御室内坐的是赶车人，后乘室坐着主人。此车通体有以白色为底色的彩绘，上面有椭圆形的伞状车盖，车上配有1500多件金银构件和饰物，看上去相当华贵，专家猜测它可能是秦始皇出游时乘坐的。

铜车马制作得极其逼真，所有地方都仿照真车、真马、真人制作，只是尺寸约为真车、真马、真人的二分之一。铜车马主体为青铜铸造，由大小3400个零部件组装而成，车马的金银装饰品有1720件。车长3.17米，高1.06米。铜马高65~67厘米，身长1.2米，重量也各不相同，最轻的为177公斤，最重的为212.9公斤。车、马、人总重量为1243公斤。金银器总重达7公斤。伞状车盖厚4毫米，车窗仅厚1毫米，还有许多透孔。如此高超的制作工艺实在令人叹服。

令人惊叹不已的地方还有很多，比如，马璎珞的直径只有0.1毫米，是用细如头发的青铜丝制成；马的项圈由42节金和42节银焊接起来，其焊接痕迹用肉眼根本看不出来；马的笼头是用一根金管、一根银管，采用子母扣连接的方式制成，笼头上有根销子，拔下销子就可以将笼头完整地取下来。专家研究发现，铜车马在制作上采用了铸、焊、铆、镶、嵌、錾、刻等多种工艺手段。

铜车马不愧为青铜器之珍品，时代最久、驾具最全、级别最高、制作最精，而且在世界考古史上属于最大的青铜器。它的发现为考证秦代冶金技术、车辆结构、工艺造型等提供了极为珍贵的实物资料。

考古学家们在秦陵兵马俑坑中发现了很多秦代的文物，它们是研究秦代政治、经济、军事、文化、科技的第一手资料。另外，现今发掘的几个陪葬品坑只是秦陵的一小部分，秦陵整体的规模之大让人不敢想象。

而如此宏大的工程是劳动人民用血汗筑成的。李白有诗云："秦王扫六合，虎视何雄哉！……刑徒七十万，起土骊山隈。"这首诗既是对秦始皇一统天下的辉煌业绩的歌颂，也是对骊山墓工程浩大的描述。骊山墓近四十年的无节制兴建，不仅耗费了巨大的财力、物力，更为秦王朝积累了民怨，加速了秦王朝的灭亡。

对于秦始皇，汉代贾山做出这样的评价：

> 昔者，秦政力并万国，富有天下，破六国以为郡县，筑长城以为关塞。秦地之固，大小之势，轻重之权，其与一家之富，一夫之强，胡可胜计也！然而兵破于陈涉，地夺于刘氏者，何也？秦王贪狼暴虐，残贼天下，穷困万民，以适其欲也。昔者，周盖千八百国，以九州之民养千八百国之君，用民之力不过岁三日，什一而籍，君有馀财，民有馀力，

而颂声作。秦皇帝以千八百国之民自养，力罢不能胜其役，财尽不能胜其求。一君之身耳，所以自养者驰骋弋猎之娱，天下弗能供也。劳罢者不得休息，饥寒者不得衣食，亡罪而死刑者无所告诉，人与之为怨，家与之为仇，故天下坏也。秦皇帝身在之时，天下已坏矣，而弗自知也……秦皇帝计其功德，度其后嗣，世世无穷，然身死才数月耳，天下四面而攻之，宗庙灭绝矣。

贾山用"穷困万民"一词，准确地说明了秦朝百姓的负担之重。然而，秦始皇对此毫无知觉，而且从不知足，"天下弗能供也"。最终，天下不堪其暴虐，群起而攻之，秦王朝就这样短命而亡。清代文学家袁枚写道："生则张良锥之荆轲刀，死则黄巢掘之项羽烧，居然一抔尚在临潼郊，隆然黄土浮而高。"如果秦始皇知道他所建立的"万世帝国"仅二世便毁于一旦，会作何感想呢？

三、焚烧诗书

秦始皇统一六国后，实行封建专制的中央集权政治，这使一些笃信儒家经典、崇拜西周王制的人非常不满，常常引经据典，妄议新的制度，这让秦始皇非常生气。

秦始皇三十四年（公元前213年）的一天，他为了庆贺前一年与匈奴作战大捷，在咸阳宫举行盛大的酒宴，宴请文武百官及当时在学术思想界有名望、有地位的七十位博士。酒宴正酣，博士们集体举杯向秦始皇敬酒，仆射周青臣借此机会对秦始皇歌功颂德："过去秦国的疆域只有千里，全赖陛下英武神明，所以能平定海内，放逐蛮夷。如今普天之下，凡是日月光辉照得到的地方，莫不诚心悦服。而且陛下创立了前所未有的制度，以诸侯封地为郡县，今后得以永享太平，没有战争的祸患，百姓人人安乐，万世无忧！自古以来，没有哪个君王能比得上陛下的威德。"

秦始皇听了非常高兴，连连点头夸奖周青臣道："说得好！说得好！"但周青臣的话触怒了另一些固守旧思想的博士。齐地博士淳于越原本对秦始皇不循旧制非常不满，如今更看不惯周青臣这副拍马逢迎的模样，于是大吼一声道："周青臣，你面谀陛下，是何居心？"然后他又上前对秦始皇说："殷周之所以能够享国长久，相加起来有一千五百余年之多，原因就是它以广封子弟功臣作为辅助，这就如同大树的根一样，向各个方向蔓延，占地广阔，树自然不容易被风吹倒，也经得起干旱。如今陛下拥有海内，而子弟全为匹夫，没有尺土之封，如果权臣中有人心生异志，那么拿什么来相救呢？"

淳于越的观点与当年丞相王绾的观点相同，就是要实行分封制。秦始皇对淳于越重提分封制很反感，脸上明显表现出不悦之色，但淳于越生性固执，他装作没看到秦始皇的脸色，继续说道："古来制度都是经过长期考验的，能流传下来一定有它的好处。所以有古人说，利不十倍就不要改制，未经过实验的制度骤然实施，是一件很危险的事情。现在周青臣不但不劝谏，反而当面歌功颂德说阿谀之言，他不是忠臣！"

分封制关系到大秦帝国的统治，所以秦始皇听了淳于越的言辞虽然很不高兴，但还是强压怒火，下令将这件事进行廷议。李斯从前做廷尉时就驳斥过丞相王绾提出的分封制，这次他再次当仁不让地站出来驳斥淳于越的观点，他说："无论三皇还是五帝，都各有各的制度，各有各的行事法则，夏、商、周也各有各的治国要领，并非世代相袭，为什么？"他稍稍停顿一下，转过身子面向群臣，挥了一下手，继续说道："这样做并非故意与前代唱反调，而是时代的需要，时代变了，制度和治国法则也必须随着改变。现在陛下所创的功业是伟大的，是千百年来都没有过的，必须世代相传，永续下去，这些道理你们这些顽固不化的儒生根本不懂。刚才淳博士说的是三代故事，请各位同僚想想三代算得了什么，能指挥的兵力不过万乘，控制的范围不过千里，怎么能来和陛下比？"

犹如一石激起千层浪，以淳于越为首的众儒生听了李斯这番激昂高冗的言论，纷纷站起来反击，至少有二十人发了言，个个引经据典，侃侃而谈。李斯一方也不甘示弱，一场廷议最终演变成儒家和法家的思想大战。

乱哄哄的场面听得秦始皇头昏脑胀，烦不胜烦，他实在忍无可忍，便下令结束了这场讨论，并命李斯给出对策。事后，李斯召集他的法家门客，花了近十天的时间，拟好了对策上奏秦始皇：

过去诸侯相争，都建立自己的国家，而且竞相招揽士才，所以才养成了私人教学和游学的风气。现如今天下统一了，法令统一了，所有百姓都应该努力从事农工，天下一统，法令从一而出，天下百姓皆应努力从事农工，士则应该紧随皇上步伐，学习法令制度和各种刑法。然而现在这些儒生所教出来的士人，置当下有用的实际学问于不顾，整天一门心思扑在古书上，然后以古照今，乱发议论，妖言惑众，致使百姓猜疑陛下创建的法令制度，其危害远比任何罪行都要大。

而且这些儒生总是用那套旧经典来驳斥新颁布的法令，他们不仅自己不服气，还经常外出聚集百姓进行非议；他们以批评陛下来成名，以唱反调为高明，哗众取宠，连群结党来专门制造谣言诽谤新政，这种情形必须严厉禁止才行，否则必然会造成百姓对我大秦所施行的任何政策法令不信、不服。请陛下思量！

李斯不仅陈述了禁止儒家言论的理由，而且详细列举了禁止的具体办法：

所以臣请求焚烧除秦国历史之外的所有史书，禁止掌管图书的官方博士之外的任何人私藏诗书及诸子百家书。这项命令可交由郡守、郡尉等地方官执行查禁，搜出的书简全部加以焚毁。

此外，凡是两个人以上聚在一起讨论诗书的，均论斩弃市；凡是拿古代制度来批评责难当下制度的，均灭族；如果官吏知情不报，要同罪处之。不管官吏还是百姓，接到焚书令三十天内不执行的，均判劳役四年，谪配北边修筑长城。实用学问的书简，如医药、卜筮、园艺等例外，如果有人想学习政治、刑名法令之学，必须到官办学校学习。

李斯在对策中不仅极力陈述以古非今的错误，而且表明这种情况已经在很多地方出现，特别是齐鲁两地最为严重。他的陈辞可谓文情并茂，非常有说服力。

事实确如李斯所言，齐鲁两地儒家思想最为深入，社会各个阶层都信奉儒学，不仅士大夫、贵族，就连普通百姓，都热衷于讨论政治。这种现象是由孔子私人办学、提倡有教无类造成的。加上孔子之孙子思①的门人孟轲②早些年游说各国，大肆宣扬"民为重，社稷次之，君为轻"的民本思想，齐鲁两地的百姓更加信服儒家思想。

另外，天下统一后，中原多年没有发生战争，百姓们逐渐富裕起来，思想也随之活跃起来，有时间和精力去讨论政治了，久而久之，社会上就形成了一种风气——士大夫学术结社清谈，市井贩夫走卒谈论行政得失，批评官员私德。齐鲁两地早就有了这种社会风气。过去齐国一直采取无为而治的政策，齐地法令相对宽松，现在秦法以严苛著称，执法官吏，尤其是由皇帝直接派出的郡监御史都是执法以严，而且经常以执行法令的名义进行勒索，这些行为引起了齐地百姓的反感，所以他们更觉得古代制度比现今的制度好。不过，对于朝廷派出的官员的种种劣行，李斯在对策中并没有明确指出，只是将齐鲁两地不安的情形都归咎到古书和那些钻研、教授古籍的儒生身上。

在对策的结尾，李斯做了一个警示性总结：必须查禁古籍，必须禁止儒生私人办学，必须禁止士大夫结社，否则要不了多久，中央集权的

---

① 子思：即孔伋，鲁国人，孔子的嫡孙、孔鲤之子。受教于孔子的高足曾参，孔子的思想学说由曾参传子思，子思的门人再传孟子。后人把子思、孟子并称为思孟学派。

② 孟轲：即孟子，姬姓，战国时期邹城（今山东邹城）人，伟大的哲学家、思想家、教育家，儒家学派的代表人物，与孔子并称"孔孟"。

新制度就会受到质疑，特别是孟轲所宣扬的"民为重"理念，会直接威胁到皇帝的统治权威。

秦始皇很赞同李斯的观点，他也觉得那些具有旧思想的人到处宣扬旧制度，确实是在妨碍他的统治，于是他接受李斯的建议，下令焚书，并指派李斯作为这次行动的主要负责人。

李斯首先以秦始皇的名义颁发诏令，命令全国各地限期焚书，凡三十日不执行者，就要受到相应的刑罚，并发往北边修筑长城。然后由朝廷派出监御史到各郡监督执行，各郡则派监察人员到各县，各县则派监察人员到各乡里。一时间天下一片恐慌，起初有人认为朝廷只是说说而已，于是持观望态度。也有人迅速行动起来，挖地窖、筑复壁，想出各种办法藏书。这种事只能在夜晚独自秘密进行，甚至连自家人都不能告知。很多鬓发皆白的老学究平生第一次拿起了铁锹等工具，将他们视若生命的宝贵藏书埋藏起来。他们虽然畏惧严刑峻法，但传承文化的决心最终战胜了恐惧。儒家思想最为集中的地方是齐鲁两地，这里私藏皇帝禁书的行动也最为积极，所以这里也成了许多年后古文（大篆）经典出土的地方。

要想人不知，除非己莫为。藏书总有被发现的风险，哪怕藏得再严密。为此，有些人想出了更绝妙的办法——背诵，用这三十天的时间将古籍经典尽可能多地装进自己的大脑里。有些人还分工合作，《周礼》《诗经》《春秋》《易经》……每人各一本，这是日后由他们自行写出，或由他们口述，而别人用今文（小篆）记载的古籍的众多来源。为了防止日后有人背叛，他们还在神前发誓，甚至歃血为盟。

当然，在极其残酷的刑罚面前，大部分人还是恐惧、胆怯的，因而乖乖按规定交出书简。交上来的书简堆积如山，官员们将这些书简以城、乡为单位进行焚烧。一时间，全国上下"狼烟"四起，在大秦统治的所有地方，尤其在中原文化最深厚的地方，这三十天内焚书之火从未熄灭，浓烟滚滚。几千年来先圣先贤的智慧结晶，无数工匠巧艺体力的付出，皆在浓烟中化为灰烬。

百姓们有的跑过去围观，更多的则流下痛惜的泪水，世代流传下来的传家之宝就这样化为乌有，怎能不痛心疾首呢？看着祖先花费心血和时间保存的宝贝被丢入熊熊烈火之中，他们的眼睛在流泪，心里在流血。

百姓们痛苦悲伤，官员们也不清闲，朝廷、郡县的各级使者东奔西跑，忙得不亦乐乎，有的忙着汇报战果，有的忙着报功请赏，还有的则忙着请罪求罚。这都是因为诏令刚颁布时，一些官员也认为焚书令只是皇帝的一时冲动，待他冷静下来，就会收回成命。在这些官员看来，将天下古籍全部烧毁，就如同让天下人不准吃杂粮只能吃面一样荒谬，根本无法执行。秦始皇这样圣明的帝王，必能很快想通其中的道理。就连李斯派出的监御史中也有不少人因存在这种想法而持观望态度。

李斯看到这样的情形很不高兴，皇帝把如此艰巨的任务交给他，是皇帝对他的极大信任，也是他邀功请赏、建功立业的大好机会，岂能任这种虚与委蛇的事情发生呢？于是，李斯动用最可怕的特务组织，查办了一些执行不力的官员，皆以违抗皇命判罪，有的处斩，有的关进监狱……李斯以实际行动向观望者证明，秦始皇的焚书令绝非一时冲动，而是势在必行。人们惶恐不已，只得依令而行。

三十天的焚书行动搞得全国上下人心惶惶，不少官员被处罚，遭殃的百姓更不计其数。但是，三十天的期限结束后，事情仍然没有画上句号，更大的灾难降临在全国百姓头上。

秦始皇责令地方官府组织了许多搜查队，进行地毯式搜查，每到一家都要翻箱倒柜，拆墙毁室，遇有可疑的地方甚至掘地三尺。

但凡有些理性、清廉的官吏都是含着眼泪、忍着心痛去执行命令，而那些腐败的贪官则借此机会大发其财。对于行贿的人家，他们会偶尔高抬贵手；对于没钱送的人家，哪怕一字不识，他们也会翻个底朝天。不仅如此，李斯还采取了检举及连坐措施，检举者有重赏，知情不报者则与藏书者同罪。一时间，全国掀起了检举风潮，邻居检举邻居，同僚告发同僚，父子、兄弟互相告发的情形更是层出不穷。

大大小小的官吏都忙坏了，抓人、审问、接受检举，再追捕犯人所招供牵连出来的人，结果，株连的越来越多，范围越来越大，所有监狱都塞得满满的，有些县连囚粮都供应不上了，于是又下令囚犯自备粮食来坐牢，然后等着押解到北方边境去修筑长城。

这次焚书原本是源于讨论是否分封的问题，双方的出发点都是为了秦王朝的长治久安，彼此间并没有直接利益上的冲突。那些加入秦王朝统治集团的各家人物，无非是希望用自己的知识为秦王朝服务，以获取高官厚禄。如果秦始皇能够正确使用这批人，让他们发挥各自特长为秦王朝服务，也许不会出现二世而亡的结局。但李斯借这次机会向各派发难，力图将各派边缘化，形成"法家独尊"的局面。

因此，这道焚书令与其说是针对书的，不如说是针对除法家之外的各家各派的。另外，当时的文教事业并不发达，藏书的大多是贵族、富户和官吏之家。他们或无家无派，或属于儒、墨、道等学术派别之一，这道命令对普通民众造成的影响相对小些，对上层知识分子则造成了极大的精神打击。各派的书籍都被烧毁，这无疑激化了各派和法家及秦王朝的矛盾，也为接下来发生的"坑儒"事件埋下了伏笔。

秦始皇一把无情的烈火将先秦时期无数名家的毕生心血付之一炬，在一定程度上导致文化断层，对中华传统文化造成了难以估量的损失。更严重的是，这把火结束了春秋战国以来"百家争鸣"的开明时代，同时揭开文化专制的帷幕，开启了封建时期"愚民统治"的先河。

四、坑杀儒生

就在焚书的第二年，即秦始皇三十五年（公元前212年），秦始皇因羡慕长生不老的真人，便命侯生、卢生等方士去寻求灵芝仙药，而他本人也以"真人"自居，以期成就长生不老之身。

《史记·秦始皇本纪》中记载，卢生曾对秦始皇说了一段话，秦始皇竟信以为真，从此以"真人"自居。卢生所言大意如下：

臣等寻求灵芝仙药，经常碰不上，就是因为有恶鬼为祟。神仙之主经常隐身不出，就是为了避开恶鬼。如果避开恶鬼，真人就会自己来到。如今陛下居住的地方，臣下尽知，神仙就讨厌这种情况。真人，入水不湿，进火不热，腾云驾雾，与天地同寿，与日月同光，长生不老。如今陛下整日忙于治理天下，未能达到恬淡的境界。如果不让人臣知道陛下到底在什么地方，真人就会降临，长生不老的药就可以得到。

执迷于长生不老的秦始皇居然相信了这番骗人的鬼话，他说："朕从内心羡慕真人。"从此自称"真人"而不称"朕"，并在都城咸阳200里之内修建宫观270座，用秘密通道交相连接，各宫观之内，帐帷、钟鼓、美女一应俱全。无论他走到哪里，任何人不得泄露，否则处以死刑。

一天，李斯正在组织家人为出行做准备，其出行队伍之庞大实在令人咋舌。这正好被到梁山微服出游的秦始皇看到了，他不由得感慨道："李斯的权势真是越来越大了，他这出行车马的规模比朕的也差不到哪儿去啊！"

恰巧秦始皇的侍从中有一位受过李斯的恩惠，于是把秦始皇的这番话告诉了李斯。李斯听后吓得胆战心惊，此后出行再也不敢铺张了。秦始皇得知情况后，猜到自己的侍从队伍中有李斯的内探，于是把这些内侍叫出来一一询问，但是谁也不敢承认。秦始皇极为愤怒，把侍从宦官全部召集起来，杀了个干干净净。

他的残暴吓坏了两个人，那就是正为秦始皇炼制长生不老药的卢生和侯生。他们已经不是第一次见识秦始皇的暴戾，他们再次提醒自己：再在这里待下去，恐怕早晚有一天也会惨死在这个暴君手中，因为他们根本没有可以让人成仙的妙法。

于是，他们经过商议便不辞而别，逃得无影无踪。《史记·秦始皇本纪》中记载如下：

（秦始皇）三十五年……侯生、卢生相与谋曰："始皇为人，天性刚戾自用，起诸侯，并天下，意得欲从，以为自古莫及己。专任狱吏，狱吏得亲幸。博士虽七十人，特备员弗用。丞相诸大臣皆受成事，倚辨于上。上乐以刑杀为威，天下畏罪持禄，莫敢尽忠。上不闻过而日骄，下慑伏漫欺以取容。秦法不得兼方，不验辄死。然候星气者至三百人，皆良士，畏忌讳谀，不敢端言其过。天下之事无小大皆决于上，上至以衡石量书，日夜有呈，不中呈不得休息。贪于权势至如此，未可为求仙药。"于是乃亡去。始皇闻亡，乃大怒曰："吾前收天下书不中用者尽去之。悉召文学方术士甚众，欲以兴太平，方士欲练以求奇药。今闻韩众去不报，徐市等费以巨万计，终不得药，徒奸利相告日闻。卢生等吾尊赐之甚厚，今乃诽谤我，以重吾不德也。诸生在咸阳者，吾使人廉问，或为妖言以乱黔首。"于是使御史悉案问诸生，诸生传相告引，乃自除犯禁者四百六十余人，皆坑之咸阳，使天下知之，以惩后。

秦始皇得知这两个方士逃走，而且还出言不逊，又联想到自己为了求仙寻药花费了大量钱财，结果还遭到如此诽谤，这让身为堂堂大秦皇帝的他情何以堪，颜面何存？他认为方士非常讨厌，连带着对儒生也感到讨厌，随即派官吏秘密调查咸阳的儒生。

结果，这次调查发现有不少儒生因不受重用而颇有微词，说秦始皇暴戾恣睢，只任用无能奸险之辈，迟早会毁了好不容易建立起来的秦王朝。秦始皇怒上加怒，马上派专人逮捕了四百六十多名对他有过批评的方士和儒生，下令把这些人全部坑杀，以示自己的威严不可侵犯。

秦始皇的长子扶苏向来贤明，宅心仁厚，他听说秦始皇用这样残暴的手段对付手无寸铁的读书人，赶紧前往咸阳宫面见秦始皇，劝谏道："天下初定，远方黔首未集，诸生皆诵法孔子，今上皆重法绳之，臣恐天下不安。唯上察之。"秦始皇怒气未消，怎听得进扶苏的劝谏，反而迁怒于扶苏，"使扶苏北监蒙恬于上郡"。此后，直到秦始皇去世，父子二人再也没有见过面。

从此，朝中的博士官们再也不敢轻易谈论朝政了，各地的儒生也都害怕得缄口不言了。这样一来秦始皇应该满意了吧，结果，他又觉得儒生沉默不言会造成更大的祸患，他们都把怨言压在心里了，说不定哪天就会联合起来造反。据说为了永绝后患，他又出奇招，向全国发出诏书，说国家急需儒学人才，各地方官要挑选博学贤能者向朝廷举荐。

圣旨一出，各地纷纷积极照办，没过多久，就有七百多名儒生学者被荐至京城，真可谓群贤毕集，学士风流，冠盖盈朝。秦始皇下令在咸阳宫赐宴，文武百官作陪。

席间，赵高用托盘举着一盘香瓜上前进献："圣上洪福齐天，时近冬令，骊山马谷竟然产出夏令瓜果，天降祥瑞，实乃圣上福荫。"

秦始皇接过看了几眼："果真不假，真是骊山所产？"

"臣怎敢欺骗圣聪？"

秦始皇命令侍从端着让众人验看，这冬产夏果之事引发了在座的七百鸿儒的热烈议论。对于儒生们的议论，秦始皇没有生气，反而产生了浓厚的兴致："冬产夏果，的确是件稀奇之事，确实有些令人难以置信，我们应该到现场查看一下虚实，是不是瓜农在作假呢？"

大家本来就对此很感兴趣，皇帝要去，谁会反对？君臣一千余人，乘上三百多辆毡车出咸阳直奔骊山。到了骊山谷口，秦始皇说道："先生们，朕知道你们学问深见识广，你们下去仔细看看，这里若真是夏果冬产，也定能说出个所以然来。"

众儒生正想着怎么在皇帝面前卖弄学识，一听秦始皇下令，个个争先恐后奔下谷底。到了谷底，果见有半亩地的瓜园，瓜园里绿叶葱茏、香瓜遍地。众人又仔细查看，原来此地有一温泉滋润，温暖如春，故而能在此时结瓜。儒生们就此现象展开了热烈的讨论，争得面红耳赤。正争论间，突然轰隆隆一阵响，一块块大石从四面八方的谷顶滚落而下，谷底就那么大的一片地方，几百儒生一时无路可逃，没多大工夫就被砸得血肉模糊，全都死于非命。

看到谷底一片血肉模糊的情形，站于谷顶的秦始皇没有一丝怜悯，而是长出了一口气："这些酸腐的儒生，看他们还敢嘲笑朕泰山雨淋，看他们还敢引经据典地诽谤朕！"

为了更好地控制社会舆论，秦始皇还采纳李斯的建议，禁办私学。

当时咸阳城内聚集了很多孔孟一派的儒生，他们是各个学派的名士，可以举办私学，招收弟子，传授学问。有的博士官的弟子达一百多人。私学成为当时文教机构中的一股重要力量。

鉴于这种情况，李斯在当时的焚书对策中指出："私学"是很多儒生进行反动舆论宣传的主要渠道。焚书运动后，古籍虽然没有了，可是这些儒生还在，思想还在。假如让他们继续举办私学，以言非今、伪言诽谤的事情就会继续发生，反动舆论也会继续存在。要想消除这种现象，朝廷必须严禁私学，收回教育权力，严禁任何人以任何方式私自授徒，教育只能由官方举办。

李斯还建议所有学校禁止教授《诗》《书》以及百家语等，只能"以吏为师"，以法令为教材，不得随意讲授其他内容。据史料记载，当时李斯的《仓颉篇》、赵高的《爰历篇》、胡毋敬的《博学篇》都是学童的教材。

实行官办教育，禁止私人办学，有利于秦王朝控制社会舆论，宣传统一思想。但是，这一措施开创了文化专制的先例，在一定程度上破坏了中国古代教育。

"焚书坑儒"事件的发生，是秦帝国建立后意识形态领域内新旧两种思想的激烈斗争，也是秦始皇继续推行以法治国路线的必然结果，等于将韩非子在秦统一六国之前提出的"明主之国，无书简之文"的理论变成了现实。

秦始皇试图通过"焚书坑儒"等极端措施来控制人民的思想，开了愚民政策之先河，结束了春秋战国以来思想文化界百家争鸣的局面。从此以后，秦朝宫廷里真正有学问的人大大减少，像赵高那样的专门阿谀奉承、欺上瞒下的奸臣贼子则越来越多，并逐渐成为秦始皇身边的重要人物，秦王朝渐而由盛转衰。

五、后宫成谜

作为封建君主专制制度的开创者，作为影响中华民族两千多年的千古一帝，秦始皇的传记并不少，但其中讲述的大多是他的勇武、政绩及其晚年的暴虐与奢侈，很少有人写他的后宫妃嫔，对他子女的讲述也很少。那么，秦始皇的后宫究竟是什么样子的呢？

按照当时的后妃制度，秦始皇必然是妻妾成群。事实也的确如此，否则在秦二世为了让秦始皇死后不孤单而重启生殉时，也不会有那么多女人为他殉葬。

其实，君王后宫佳丽无数的现象由来已久。早在夏商时期，君主们实行的便是一夫一妻多妾制度，如商王武丁①有数十位妻妾。西周还实行了媵婚制，"天子一娶十二女""诸侯一娶九女"在当时是很正常的事情。君王的正妻称王后，帝王的正妻称皇后。君主们通常有很多后妃姬妾，而且大多有爵秩、名号和官职。这种制度开始于三代，到秦朝时最为完备。

据《后汉书》记载："秦并天下，多自骄大，宫备七国，爵列八品。""宫备七国"，是说秦始皇在征服六国的过程中，将各国宫廷的美女、珍宝全部掠到秦地，如此一来，秦宫中不仅有秦国原来的妃嫔宫女，还有了赵国、楚国、燕国等各国宫廷中的佳丽。"爵列八品"，是说后妃姬妾分别有皇后、夫人、美人、良人、八子、七子、长使等名号，不同名号有禄秩之差。

秦始皇出巡各地时经常带上一批姬妾随行。《水经·沔水注》上

---

① 武丁：子姓，名昭，商王盘庚之侄，商王小乙之子，商朝第二十三任君主。他在位期间勤于政事，任用刑徒出身的傅说及甘盘、祖己等贤能之人辅政，励精图治，使商朝政治、经济、军事、文化得到空前发展，史称"武丁盛世"。

说:"盐官县……有秦延山。秦始皇巡此,美人死,葬于山上,山下有美人庙。"

史籍很少记载秦始皇后宫之事,我们可以从汉朝的做法来推测秦朝选择宫廷女官的方法和后妃姬妾的爵位、禄秩等。《后汉书·皇后纪上》写道:

汉兴,因循其号,而妇制莫厘。高祖帷薄不修,孝文衽席无辩。然而选纳尚简,饰玩少华。自武、元之后,世增淫费,至乃掖庭三千,增级十四。妖幸毁政之符,外姻乱邦之迹,前史载之详矣。

及光武中兴,斫雕为朴,六宫称号,唯皇后、贵人。贵人金印紫绶,奉不过粟数十斛。又置美人、宫人、采女三等,并无爵秩,岁时赏赐充给而已。汉法常因八月筭人,遣中大夫与掖庭丞及相工,于洛阳乡中阅视良家童女,年十三以上,二十以下,姿色端丽,合法相者,载还后宫,择视可否,乃用登御。

汉朝时,皇后负责主持后宫事务,妃妾的地位依次为:昭仪位比丞相,爵比诸侯王;婕妤位比上卿,爵比列侯;圣娥视中二千石,比关内侯;容华视真二千石,比大上造;美人视二千石,比少上造……直到最后视百石、视有秩斗食。后宫女人的爵位、禄秩及等级序列与朝廷百官相似。汉承秦制,由此可以推测秦朝制度大致与之相同。

在秦始皇的众多妃嫔中,皇后地位最尊,皇后的宫室称为中宫,中宫设官属。对此史料有记载,说秦朝皇后宫内有詹事、将行等官职。到西汉时期,詹事总管宫内事务,将行主管宫外事务,另外还设中太仆主管车马舆服、中宫卫尉主管中宫的警卫事宜。其他还有大批宦官和女官为中宫服务。秦朝大概也是如此。

关于秦始皇的皇后,史书中没有任何记载,而且秦始皇陵中也没有为她安排墓地,因此,秦始皇的正妻成了秦史的未解之谜,甚至有人说秦始皇生前并没有立皇后,这个说法不太可信。因为娶妻之事是由父母包办的，而且是在年少的时候，这是秦始皇本人无法左右的事情。有人据此推测，也许秦始皇与皇后的关系过于平淡，皇后没有做过什么大事，否则无论是作为家国大事，还是作为政治新闻，都不可能被史学家们所忽略，多少会留下一些痕迹。

秦始皇后宫佳丽无数，但是没有一个在历史中留下了名字。专家猜测，这或许与秦始皇的治国理念有关系。秦始皇刚即秦王位时，朝政掌握在太后赵姬手中，使他深受其害。后妃干政往往导致恶劣后果，秦始皇受儒、法两家防范后妃和外戚干政思想的影响，加上亲身经历，必然会加强对后妃的控制。这或许是秦始皇的后妃们没有青史留名的原因。史籍中不仅没有记载关于秦始皇后妃的事情，就连后妃的母家父兄的姓名也不见于史册。

秦始皇妻妾众多，孩子自然不会少。他具体有多少个孩子，史书没有记载，只知道有子女数十人，《史记·李斯列传》中说"有二十余子"，史书上有名字的有四个：长子扶苏，公子将闾，公子高和胡亥。秦二世胡亥是秦始皇第十八子。公主也有数名。

秦始皇贯彻功勋爵制度，彻底废除分封制，所以他的皇子皇孙都没有封王，也没有封赐土地，只是对亲属实行"以公赋税重赏赐之"的政策，让他们安享荣华富贵。从史籍来看，秦始皇在世时，皇子们都称"公子"，没有贵族头衔，除了长子扶苏，其他都没有官职。

在诸皇子中，长子扶苏的地位比较特殊，深受秦始皇器重，这一点从扶苏欲奉诏自杀时蒙恬对他的劝说可见一斑："陛下居外，未立太子，使臣将三十万从守边，公子为监，此天下重任也。"加上扶苏是长子，按照当时的皇位继承制度来看，长子是名正言顺的皇位继承人，立嫡立长是皇位传承的最佳选择。秦始皇也的确有让扶苏继位的打算，否则也不会在临死之时只传诏给扶苏了。正如赵高分析，秦始皇临死时没有给任何一个儿子传诏，独独赐书给长子，这就意味着扶苏已被"立为嗣"。只可惜秦始皇没有及时明确扶苏的太子地位，给赵高的夺嫡之谋留下了可乘之机，这是他犯下的一个致命错误，也是导致秦朝短命的最重要因素。

后经秦二世、项羽的大肆屠杀，秦始皇的儿子几乎死亡殆尽。不过，像秦始皇这样走到哪里都带着妃嫔，并不断搜罗女人的帝王一定会留下不少血脉，他的血脉也可能通过别的途径继承下来，据说日本有一个以养蚕为业的家族就是扶苏的后裔。

第九章　身死沙丘遇变局

一、异象频生

秦始皇三十六年（公元前211年）注定是个不祥之年，这一年发生了一系列让秦始皇心烦意乱的事情。这些事情现在看来只是自然现象或人事现象，但在当时的人看来却是一种征兆，或者说是一种象征。

《史记》中有这样的记载："三十六年，荧惑守心。"在中国古代，天文官最关心的星象有两种，一种是五星连珠，另一种就是荧惑守心。五星是指金、木、水、火、土五颗行星，五星连珠是指以地球为中心，五颗行星同时出现在太阳的同一侧，相互之间的角度越小越好，越小越难得，排成一条直线是最为难得的。古人认为这种难得的天文现象是祥瑞之兆。据说汉高祖刘邦登基时就出现了这种天文奇观。

与之相对，荧惑守心在古人看来是不祥之兆。"荧惑"就是我们现在说的火星，"心"指的是二十八星宿之一的心宿，也就是我们现在说的天蝎座。荧惑守心，是说从地面上看，火星运行到靠近天蝎座的地方，与心宿靠得很近。这原本是一种自然现象，但按照古人的解释，天蝎座是代表帝王的星宿，天蝎座最亮的一颗星代表的是帝王，两颗次亮的星代表的是皇子，如果火星运行到天蝎座，就是火星侵犯帝星，会给人间带来严重的灾难，或者是百姓失去皇帝，或者是皇帝被取代，是天下大变之兆。所以，当秦始皇听天文官报告天现"荧惑守心"的消息时，心中非常恐惧。

这件事的风波还没有过去,这一年又发生了一件让秦始皇更加不安的事情。有人向他报告说,帝国的东郡有陨石降落,即"有坠星下东郡,至地为石"。这在古人看来也是一种灾异性天象。据说陨石落地意味着近年内将发生兵祸与饥馑。闹心的事情还不止这个,有人竟然在这块陨石上刻写了一条诅咒秦始皇的标语——"始皇死而地分"。秦始皇听到报告顿时发了火,下令地方官严查此事。地方官经过排查,一无所获,秦始皇认为刻字的人一定是附近的百姓,于是下令:第一,将陨石周围的百姓全部诛杀;第二,将石头上的字抹去,然后将石头烧掉。石头是烧掉了,这件事却烙在了秦始皇心上,再联想荧惑守心之事,他的内心渐渐蒙上了死亡的阴影。为了调适心绪,排解烦恼,他命人写了《仙真人诗》及歌咏秦始皇巡游天下的诗篇,然后传令乐人配乐谱曲,演奏弹唱,以求添福添寿。

一波未平,一波又起。就在秦始皇为天降不祥之兆而烦恼之时,又传来一个坏消息:负责观星占气的官吏报告说"东南有天子气"。这种气是一种奇异的云气,本是自然现象,但在当时看来,这种现象意味着云气之下已经有王者临世,他可能取代当朝皇帝,如果不及时消除这股"气",改朝换代将难以避免。不过,这种危险也有化解之法,即用各种方法破坏当地风水或在位天子亲临这股"气"所生之地以厌之。秦始皇身边聚集数百名观星占气者,他经常听到关于"东南有天子气"的报告,于是这个时候他有了再次出巡东南方向的想法。

秦始皇因为这几件事烦躁不已,偏偏这个时候又发生了一件更加令人不快的事情。这年秋天,一位从关东返回京城的使者"夜过华阴平舒道",遇到了一件怪异的事情:夜幕中有人手捧玉璧,拦住使者的去路,对使者说:"为吾遗滈池君。"滈池在咸阳附近,滈池君即滈池之神。这使者听说要他将玉璧转交滈池之神,感到非常诧异,经反复追问,那位怪人又说了一句话:"今年祖龙死。"当使者想让他详说时,怪人突然消失不见了,只把玉璧留了下来。使者持玉璧面见秦始皇,将事情的经过详细述说了一遍。秦始皇默然良久,说:"山鬼固不过知一岁事也。"在退朝还宫的路上,他又自言自语地说:"祖龙者,人之先也。"

据御府官吏辨认，这块玉璧是八年前秦始皇乘船渡江、祭祀水神的时候，投到江中的那一块。这件事也被秦始皇认为是不吉之兆。他认为祖是人之先，龙是君之象，"祖龙"就是暗指他。如果江神的预言准确，他今年就将寿终正寝。

这件事或许只是有人故弄玄虚，装神弄鬼来发泄心中的不满。但不管有没有这件事，前三个灾异和凶兆已经足以让秦始皇忧心忡忡。他对各种灾异、流言一向深信不疑，为了解除心中的恐慌和不安，他专门命人做了一次占卜，寻求禳灾之策。太卜求神祷告，演出龟兆，证诸三易①，"卦得游徙吉"，意思是说，要化解这种不吉，一要迁徙，二要巡游。得此良策，秦始皇怎敢不从？他立即下令"迁北河榆中三万家"，以大规模迁徙民众应对"游徙吉"的这个"徙"字；又"拜爵一级"以广施恩德，消灾免祸。另外，他打算巡游天下，离开朝堂，以应那个"游"字。这就是秦始皇的第五次出巡，也是最后一次出巡。

秦始皇这次出巡与天命、神仙关系甚大，一是出游迁徙，以避祸免灾；二是继续寻找海上仙人，以求长生不死；三是亲临东南，以厌天子之气。当时的秦始皇已经年近五十，身体日渐衰弱，本应在京城安养，但是，他着实被一系列怪异的自然现象吓坏了，急于免灾避祸，求仙长生，消除威胁，于是匆匆踏上了长途奔波的出巡之路。正是这次出巡，不仅要了他的性命，还最终导致了大秦王朝的覆灭。

二、南巡消解"天子气"

秦始皇三十六年（公元前211年）② 十月癸丑，年近五十的秦始皇开始他一生中的第五次巡游。

---

① 三易：夏代的《连山》、商代的《归藏》、周代的《周易》并称为三易。
② 《史记·秦始皇本纪》记载秦始皇出游时间为秦始皇三十七年十月，而秦始皇于秦始皇三十七年七月在出巡途中病逝，故本书取秦始皇三十六年出游。

这次巡游，秦始皇决定让左丞相李斯陪同，而由右丞相冯去疾①留守咸阳。近来，在赵高的谋划与教唆下，秦始皇与胡亥走得非常近，胡亥不断恳求秦始皇出行时能带上他。秦始皇因为越来越喜欢这个儿子，最后答应了胡亥的请求。

也许秦始皇过于自信，认为自己可以逢凶化吉，因此没有安排应急措施，特别是没有确立皇位继承人。这是他犯下的一个无可挽回的错误。

从秦始皇这次出巡的行程表来看，他选择秋末冬初之际离开咸阳南巡，是想在江南度过冬天，因为这样一路南行，就不会感觉到冷暖差异。他这次出巡，从咸阳出发，走的是陕南的蓝田、商县、商南一线，出武关后，再沿丹水、汉水前行，十一月到达云梦（今湖南洞庭湖一带），并在此对虞舜行遥望而祭之礼。因为相传虞舜死后，被葬在云梦地区的九嶷山，成为九嶷山的山神。

遥祭完虞舜后，秦始皇率众乘船沿长江顺流而下，登庐山，然后继续沿长江而下，经过丹阳（今江苏丹阳），到达钱塘。他原本想从浙江渡水登会稽山，但因浪高水急，只好向西行进120里后才从狭中（今浙江杭州富阳区附近）渡水，然后登上会稽山。

会稽山南北走向，位于今浙江省中部绍兴、嵊州、东阳间，是钱塘江支流浦阳江与曹娥江的分水岭，其主峰在嵊州西北。相传大禹曾在这里召集诸侯开会，所以起名"会稽"，又因秦始皇登上此山遥望南海，又名秦望山。秦始皇率众登上会稽山之后，命李斯撰文并手写刻石之文，歌颂秦德。这就是著名的"会稽刻石"，《史记·秦始皇本纪》中详细记载了这一刻文，内容如下：

皇帝休烈，平一宇内，德惠修长。
卅有七年，亲巡天下，周览远方。

---

① 冯去疾：秦始皇时任右丞相。当时李斯是左丞相，秦代尊右，冯去疾名义上尊于李斯。后因劝谏秦二世而被捕，自杀身亡。

遂登会稽，宣省习俗，黔首斋庄。
群臣诵功，本原事迹，追道高明。
秦圣临国，始定刑名，显陈旧章。
初平法式，审别职任，以立恒常。
六王专倍，贪戾慠猛，率众自强。
暴虐恣行，负力而骄，数动甲兵。
阴通间使，以事合从，行为辟方。
内饰诈谋，外来侵边，遂起祸殃。
义威诛之，殄熄暴悖，乱贼灭亡。
圣德广密，六合之中，被泽无疆。
皇帝并宇，兼听万事，远近毕清。
运理群物，考验事实，各载其名。
贵贱并通，善否陈前，靡有隐情。
饰省宣义，有子而嫁，倍死不贞。
防隔内外，禁止淫泆，男女絜诚。
夫为寄豭，杀之无罪，男秉义程。
妻为逃嫁，子不得母，咸化廉清。
大治濯俗，天下承风，蒙被休经。
皆遵度轨，和安敦勉，莫不顺令。
黔首修絜，人乐同则，嘉保太平。
后敬奉法，常治无极，舆舟不倾。
从臣诵烈，请刻此石，光垂休铭。

会稽刻石是秦始皇的第七块刻石，内容与其他刻石没多大区别，都是为秦始皇歌功颂德，不过这篇刻石还增加了一部分关于整顿风俗教化的文字，主要是针对当地男女关系、婚姻形态上残留的社会遗风而说的，这段史料表明秦始皇在统一六国后，很注重少数民族地区落后社会风俗的改造。

秦始皇一路上到处搜寻有"天子气""王者之势"的地点，凡是博士、方士们认为有问题的地方，他都设法进行化解。在号称"钟山龙盘，石头虎踞"的金陵（今南京），他命令刑徒凿北山，断长垅，以绝王者之气；又改金陵为秣陵，从字面上贬低它，意思是只能养养马。在朱方（今江苏镇江市京口区丹徒镇），他命令三千刑徒凿断京岘南坑，又改地名为丹徒，意为身着赤色囚服的刑徒之乡。在云阳（今江苏丹阳），他命令刑徒凿断北岗，并把所有笔直的大道改成曲折的弯路，改地名为曲阿。在欈李（今浙江嘉兴），他命令十余万刑徒深翻土地，又改地名为囚拳。他听说剡山（今浙江嵊州北）有王气，于是下令凿断山脉以泄气，使之成为剡坑山。

在完成消解"东南天子气"的任务并下令整饬风俗之后，秦始皇又往渤海之滨，再次寻求长生之道。"还过吴，从江乘渡。并海上，北至琅琊。"一来到这里，秦始皇就迫不及待地询问寻仙求药的进展情况。

也就在这时，九年前带了数千童男童女出海寻找仙药的徐福突然来见秦始皇。这九年来徐福音信全无，如今去觐见秦始皇也并未找到所谓的长生不老之药，但他不仅花了九年的时间，而且耗费了大量的人力、物力，这个时候他来见秦始皇，会怎样解释这九年的一无所获呢？

徐福自知自己上次入海寻仙花费巨大，而且又没有一点成果，他是理亏的，再加上秦始皇在去年还下令坑杀儒生，在这种情况下，他来觐见秦始皇，很可能会性命不保。但既然他敢来见秦始皇，说明已经准备好了说辞来劝服秦始皇，使自己免遭杀身之祸。

果然，徐福又编造了一个谎言，对秦始皇说蓬莱岛的药本来是可以拿回来的，但海上的大鲛鱼经常掀翻船只，伤人性命，使人难以靠近仙岛。他请秦始皇让他带着擅射的射手和大臣一同出海，发现大鲛鱼后射杀之，这样就能登上仙岛，拿到仙药了。

秦始皇并没有立即答应徐福，但他内心是认可徐福的说辞的，感觉甚合情理。当天晚上，秦始皇又做了一个奇异的梦，梦见自己和凶恶的海神交战，海神形体似人。第二天，秦始皇立即召见随行的博士，请博士为他"占梦"。这些博士长期跟随在秦始皇身边,当然明白秦始皇的心意,于是告诉秦始皇说:"之所以不能见到海神,是因为有大鲛鱼的阻碍,如今皇上对神的祭祀非常周到,这样的恶神必须立即除掉。只要除掉恶神,善神就可以露面了。"

秦始皇见海神托梦给自己,与徐福所说的情况完全一致,便立即派人带上捕杀大鲛鱼的用具,他本人也带着弓箭巡行于海边,准备随时射杀大鲛鱼。秦始皇一行一路北上,直到山东半岛东端的荣成,但始终没有看到一条大鱼。于是,秦始皇下令绕过成山角,沿海滨西行,到达芝罘,终于看到一条大鱼,秦始皇亲自射杀了这条大鱼。

大鱼虽然被射死了,但海神没有与秦始皇相见。秦始皇一番奔波,无功而返,只得舍舟登岸,沿海岸西行,踏上归途。临行前他还不死心,指令徐福继续为他寻仙求药。

当时正值北方的寒冷时节,秦始皇长时间沿着海边巡行,身体很快就支撑不住了。在芝罘,他感到身体不适,于是没有久留,下令返回咸阳。

从离开咸阳算起,秦始皇这次巡游已经有八个多月,是他历次出巡中时间最长的一次。

三、病死沙丘阴谋起

秦始皇第五次出巡本来是为了避祸的,但他万万没想到自己会死在巡游途中。

从山东平原津渡过黄河后,也许是旅途劳累过度,也许是各地气候差异太大,秦始皇病倒了。《史记》记载:"至平原津而病。"古代和现代不同,古人说的疾病是两个意思,"疾"是指小病,"病"是指大病,也就是说,渡过平原津后,秦始皇得了一场大病。此时,联想到之前发生的种种不祥之兆,秦始皇也感到自己似乎大限将至,但一生争强好胜的他心有不甘,不相信死神会突然降临到他身上。因此他讳疾忌医,不准群臣提及"死"字。众人都缄默不语，不敢说话，只能眼看着秦始皇的病一天天恶化。没有人敢说秦始皇会死，也就无法劝他尽早安排后事，以致秦始皇死前未能指定太子，这就为后来赵高矫诏杀扶苏，拥立胡亥埋下了隐患。

由于病情越来越严重，加上旅途劳累，在到达沙丘宫时，秦始皇不得不停下来在行宫休养，但他的病情丝毫不见好转，反而愈发严重。至此，秦始皇终于意识到自己大限将至，开始考虑后事，于是命赵高代笔赐书给公子扶苏："与丧，会咸阳而葬。"秦始皇虽然没有直接说明让扶苏继承皇位，但诏书的内容表明秦始皇决定由扶苏继承大秦帝国江山。

但诏书写好后，秦始皇的病情已经极重，负责"行符玺事"的赵高没有发诏书给扶苏，而是将诏书扣留下来。

沙丘位于今河北省广宗县西北，虽然是一个小地方，却大有来历，历史上的许多著名事件曾发生在这里。

殷纣王曾经在这里修筑高台楼阁，驯养珍禽异兽。传说殷纣王和宠姬妲己与这些珍禽异兽翩翩起舞，非常快乐。

战国时期，沙丘为赵国属地，赵王在这里设置离宫。公元前299年，雄才大略、倡导胡服骑射的赵武灵王传位于少子公子何，即赵惠文王，自号主父。三年后，赵主父离开都城邯郸，北游沙丘。他聪明一世，糊涂一时，因为对公子何与公子章都非常喜欢，在把王位禅让给公子何之后，他觉得有些对不起公子章，于是决定为公子章要一块封地，在代郡让他称王。这个糊涂的想法，直接导致了接下来的悲剧。

一山不容二虎，一国难容二君。为了争夺权力，公子章决定抢先下手，以赵主父的名义邀请赵惠文王，准备趁机将其杀死。但赵惠文王早有防备，在察觉公子章的阴谋后，立即派公子成和李兑发兵救援。公子章战败，逃到沙丘宫赵主父那里。

此时，李兑打算向赵惠文王请示如何处置，被公子成制止。公子成认为如果请示赵惠文王，赵惠文王一定不会让他们攻打沙丘宫；但如果不请示赵惠文王，赵惠文王最终会得到一个他最想要的结果。李兑觉得很有道理，于是派兵攻入沙丘行宫，诛杀了公子章。但由于没有人敢承担杀害前赵王的罪名，于是，公子成等人围而不攻，赵主父被困在行宫内。

在围困了三个月之后，公子成料定赵主父已被饿死，于是打开宫门为其收尸。赵惠文王在父亲被围期间不闻不问，直到公子成报告说赵主父已死，他才象征性地哭了一场，然后下令厚葬。可怜曾经金戈铁马、驰骋沙场的赵武灵王，竟被活活饿死在沙丘行宫。后人有诗凭吊曰：

武灵遗恨满沙丘，赵氏英明于此休。
年来月去春寂寞，故宫雀鼠尚含羞。

一代英主赵武灵王的惨死之地，历来被赵国视为不祥之地，一向迷信鬼神、预兆的秦始皇巡游到此，心中也深感不安。俗话说，病由心生，秦始皇的心病到此愈发严重，病情急剧恶化。

秦始皇三十七年（公元前210年）七月丙寅，秦始皇在沙丘宫告别了他依依不舍的人间。这位千古一帝生于赵地，死于赵地，结束了他五十年波澜壮阔的人生之旅。

秦始皇突然暴病而死，出乎他身边之人如李斯、赵高，包括他的小儿子胡亥的意料。手握大权的丞相李斯一时犯了难，因为此时秦帝国还未确定接班人，俗话说"国不可一日无君"，国家最高权力无人接手，外界一旦知道秦始皇已经驾崩，一定会引发宫廷争斗和社会大乱。他思前想后，决定秘不发丧，等回到咸阳再做决定。

李斯的担忧是有道理的。秦灭六国后，六国逃亡的王孙诸子以及不甘心被秦灭国的人很多，这些人无时无刻不想除掉秦始皇，如果他们现在知道秦始皇已经去世，必然会发生暴乱。秦始皇生前没有立太子，太子乃国之储君，国之根本，太子一动，则天下动摇；太子若不确立，不仅所有皇子，甚至外人也会想争夺这个位子。由此可见，太子的作用是非常重要的。偏偏秦始皇没有立太子，这中间有太多的余地给别人发挥，一旦处理不好，就会引起政乱。

在决定秘不发丧后，一切只能按照秦始皇生前的模式来办，每天正常给秦始皇送膳，还要找人每天替秦始皇处理政事。这两点都难不倒李斯，唯有一件事不太好办。当时正值酷暑时节，秦始皇的遗体很快就腐烂了，发出难闻的臭味。为了掩饰阵阵恶臭，李斯苦思冥想，终于想出了一个办法，他命人弄来很多臭鲍鱼，将这些鲍鱼装在其他车子上，鲍鱼的臭味和尸体的臭味相互混杂，这样就能掩盖住秦始皇遗体所散发出的臭味了。

李斯为"秘不发丧"忙得焦头烂额，而手握秦始皇诏书的赵高则打起了自己的小算盘。

秦始皇在去世前命赵高代笔写了召公子扶苏回咸阳的遗诏，但"书已封，在中车府令赵高行符玺事所，未授使者。七月丙寅，始皇崩于沙丘平台"，"独子胡亥、丞相李斯、赵高及幸宦者五六人知"。秦始皇死后，这封诏书迟迟没有发出去，仍在赵高手上，这就给赵高施展阴谋提供了机会。

赵高一直深受秦始皇宠爱，他曾经犯过死罪，本来被蒙毅判处死刑，但被秦始皇赦免了，并官复原职。现在秦始皇死了，诏令虽未明说，但也能看出已确定扶苏为接班人，而扶苏与蒙恬关系密切，蒙毅是蒙恬的弟弟。如果扶苏继承皇位，赵高应该不会有什么好下场。于是赵高决定篡改遗诏。

篡改遗诏可是个人罪，需要严密的计划和超人的胆识。赵高经过一番考虑，认为要想做成这件事，必须说服两个人，一个是胡亥，一个是李斯。因为秦始皇的遗诏只有胡亥、李斯、赵高以及秦始皇身边的几个宦官知道，宦官侍卫好办，要么杀，要么收买，最难办的是李斯和胡亥，只有说服他们与自己同谋，此计才能成功。

赵高决定先去游说胡亥，他之前曾教胡亥学习律法，两人私交甚笃，胡亥基本上对他言听计从。赵高拿着秦始皇的遗诏严肃地对胡亥说："现在陛下驾崩，却留下诏书给长子扶苏。如果你的兄长扶苏回到咸阳当了皇帝，而你却没有一点封赏，你该如何是好呢？"

听了赵高的话，胡亥回答道："明君最了解他的臣下，明父最知晓他的儿子。父皇去世，不封诸子为王，又有什么可说的呢？"

赵高听了胡亥的话，丝毫没有灰心，继续诱导说："如今大权完全掌握在你、我和丞相手中，希望你早作打算。遗诏是可以修改的，当皇帝和当臣民的差别是非常大的。"

面对诱惑，胡亥虽然心动，但仍然有所顾虑："废掉哥哥并且拥护弟弟，这是不忠不义的人；不遵从父亲的命令并且害怕死亡，这是不孝的人；能力不足并且才疏学浅，为了功劳而勉强去做，这是无能的人啊。这三件事都是大逆不道的，天下人也不服从，我自身遭受祸殃，国家还会灭亡。"话虽如此，但胡亥并没有把话说绝，也没有警告赵高若再说这些话就告诉丞相，将他严加惩处。

赵高是何等精明之人，于是继续说道："我听说周武王灭商王朝，杀暴君商纣王，但是天下人并无异议，反而称赞商汤和周武王的所作所为符合道义。卫君杀了自己的父亲，卫国人却称赞他的德行，连孔子评论此事时也不认为他不孝。"赵高的意思是，弑君弑父都能做皇帝，何况杀兄称帝呢？

随后，赵高又给胡亥分析利害关系："办大事不能拘于小节，行大德也用不着再三谦让，乡间的习俗各有所宜，百官的工作方式也各不一样。所以，顾忌小事而忘了大事，日后必生祸害；关键时刻犹豫不决，将来一定要后悔。果断而大胆地去做，连鬼神都要回避，将来一定会成功。希望你按我说的去做！"

胡亥最终没能抵御赵高的诱惑，内心动摇了，同意赵高篡改诏书。

成功说服了胡亥后，赵高又赶紧去找丞相李斯。现在朝政大权都掌握在李斯手中，如果李斯不同意他的计划，那就什么事也办不成。但李斯久经官场，根本不像胡亥那样好忽悠，而且他辅佐秦始皇多年，是秦始皇的一大忠臣，岂能轻易答应参与篡改遗诏、改变皇储的事情呢？事已至此，赵高已然没有了退路，他相信自己肯定能说服李斯，因为他对李斯还是比较了解的。

赵高找到李斯后，开门见山地说："皇上驾崩，赐给长子扶苏诏书，命他到咸阳参加丧礼，很明显是要立扶苏为继承人。诏书还没送出，皇上去世的事情也没有人知道。现在诏书和符玺都在胡亥手中，让谁来当这个太子，只是你我一句话的事情。丞相觉得此事该怎么办好呢？"

李斯听了大吃一惊，警告赵高说："如此亡国之言，你怎么能说呢！这不是作为人臣应当议论的事情！"

赵高并没有被李斯的话吓住，反而慢条斯理地问道："你自己估计一下，和蒙恬相比，谁更有本事？谁的功劳更高？谁更谋略深远而不失误？天下百姓更拥戴谁？谁与长子扶苏的关系更好？"这一连串问题可谓针针见血，直击李斯的痛处，李斯只得坦诚地回答："在这五个方面，我都不如蒙恬，可是你为什么要这样苛求于我呢？"

赵高知道李斯心动了，于是换了一副面孔，似乎颇为诚恳地说："我原本只是一个宦官的奴仆，值得庆幸的是，我凭借狱法文书方面的本事进入秦宫，管事二十多年，还从来没有见过被秦王罢免的丞相功臣有封爵而又传给下一代的，结果都是以被杀告终。丞相也知道，皇上有二十多个儿子，长子扶苏刚毅而且勇武，信任人而又善于激励士人，如果让他继承帝位，他肯定会任用他最信任的蒙恬为丞相，您的下场是什么呢？显然无法怀揣通侯之印退职还乡。这些年来，我受命教育胡亥，教他学习法律，还没发现他有什么过错；他慈悲仁爱，诚实厚道，轻视钱财，尊重士人，头脑聪明但不善言辞，竭尽礼节，尊重贤士，皇子中没有谁能比得上他，他完全可以委以大任，立为继承人。丞相还是好好想想再决定吧。"

但是李斯仍然不为所动，对赵高说："您赶紧去做自己的事情吧，不要再说了。我身为臣子，只执行皇帝的诏令，至于我的命运，还是让老天爷来安排吧，没什么可考虑的。"

但赵高篡改遗诏的意图已经昭然若揭，他务必要说服李斯，否则将来肯定会被杀头，于是继续说道："表面上的平安往往隐藏着巨大的危险，而危险的背后也可能隐藏着平安。任何一个聪明人都会在安危面前尽早做出决定，否则哪里能算得上是聪明人呢？"

赵高从"安"与"危"可以相互转化来说服李斯，但是李斯感叹道："我原本只是上蔡街头的一个平民百姓，承蒙皇上器重，才有机会担任丞相之职，封为通侯，我的子孙也能够获得尊贵的地位和优厚的待遇。这一切都是皇上赐予我的，我理应以国家安危存亡为首任，才能不辜负皇上的重托，怎能做出改储篡诏的事情呢？忠臣不避死，孝子不忧劳。臣子只要做好自己分内之事就可以了。你还是不要再说了，我不会跟着你去犯罪的。"李斯说得很明白，他承蒙主恩，不能做背叛先皇的事情。

但赵高已经从他的话语中听出了他内心想法的转变，知道只要将事情的要害和盘托出，便一定能说服李斯。于是，赵高采用威逼的手段，对李斯说："现在的形势是，胡亥掌握着天下的权力和百姓的命运，而胡亥最听我的话，胡亥与我联合是从上控制下，而外部势力要控制朝廷是妄想，下面的人要制服上面是造反。"赵高是在警告李斯，如果他再不屈从，将和胡亥联手治他的罪。

李斯一生追求名利，他来到秦国，辛辛苦苦、竭尽全力侍奉秦始皇就是为了获得荣华富贵，一个贪恋荣华富贵的人不可能为了别人而牺牲自己的生命。所以，当赵高说如果他不屈从就会被治罪时，他的心理防线几乎要崩溃了。但他仍不肯向赵高屈服，于是举了三个例子来说明不按正常的立嫡立长原则继位，必定会带来灾难。他说："据我了解，晋国因为换太子而三代不安宁；齐桓公兄弟争夺王位，兄长被杀死；商纣杀死叔叔比干、弟弟箕子，又不听从臣下劝谏，都城夷为废墟，随即危及社稷。这三件事都是违背天意的行为，所以才落得宗庙没人祭祀。我岂能参与这种阴谋！"

这时赵高已经摸清了李斯的心理，于是斩钉截铁地说："只要上下同心协力，事业必定能够长久；只要内外通力配合，肯定不会出现错误。丞相如果听从我的计策，一定能够保住侯位，而且会永世相传，你也能够长命百岁，尽情发挥自己的聪明才智；你若不听从我的计策，放弃这个机会，就会给子孙带来祸端，那样的话就太让人心寒了。凡是能够转祸为福的，都是善于为人处世、相机而动的人，丞相觉得呢？"

赵高的话已经说到这个分上，也没什么可说的了，只等李斯表明自己的态度。良久，李斯仰天长叹，挥泪叹息道："老天啊，我为什么偏偏遭逢这种乱世呢？看来我是无法以死向皇上尽忠了，我的命运该托向何处呢！"他最终依从了赵高。

随后，赵高与李斯将秦始皇给公子扶苏的十二字诏书销毁，经过谋划，两人先"诈为"秦始皇给丞相李斯的诏书，立胡亥为太子，再改写给公子扶苏的诏书，诏书以"为人子不孝""为人臣不忠"之罪名赐死扶苏、蒙恬。这封诏书加盖了皇帝的印玺，封缄后由胡亥的心腹门客以使者的身份前往上郡，送交扶苏与蒙恬。这一切都发生在秦始皇的车驾返回咸阳途中。

扶苏接到诏书后，虽然不明白父皇为什么要强加罪名赐死他，但还是决定遵旨自杀。蒙恬见使者和赐书来得太突然，劝扶苏说："皇上出巡在外，并未确立谁为太子，今派臣率三十万大军守卫边疆，命公子担任监军，此乃天下之重任，说明皇上对公子的信任。现在只有一个使者捧来诏书，公子难道不怀疑其中有蹊跷吗？怎能看到诏书就自杀呢？希望您再请示一下，认清真相之后再死也不迟。"

使者见蒙恬怀疑诏书，还说要复请天子，感到事情不妙，便催促扶苏按赐书之命自裁，他也好回去复命。扶苏忠于父皇，见使者催促，便对蒙恬说："父赐子死，还有什么好复请的。"说完便自杀了。

蒙恬仍然对诏书的真假有所怀疑，不肯马上自杀，于是使者将他交付法吏①，囚禁在阳周（今陕西子长北）狱中。

使者很快返回作了汇报，胡亥、李斯、赵高三人听了都面露兴奋之色，认为大局已定。秦始皇的车驾回到咸阳后，他们先宣读了伪造的秦始皇给丞相李斯的诏书，立胡亥为太子，然后由胡亥以太子身份主持秦始皇的葬礼。

---

① 法吏：古代司法官员。

第十章　二世亡国论功过

一、秦二世暴政

秦始皇三十七年（公元前210年），胡亥登基，是为秦二世。随后，他任命赵高为郎中令。从此，秦王朝在昏君佞臣的摆布下，一步步走向灭亡。

秦二世一即位，就向赵高咨询如何才能"悉耳目之所好，穷心志之所乐，以终吾年寿"。赵高为了将朝政大权统统揽到自己手中，将胡亥培养成一个傀儡皇帝，便巧言诱惑。而胡亥向来对赵高言听计从，在赵高的误导下，他对政局所采取的各项应对措施都很过激，引发了一系列暴行，导致政权体系分崩离析。

一般来说，夺嫡之君一上位就会施行一些防范、压制甚至屠杀宗室的行为，胡亥这位非正常即位之君也不例外。赵高指出："沙丘夺权之谋，诸位公子和大臣深感怀疑。现在陛下刚刚即位，他们这些人心里都怏怏不乐，这恐怕是要生变。而且蒙恬虽然已经死了，但蒙毅还在，臣提心吊胆，就怕日后不得善终，陛下您又怎能享受这样的快乐呢？"

其实，新帝王初登帝位，出现这种现象是很正常的，对此有所防范也是正常的，但赵高之谋、胡亥之行显然失当。按照秦朝制度，宗室的政治地位比较低下，基本没有实权，只要注意防范即可，根本构不成严重的威胁。赵高却建议说："陛下应该实行严刑酷法，使有罪者互相株连，消灭大臣和宗室；然后收罗遗民，把穷的变富，把贱的变贵。除掉先帝的旧臣，任用您的亲信，这些人都会感激您的恩德，定然竭力为您服务，您从此就可以高枕无忧、尽情享乐了。"而心虚智短的胡亥则言听计从，结果"公子十二人僇①死咸阳市，十公主矺②死于杜（指在邮），财物入于县官，相连坐者不可胜数"。公子高本来准备逃亡，但又担心因此灭族，于是上书请求准许自杀以陪葬秦始皇陵。胡亥十分高兴，竟批准公子高的请求，"赐钱十万以葬"。公子将闾兄弟三人被囚禁在内宫，胡亥让大臣们议定他们的罪状，然后派使者指责将闾等没有尽人臣之礼，论罪当死。将闾对使者说："宫廷君臣礼仪，我们从来不敢不遵从，行为上也不曾失去礼数，也没有说过什么反动的话语。什么叫作尽人臣之礼，我想知道我的罪名再死。"使者声称自己不参与谋议，只是奉命行事。将闾辩解无门，自己也不知道犯了何罪，只得仰天大呼冤枉。兄弟三人流着眼泪拔剑自杀了。经过这场浩劫，秦始皇的后代几乎灭绝了。

　　胡亥如此残暴地屠杀皇帝宗室，目的是想树立权威，安居皇位，但他的这种行为只能动摇家天下的根本，既不利于强化皇帝的权威，更不利于维护王朝的稳定。

　　老话说得好："一朝天子一朝臣。"每个君王即位伊始，都会罢黜一些先君的旧臣，提拔一些亲信。夺嫡继位的帝王更要铲除异己，镇压政敌，只是胡亥和赵高的手段太毒辣了，不分青红皂白，大规模地铲除异己，甚至滥杀无辜。赵高指出："先帝时的那些大臣，都是天下有名的显赫贵族，功劳累世相传。"赵高认为这些人表面上顺从，其实内心很不服气，因此，赵高鼓动胡亥借机查办郡县守尉中的有罪之人，将他们杀掉，这样，在上可以使皇上的威严震天下，在下可以除掉皇上一向不满意的人，然后重新提拔一批人担任中央及地方的高官。胡亥欣然接受这一建议，诛杀大臣和皇子们，制造罪名连带拘捕近侍小臣中郎、外郎、散郎，没有一个得以幸免。蒙氏兄弟就是这样丧命的。在赵高的谋

---

① 僇：同"戮"，杀戮。"僇于市"就是弃市。
② 矺：同"磔"，指肢解肢体的酷刑。

划下，秦始皇赖以实现政治统治的骨干力量几乎全被清除出政权机构。

疯狂地迫害贤才，只会损伤国家之元气；无节制地诛杀功臣，只会使皇帝失去人心；大规模地铲除异己，只能导致众叛亲离。胡亥的行为无疑动摇了国之根本，极大地冲击和破坏了秦王朝的统治体系。

为了宣扬自己的权威，证明自己是秦始皇的法定继承人，胡亥决定进一步提高丧礼的规格，大规模扩建骊山陵和宗庙。他重启殉葬制，屠杀修墓工匠，一手造成了血腥的惨案。他还下诏增加始皇祠庙中用来祭祀的牲畜数量，命令大臣们商议秦始皇的庙号。他根据天子七庙之古制并有所损益，以"始皇为极庙"，天下人都要贡献祭品赋税，规定天子按礼仪应该单独捧着酎酒祭祀始皇庙，而大臣们也要依据礼仪进献祭祀，推尊始皇庙为皇帝始祖庙。皇帝仍然自称"朕"。胡亥由此正式确立了秦朝的宗庙制度。而扩建秦始皇陵和宗庙，大幅度提高祭祀标准、规格，则进一步加重了民众的负担。

不久，在赵高的唆使下，胡亥决定巡游四方，以树立权威。他说："朕年纪轻，刚登大位，百姓还不顺从。先帝巡视各郡县，以显示他的强大，威势震服海内。现在朕安然住在皇宫不出去巡游，会显得朕很无能，没有办法统治天下。"秦二世元年（公元前209年），胡亥率丞相李斯、冯去疾等人巡狩郡县，东到碣石，南到会稽，在秦始皇所立的石碑上都刻上字，并在碑石旁边刻上随行大臣的名字，以此彰显自己的功业盛德。胡亥想以此来宣扬自己继承皇位的合法性，但这种愚蠢行为只会增加各地百姓的负担。

同年四月，胡亥一回到咸阳就说："先帝因为咸阳宫太小，于是营建阿房宫，可是没等宫殿建成就驾崩了，朕只能下令停止修建，将工人调到骊山去修陵墓。现在骊山墓已经完成，若放弃阿房宫而不把它建成，就是表明先帝办事有失误。"于是又下令继续修建阿房宫。胡亥认为，继承秦始皇的各项既定政策，标志着继承先皇遗志，也可以证明自己的合法性和权威性。胡亥不仅重新修建阿房宫，还征召五万身强力壮的兵丁守卫咸阳，下令教习射箭，还要饲养供宫廷玩赏的狗马禽兽。为了满足军队口粮及狗马饲料的需要，秦二世从各郡县征调粮食和饲料，让转运人员自带干粮，咸阳 400 里之内不准吃这些粮食。

胡亥即位之初，李斯曾有所谏诤，结果屡屡遭到严厉斥责。胡亥认为，人们都赞颂尧、禹等简朴、辛劳，"这种事只有笨人才去做，杰出的人不做这种事。一个杰出的人统治天下，是要天下来配合自己，所以大家才觉得拥有天下是一件尊贵的事情"。李斯知道胡亥是听不进谏言的，为了避祸，他不得不放下自己的理想，大做逢迎之举，于是进一步助长了胡亥的穷奢极欲。

胡亥还采纳赵高等人的建议，刑罚制度进一步严苛，"用法益刻深"。依据秦律，服役者延误抵达戍地，只受轻微处罚，而胡亥却重新规定，超过规定期限要杀头。他还在法外滥施暴政，从而造成宗室恐惧、大臣恐惧，以致发展到百官恐惧、百姓恐惧。全国上下皆处于恐怖之中，"人人自危，欲畔者众"。

秦二世采纳赵高"明君独断，故权不在臣"的主张，决定"独操主术以制听从之臣"。他不准节俭仁义之士立于朝堂，不准上谏说理的大臣在自己身旁，不准世间有烈士殉节的行为。说白了，就是要杜绝一切规劝、制约，所有事情皆由皇帝一人定夺，群臣只要服从即可。这种做法完全违背了公认的朝议、纳谏、礼贤下士等帝王之术，不可避免地将秦王朝推向灭亡之路。

赵高恃宠而骄，被他杀害、降职、罢黜的人很多，他担心有大臣上本参奏他的恶行，就劝胡亥"深拱禁中"，"但以闻声，群臣莫得见其面"。他对胡亥说，皇帝年纪尚小，"未必尽通诸事"，如果和大臣一起议论朝政，难免会讲出一些不正确的话，做出一些不合理的决策，而遭受群臣的嘲笑，无法"示神明于天下"。他建议胡亥深居宫中，把各种政务交给他及其他近侍之臣处理。而胡亥竟然相信了赵高的说辞，从此"不坐朝廷见大臣，居禁中"，把一切政务交由赵高等宦官处理，于是出现了"事皆于赵高"的局面。

二、蒙氏兄弟之死

秦二世胡亥不仅昏庸无能，还贪图享乐，为了能够自由玩乐，他把一切政务全推给赵高，使赵高一时权倾朝野。

赵高大权在握后所做的头一件事就是怂恿秦二世对旧臣进行大清洗，而首当其冲的就是曾经最受秦始皇器重的蒙氏兄弟。

在秦国横扫六国的战争中，蒙氏一族战功显赫，蒙恬的祖父蒙骜、父亲蒙武都是秦国的优秀将领，为秦国攻城略地、开疆拓土立下了汗马功劳。因此，自秦昭襄王以来，历代国君都对蒙氏家族非常器重和信任。

秦始皇发动统一战争后，蒙恬参加了伐楚和攻齐的战争，并因功被封为内史。内史是都城的最高行政长官，相当于后世的京兆尹。一般来说，这一职位都是由皇帝的亲信担任，由此可见秦始皇对蒙恬的信任。蒙恬的弟弟蒙毅是秦始皇的贴身参谋，常常与秦始皇共乘一车，其待遇之高在朝中鲜有人及。在当时的秦国朝堂上，其他将相都不能与蒙氏兄弟二人争宠，蒙氏家族的权势也达到了巅峰。

蒙氏家族的富贵和权势令无数人羡慕不已，也让许多人嫉妒不已，赵高就是嫉妒甚至仇视蒙氏的代表。他记恨蒙氏兄弟，一直寻机报复，如今终于等到了机会。

扶苏依诏自杀身亡后，蒙恬怀疑事有蹊跷，不愿自杀，被使者囚禁在阳周。胡亥得知扶苏的死讯后，也觉得蒙氏是功臣，蒙恬无罪，应该释放。但赵高一方面害怕蒙氏势力重新崛起，会对自己不利；另一方面对蒙毅以前欲杀自己怀恨在心，于是多次煽动秦二世除掉蒙氏兄弟。他说："据我所知，先帝早就想立陛下为太子了，但蒙毅一直上谏阻止先帝，说您不堪太子之任，所以先帝才一直没立太子。如果这事是真的，蒙毅就是知贤不立，这不就是不忠吗？微臣斗胆进言，不如将蒙氏兄弟二人诛杀，免留后患。"

于是，秦二世没有释放蒙恬，还下令将蒙毅也囚禁起来。

回到咸阳后，胡亥顺利登基，但始终没有下达杀掉蒙氏兄弟的命令，这让赵高心里很不安，他怕秦二世改变主意，于是就不断地在秦二世面前诋毁蒙氏兄弟。不久，秦二世终于下决心将蒙氏兄弟二人杀掉。子婴①听到这个消息后，急忙出来劝谏。

子婴说："臣听说赵王迁听信谗言自毁长城，杀掉大将李牧而起用颜聚；齐王建杀掉忠臣而听信后胜的胡言乱语……这几个君王，都是因为错杀好人才落得身死国灭的下场。而今，蒙氏历代忠义，有大功于国，是秦国的谋臣良将，怎么可以说杀就杀呢？臣还听说，'轻虑者不可以治国，独智者不可以存君'，诛杀忠义之臣而让那些毫无节操的人为官，就会使朝堂之上国君毫无威信，朝堂之下将士毫无斗志。因此，臣认为蒙氏兄弟不可杀，还请皇上三思而后行！"

子婴头脑清醒且深明事理，这番话说得可谓入情入理，并暗示赵高是奸佞之臣，不可听信其言而错杀忠臣。但秦二世此时已被赵高所蛊惑，根本听不进子婴的逆耳忠言，最重要的是，他对赵高所说的蒙毅曾阻止他被立为太子之事深信不疑，因此十分怨恨蒙毅。

于是，他就下诏给蒙毅，但诏书并未有确凿证据证明蒙毅有罪，只是把赵高编造的蒙毅阻止立他为太子之事作为罪名，还说这是不赦之罪，要牵连宗族，但他不忍心，就开恩赐蒙毅自尽。诏书上这样写道：

先主欲立太子而卿难之。今丞相以卿为不忠，罪及其宗。朕不忍，乃赐卿死，亦甚幸矣。卿其图之！

面对这突如其来的莫须有罪名，蒙毅悲愤至极，向使者辩驳道："难道我不能懂得先主的心意，不能侍奉好先主吗？我自年轻为官，就深得先主信任，一直到先主逝世，这难道还不算是能了解先主的心意

---

① 子婴：即秦三世，嬴姓，名子婴或婴，秦朝最后一位统治者，在位四十六天。初称皇帝，后改称秦王，史称秦王子婴。

吗？难道是因为我不了解太子的才华吗？众多皇子中，唯有太子能陪先主周游天下，这样的待遇是绝无仅有的，我还有什么怀疑呢！先主立太子定然是多年深思之后的决定，我怎么敢进谏呢，更谈不上什么谋划了。我说这些话，不是想借以逃避死罪，只是怕辱没了先主的声誉，希望您能认真考虑，也好让我死得明明白白。况且这样做是道义之所在，严刑杀戮是道义所不容的。从前穆公死了，让子车氏三良①为他殉葬，给百里奚加了莫须有的罪名，于是后人就给了他'穆'的称号。秦昭襄王曾错杀白起，楚平王错杀伍奢，吴王夫差错杀伍子胥，这四位国君都犯过大错，因此才遭到天下人的非议，认为他们不贤明，也成为其他国家诋毁他们的借口。所以说，'用道治者不杀无罪，而罚不加于无辜'。希望您能认真考虑这件事！"

蒙毅的辩辞铿锵有力，令使者无从回答，但是使者可管不了那么多，他的任务就是看着蒙毅自尽，而且他非常清楚这是一场政治斗争，胡亥不可能赦免蒙毅，于是就逼蒙毅自杀，然后回去复命。

蒙毅死后，秦二世派出的使者也到蒙恬那里下达了命他自尽的诏书。使者对蒙恬说："你的罪就不用说了，现在你的弟弟又犯了大罪，牵连到了你。"

蒙恬深知自己在劫难逃，但同样不甘心就这样被诬陷致死，于是就对使者说："我们蒙氏三代忠义，为秦王朝的建立立下了不朽之功。如今我手下有三十多万秦军精锐，即使你们把我囚禁了，我手下的将士也会发动叛乱。但我不打算这样做，因为我不敢辱没祖先的教诲，即使知道必死无疑，我也会坚守节义，不忘先主对蒙氏的恩宠。周成王刚刚即位时，还只是个小孩，周公辅政时就背负着成王接受群臣的拜见。后来有一次，成王病了，而且病情恶化得很快，周公就剪下自己的指甲沉入黄河并祈祷说：'国君只是不懂事的幼儿，有什么过错呢，这都是我辅政不周，因此上天若要降罪，就应该由我替成王接受惩罚。'他把这些

---

① 子车氏三良：分别是子车仲行、子车奄息、子车钳虎，被称为"秦三良"。

写成祷词，以显示自己的诚意。成王亲政后，有奸臣造谣说周公旦要作乱，若不戒备，将发生意想不到的变故。成王听信小人之言，大发雷霆，周公被迫逃到楚国避难。后来成王发现了周公的祷词，明白是自己错了，就杀了那个造谣的大臣，将周公请回来。

"《周书》上说：'查案时，一定要多方询问，反复对比。'现在我蒙氏一族，世代忠心耿耿，却落得如此悲惨的结局，一定是有小人欺君罔上啊！周成王过而能改，所以才能使周朝兴盛；夏桀杀关龙逄①，商纣杀比干，都不知后悔，最终落得个身死国灭的下场。所以，过而能改可以重新振作，听劝可以重新警醒，查案时要多方询问，这些才是明君治国的原则。我说这些话，不是为了要逃避死亡，只是想以死规劝，希望陛下多为苍生百姓着想，以后凡事都要深思熟虑后再做，把国家引到正确的道路上去。"

蒙恬决心以死明志，用自己的死向秦二世提出忠告，实在是忠肝义胆。然而，他的这番忠诚根本转达不到秦二世那里。使者听完蒙恬的话，对他说："我是接受皇帝的诏令来让将军自尽的，实在不敢把将军的话告诉皇上。"蒙恬听后彻底绝望，仰天长叹："我何罪于天，无过而死乎？"

良久，蒙恬又缓缓说道："我犯了大罪，本来就该死啊！修筑了从临洮到辽东的万里长城，这中间岂能不截断地脉呢？这就是我的罪过啊！"说完，他就服毒自杀了。

蒙恬作为秦朝最著名的将领，为秦帝国扫除了最大的威胁——匈奴，还为秦帝国筑造了有效的防御工程——万里长城，这样为秦朝立下了不朽之功的战将，却在赵高等人的阴谋之下无辜惨死，怎能让人不扼腕叹息？

三军将士听说蒙恬将军冤死后，都很悲愤。他们感念蒙恬昔日之恩，就用战袍撩土，将蒙恬葬在了绥德城。如今那里还有一座小山丘，与公子扶苏的墓遥遥相望。后世有人作诗云：

---

① 关龙逄：夏朝人。中国历史上第一位名相，因为进谏忠言而被杀。

春草离离墓道浸,千年塞下此冤沉。
生前造就千枝笔,难写孤臣一片心。

三、李斯惨死

把灵魂卖给魔鬼,最终也必将被魔鬼所吞噬。李斯一念之差,为了保住自己的名利地位而参与了赵高的沙丘之谋,使得秦国奸臣当道、忠臣受害,等到赵高彻底清除异己后,李斯也自身难保了。

相比于赵高来说,李斯虽然参与了密谋,但他的良心并没有完全泯灭,还怀有忧国忧民之心。胡亥即位后,面对不断爆发的农民起义,李斯保持着清醒的头脑,认为这是转变秦朝统治方式的绝佳机会。于是,他联合右丞相冯去疾和将军冯劫一起上书,建议秦二世停止建造阿房宫,减少百姓的徭役,以缓和阶级矛盾,稳定统治。然而,秦二世已经完全被赵高所蛊惑,不但没有采纳李斯的建议,反而给了他一顿严厉的斥责。冯去疾和冯劫见救国无望,又怕遭到赵高谗害,故相继自杀。但李斯舍不得自己的权力和地位,再次向魔鬼妥协。从此,他不再进谏,而是千方百计地迎合秦二世的喜好。他逐渐明白过来,秦二世做皇帝的目的就是享乐,所以当秦二世问他如何才能享乐下去时,李斯上了一篇臭名昭著的《行督责书》,内容如下:

夫贤主者,必且能全道而行督责之术者也。督责之,则臣不敢不竭能以徇其主矣。此臣主之分定,上下之义明,则天下贤不肖莫敢不尽力竭任以徇其君矣。是故主独制于天下而无所制也。能穷乐之极矣,贤明之主也,可不察焉!

故申子曰"有天下而不恣睢,命之曰以天下为桎梏"者,无他焉,不能督责,而顾以其身劳于天下之民,若尧、禹然,故谓之"桎梏"

也。夫不能修申、韩之明术，行督责之道，专以天下自适也，而徒务苦形劳神，以身徇百姓，则是黔首之役，非畜天下者也，何足贵哉！夫以人徇己，则己贵而人贱；以己徇人，则己贱而人贵。故徇人者贱，而人所徇者贵，自古及今，未有不然者也。凡古之所为尊贤者，为其贵也；而所为恶不肖者，为其贱也。而尧、禹以身徇天下者也，因随而尊之，则亦失所为尊贤之心矣，夫可谓大缪矣。谓之为"桎梏"，不亦宜乎？不能督责之过也。

故韩子曰"慈母有败子而严家无格虏"者，何也？则能罚之加焉必也。故商君之法，刑弃灰于道者。夫弃灰，薄罪也，而被刑，重罚也。彼唯明主为能深督轻罪。夫罪轻且督深，而况有重罪乎？故民不敢犯也。是故韩子曰"布帛寻常，庸人不释，铄金百溢，盗跖不搏"者，非庸人之心重，寻常之利深，而盗跖之欲浅也；又不以盗跖之行，为轻百镒之重也。搏必随手刑，则盗跖不搏百镒；而罚不必行也，则庸人不释寻常。是故城高五丈，而楼季不轻犯也；泰山之高百仞，而跛牛羊牧其上。夫楼季也而难五丈之限，岂跛牛羊也而易百仞之高哉？峭堑之势异也。明主圣王之所以能久处尊位，长执重势，而独擅天下之利者，非有异道也，能独断而审督责，必深罚，故天下不敢犯也。今不务所以不犯，而事慈母之所以败子也，则亦不察于圣人之论矣。夫不能行圣人之术，则舍为天下役何事哉？可不哀邪！

且夫俭节仁义之人立于朝，则荒肆之乐辍矣；谏说论理之臣间于侧，则流漫之志诎矣；烈士死节之行显于世，则淫康之虞废矣。故明主能外此三者，而独操主术以制听从之臣，而修其明法，故身尊而势重也。凡贤主者必将能拂世磨俗，而废其所恶，立其所欲，故生则有尊重之势，死则有贤明之谥也。是以明君独断，故权不在臣也。然后能灭仁义之涂，掩驰说之口，困烈士之行，塞聪掩明，内独视听，故外不可倾以仁义烈士之行，而内不可夺以谏说忿争之辩。故能荦然独行恣睢之心而莫之敢逆。若此然后可谓能明申、韩之术，而修商君之法。法修术明而天下乱者，未之闻也。故曰"王道约而易操"也。唯明主为能行之。

若此则谓督责之诚则臣无邪，臣无邪则天下安，天下安则主严尊，主严尊则督责必，督责必则所求得，所求得则国家富，国家富则君乐丰。故督责之术设，则所欲无不得矣。群臣百姓救过不及，何变之敢图？若此则帝道备，而可谓能明君臣之术矣。虽申、韩复生，不能加也。

李斯写下这篇《行督责书》还有另一个更重要的背景。

当时已是秦二世二年（公元前208年），农民起义愈演愈烈，李斯的长子李由作为三川郡郡守，虽然拼死与起义军作战，但也只是阻挡住了吴广一部的攻势，并没能阻止周文直入关中。后来章邯率囚徒参战，消灭了周文的起义军后又支援三川郡，击溃了吴广的起义军，这才解了三川郡的危局。

三川郡解围后，秦二世下诏对比章邯和李由的战果，讥讽李斯作为一国丞相，竟然使盗贼发展到这样的地步。李斯害怕秦二世追究他们父子作战不力的责任，于是便曲意逢迎，献上《行督责书》，希望以此博得秦二世的欢心，不对他们父子进行处罚。

果然，秦二世看到李斯的上书后，心花怒放，不再提李斯父子的罪过。但恰恰是这道《行督责书》，加速了秦朝的灭亡。因为《行督责书》最核心的观点实际上就是劝秦二世摒弃一切仁义道德，对天下百姓实施最严酷的法治，使他们不敢犯罪，这样天下就可以安定，秦二世就可以好好享受了。昏庸的秦二世把李斯所言视为至理，对百姓一边压榨，一边实施严刑峻法，结果秦朝的社会矛盾迅速激化，大大小小的反秦起义越来越多。

李斯保住自己权势地位的目的达到了，但他的行为引起了赵高的嫉恨。此时赵高已经用花言巧语骗得秦二世居于深宫之中，自己独揽大权，没想到李斯争着献媚，成为他独揽大权的最后一个障碍，他自然必欲除之。

经过谋划，赵高为李斯设置了一个巨大的陷阱。

一天，赵高找到李斯说："现在关东都乱得不成样子了，陛下还是沉溺于声色犬马，我想劝谏，无奈身份低微，丞相作为百官之首，理应为国为民，为什么不劝劝皇上呢？"

李斯哪里知道这是赵高的阴谋，还以为赵高良心发现，以为自己找到了知己，就推心置腹地对赵高说："是应该这样啊，我早就想对皇上说这些话了。但当今天子总是在后宫，不上朝堂，我想见也见不到，想说也说不了啊！"

赵高见李斯上钩了，就说："如果您真心想劝谏皇上，我为您寻找机会吧。"李斯点头答应。

此后，每逢秦二世在后宫玩得正在兴头上的时候，赵高就向李斯报信说，现在皇上方便，要见他。这样接连几次后，秦二世大为恼火，叫来赵高说："为什么每次朕闲着的时候丞相不来，朕玩得正高兴他就来了。丞相是怨恨朕，还是对朕有什么意见，这不是成心和朕过不去吗！"

赵高见火候已到，趁机添油加醋地说："丞相参与了沙丘伪诏逼扶苏自杀的密谋。现在陛下已登上皇位，而丞相的地位却没有提高，他这是想要割地称王了。若今天陛下不问我，臣还不敢说呢。丞相的长子李由任三川郡守，楚地盗贼陈胜等人都是丞相邻县之人，所以楚地的盗贼才如此大胆，敢于公然横行，以至经过三川时，李由只是据城防守而不肯出战。臣听说他们经常互通文书，只是因为还没有拿到确凿证据才没敢奏报陛下。再说了，丞相在外面的权势比陛下还要大。"

赵高一下子给李斯安了三个罪名：一是李斯曾参与拥立胡亥一事，但事成之后胡亥得偿所愿，而他的地位没得到提高，所以一直心有抱怨，产生了裂土为王的想法。二是李斯的长子，即三川郡郡守李由，不积极镇压陈胜的乱军，因为他和陈胜是邻乡，听说李斯和陈胜也时常通信。三是李斯身为丞相，百官之首，现在的权力已经可以与皇帝比肩，但他还不满足。

这三条没有一条有真凭实据，完全是赵高的诬陷之辞。尤其是第二条，稍有头脑的人都能看出，李由以一郡之力抵挡住了吴广的主力军，为章邯反击争取了时间，这分明是有功，怎么会有罪！但秦二世功过不分是非不明,完全相信了赵高的鬼话。

秦二世想杀李斯,但一时又找不到证据,于是就让人查李由与起义军勾结一事,并派人监视李斯。李斯几次见秦二世都不是时候,就知道中了赵高的奸计。当他听到秦二世要处理他们父子二人的时候,就立即赶往秦宫,准备揭发赵高的劣迹。

秦二世还在后宫,李斯想见却见不到。于是,他回到相府,仔细推敲,写了一份弹劾赵高的奏书。《史记·李斯列传》记载:

> 臣闻之,臣疑其君,无不危国;妾疑其夫,无不危家。今有大臣于陛下擅利擅害,与陛下无异,此甚不便。昔者司城子罕①相宋,身行刑罚,以威行之,期年遂劫其君。田常为简公臣,爵列无敌于国,私家之富与公家均,布惠施德,下得百姓,上得群臣,阴取齐国,杀宰予②于庭,即弑简公于朝,遂有齐国。此天下所明知也。今高有邪佚之志,危反之行,如子罕相宋也;私家之富,若田氏之于齐也。兼行田常、子罕之逆道而劫陛下之威信,其志若韩玘为韩安相也。陛下不图,臣恐其为变也。

这封谏书切中时弊,直击赵高之要害。赵高知道胡亥不会相信李斯的话,便没有扣押这封上书,这样还能向胡亥表明自己的清白。果然,秦二世不仅不信李斯所言,还劝李斯不要怀疑赵高。

他说:"丞相说什么呢?赵高原本就是一个宦官,但他从来不因处境安逸就胡作非为,也不因处境危急就改变忠心。他一向廉洁,好行善行,依靠自己的努力一步步爬到今天的位置。他以忠诚得到了重用,以守信用而保住了职位,朕确信他是一个贤能之人。没想到丞相竟然怀疑他,这是什么原因?再说了,朕不用赵高,又能用谁呢!况且赵高这个

---

① 子罕:即乐喜,子姓,乐氏,是春秋时期宋国(今河南商丘)人,宋国贤臣,位列六卿。在宋平公时任司城(即司空,因宋武公名司空,改名为"司城")。主管建筑工程,制造车服器械,监督手工业奴隶)。

② 宰予:字子我,亦称宰我,春秋末鲁国人,孔子的著名弟子,"孔门十哲"之一,是孔子学生中"言语"方面的高才生,排名在子贡前面。

人聪明廉洁，强干有才，对下能了解人情民心，对上则能适合朕之心意，丞相就不要猜疑了！"

秦二世当着李斯的面把赵高大大夸奖了一番，李斯听后，痛心疾首地说："陛下，并不是这样的。赵高从前是个卑贱之人，不懂道理，贪得无厌，利欲熏心，地位仅次于陛下，可是他追求地位和权势的野心没有止境，所以臣说他是很危险的。"

秦二世从小跟随赵高学习法律、书法等，对赵高的印象极好；而且赵高是沙丘之谋的主谋，对于这样一个把自己拥立为皇帝的人，他的确很难怀疑。相反，他对李斯揭露赵高的动机倒是产生了怀疑，认为李斯是想利用丞相之权杀掉赵高，于是就派人把李斯的话告诉赵高。

赵高对此早有准备，他马上进宫见秦二世，说："丞相所患者独高，高已死，丞相即欲为田常所为。"赵高的言下之意就是：李斯杀他是为篡权扫除障碍。秦二世十分信任赵高，认定是李斯有不臣之心，下令让赵高全权负责审理李斯谋反一案。

赵高对此早就求之不得，一得到秦二世的应允，他马上逮捕了李斯，将他关入大牢。李斯就这样落到了赵高的手里。

被关进监牢后，李斯终于认清了自己的处境，也认清了秦王朝的命运，非常后悔当初参与沙丘之谋。他哀叹道："唉，实在可悲啊！我当初怎么会为这样的昏庸之君出谋划策呢？从前，夏桀杀关龙逄，商纣杀比干，吴王夫差杀伍子胥，这三个大臣不都是忠臣吗，然而最终还是免不了一死。他们虽然是尽忠而死，只可惜忠非其人啊！现在我的智慧不如这三个人，二世的暴虐却远超桀、纣、夫差，我这算是尽忠而死，也是应得的啊！而且，秦二世哪里懂得治理国家，都是在胡来！他杀掉自己的兄长自立，还杀害忠良，重用低贱之人，修建阿房宫，对百姓横征暴敛。我不是没有劝谏，是他不听我的呀！古代那些贤明的君主，饮食有节制，珍宝有数量，宫殿也有限度，劳民伤财的事情一律禁止，所以天下才能长治久安。但现在，秦二世残杀自己的骨肉兄弟，也不考虑会遭到什么报应；杀戮忠臣，也不考虑会有什么灾殃；还劳民伤财地修筑宫殿，毫无节制地挥霍钱财。这些伤天害理的事他全做了，天下早已不是他的天下了。现在，那些造反的农民已经占了天下大半，但秦二世仍不清醒，还在信任赵高。我想不久之后叛贼就会攻入咸阳，把这里变成一片废墟。"

赵高为了把这件案子"办好"，给胡亥一个交代，他让人对李斯严刑逼供，李斯终于熬不过，屈打成招，承认了自己的谋反之罪。

李斯虽然在酷刑下承认了谋反，但他并不死心，给秦二世写了最后一道奏折，希望能让秦二世清醒过来，挽救自己的性命。奏折写道："臣担任丞相已经三十多年了。臣到秦国时，秦的疆域还很狭小，先王时不过千里，士兵也才几十万。臣倾尽自己微薄的才能，谨慎地奉行法令，一边暗中派遣谋臣，给他们金银珠宝，让他们去游说各国；一边悄悄地准备武装，整顿政治，教化民众，重用勇敢善战之人，尊重功臣，给予他们很高的爵位与优厚的待遇，所以终于胁持住韩国，削弱了魏国，击垮了燕国、赵国，削平了齐国、楚国，最后兼并了六国，俘获了六国的国君，拥立秦王为天子，此乃臣罪状一也。秦国的疆域虽然广阔了，但仍要北驱胡人、貉人，南平百越，以显示秦国的强大，此乃臣罪状二也。尊重大臣，提高他们的爵位，以此巩固他们与秦王的亲密关系，此乃臣罪状三也。建立社稷，修建宗庙，彰显主上的贤明，此乃臣罪状四也。更改尺度量器上的标志，统一度量衡，统一文字，并颁布天下，以树立大秦的威名，此乃臣罪状五也。修筑道路，兴建游观场所，显示主上的志得意满，此乃臣罪状六也。减轻刑罪，减少赋税，以顺应主上欲得民心的愿望，使皇上得到百姓的拥戴，此乃臣罪状七也。像臣这样的臣子，所犯的足以处死的罪过已经很久了，幸运的是皇上给臣竭尽所能的机会才能活到现在，希望陛下明察！"

李斯这道奏折正话反说，将他对秦国的贡献一一列举，除第七条没有事实依据外，其余各条都是事实，每一条都能证明他是秦始皇的第一谋臣，秦朝的一大功臣。他希望这道上书能送到秦二世那里，还幻想秦二世看后会为他昭雪。但他显然太天真了，赵高怎么会让他的上书送到胡亥手里，一句"囚安得上书"便让李斯的幻想破灭了。

为了进一步防止李斯翻案，赵高派自己人装成御史等官员前去试探。李斯求生欲望极强，还幻想着这些人能拉自己一把，说的都是真话。因此，赵高继续对李斯用酷刑。后来，秦二世派来的使者来审问李斯时，李斯再也不敢讲实情，违心地供认了自己的谋反之罪。秦二世得到李斯招供的消息后，不仅没有惋惜，还很高兴地对赵高说："朕要是没有赵君，差点就被丞相出卖了。"

李斯供认后，根据《秦律》，其家人也要连坐。秦二世派人去抓李由，但此时李由已经被项羽击杀，但赵高仍不放过他，将他列入叛臣之列。

秦二世二年（公元前208年），李斯被押赴咸阳街头，依据《秦律》，谋反罪要夷三族。行刑前，李斯对自己的一个儿子说："为父真想和你再次牵着猎狗，一起出上蔡东门去追逐狡兔啊，可是哪里还做得到啊！"此时，经历了布衣到宰相，宰相到囚徒的李斯，不再留恋功名，而是希望和儿子一起过最简单的生活，可惜他已经没有机会了。

李斯被处以秦朝最残酷的刑罚：具五刑。顾名思义，就是要用五种刑将人处死：先在脸上刺字；然后割掉鼻子；之后砍掉双脚脚趾；然后杀死；最后剁成肉酱。

曾经荣耀至极的一国丞相，最后竟落得如此下场，实在是可悲可叹！

四、奸臣赵高的下场

赵高不仅是一个地地道道的奸臣、小人，更是一个野心家，手握重权后，他开始妄想尝一尝当皇帝的滋味。他设计冤杀李斯后，使自己当上了一人之下、万人之上的丞相，从此，他欺上瞒下、压制群臣，一步步走上了弑君夺位的道路。

秦二世任命赵高为丞相后，整天在后宫享乐，大小事务皆由赵高负责处理。此时，刘邦和项羽的农民军已经开始了对章邯军的反攻，但秦二世依旧被蒙在鼓里，每天醉生梦死。

秦二世三年（公元前207年），项羽统率的诸侯联军大败章邯、王离军于巨鹿，秦将苏角被杀，王离被俘，章邯被打得溃不成军，不得不向朝廷上书请求增援。

项羽击败章邯军后，又以锐不可当之势，沿黄河向关中大举进发。与此同时，刘邦在顺利攻破武关后，也由南往北向咸阳挺进，咸阳城眼看朝夕即溃，岌岌可危。

但是，整日花天酒地纵情享乐的秦二世仍然没有意识到事态严重，直到章邯战败，向朝廷求援的消息传来，他才如梦方醒。但他无愧于昏君的称号，接下来他做了两件事，直接加速了秦朝的灭亡，也葬送了自己的身家性命。

当时，秦二世没有查明秦军战败的原因，也没有去想应对之策，他的第一个念头就是派使者前往前线指责章邯无能。章邯惊恐万分，急忙派心腹司马欣①赶回咸阳，一是向皇上解释战时情况，二是请朝廷急派援兵。然而，司马欣赶到咸阳后根本见不到秦二世，因为秦二世仍深居后宫，而赵高拒不接见。司马欣见此情形，深感不妙，赶紧逃出咸阳。赵高立即派人追赶，但没有追上。

司马欣逃回后，将自己的遭遇及在咸阳城的所见所闻一一向章邯作了汇报。章邯也意识到事态远比自己想象得严重，外有项羽不断进攻，内有赵高从中作梗，自己就算坚持作战也难逃一死，他权衡利弊之后，决定率军向项羽投降。

此时赵高已完全不将胡亥放在眼里，有一次他为了试探大臣们是站在他这边，还是站在秦二世那边，牵了一头鹿到朝堂上献给秦二世，却对秦二世说："我特意献给陛下一匹宝马！"

秦二世大笑道："丞相搞错了吧，这是鹿，不是马。"

赵高说："不，这明明是马！"

---

① 司马欣：秦朝长史，陈胜起兵后辅佐章邯作战。巨鹿之战战败后，他和章邯、董翳一起投降项羽。秦灭亡后，他们三人获得关中之地，分别为雍王、塞王、翟王，号称三秦。后来司马欣在成皋被汉军击败，与曹咎一同自刭于汜水。

秦二世不敢相信，就问左右大臣，不少大臣连忙说："马。"少数大臣却说："鹿。"还有一些大臣沉默不语。

测验结果出来了，赵高测出大部分人是拥护自己的。那些说"鹿"的大臣，赵高一一记下了他们名字，后来全部被他严法惩治。从此以后，没有一个大臣不惧怕赵高那骇人的权势。而秦二世见大多数人都说"马"，不禁大惊失色，怀疑自己神经出了毛病，忙召太卜占一卦。太卜说："陛下春秋郊祀，事奉宗庙神灵，因斋戒不明，所以有如此鬼神作祟。陛下可去盛德之处实行斋戒，其祸可免。"这位占卜之人也是赵高一伙的。秦二世不疑有他，果真按照太卜所说，到上林斋戒，当然，他每天照旧寻欢作乐。

章邯投降后，项羽和刘邦率领大军如入无人之境，迅速向前推进，势力不断壮大。这时赵高也害怕了，他担心秦二世降罪于他，就以生病为由，不和秦二世见面。这个时候，秦二世似乎还没有得到章邯投降的消息，依旧在后宫花天酒地。

一天，秦二世出去打猎，有人误入上林苑，秦二世一怒之下将其射杀。赵高听说此事后，派他的女婿阎乐假惺惺地向秦二世解释此事的严重性，并对秦二世说："天子无缘无故地射杀一个无辜之人，这是上天所不允的。这样，鬼神就不会接受祭供，上天将会降下灾祸。现在您只有远离皇宫，才能避免灾殃。"秦二世对赵高言听计从，乖乖地搬到了咸阳东南离城8里远的望夷宫。他哪里知道，赵高已经有了杀他的心。

秦二世移居后，不断有人报告咸阳的形势，秦二世十分震惊，就派人责问赵高。赵高让秦二世移居偏远的望夷宫，就是为了便于把他杀掉。秦二世的责难更坚定了他的决心，因为从地位上讲，秦二世的一句话就足以置他于死地，因此，赵高决定抢先下手。

赵高找来自己的女婿咸阳令阎乐、弟弟郎中令赵成，说出了自己企图杀掉秦二世、另立新君的想法，"皇上不听劝谏，现在情况紧急便想嫁祸于我。我打算更换天子，改立公子子婴为皇帝。子婴为人仁爱俭朴，深受百姓拥戴。"阎乐与赵成听了赵高的话后丝毫没有迟疑，当即表示赞同。

三人进行了一番密谋,然后便分头展开了行动。

赵成以郎中令的身份诈称宫中闯入了贼人,让身为咸阳令的阎乐发兵追捕,阎乐率军直奔望夷宫,将门口的侍卫全部抓起来,然后质问他们:"贼人入了望夷宫,你们怎么不制止?"侍卫小心地回答说:"这里到处都有人把守,贼人不可能进来啊!"阎乐不由分说,下令将他们全部杀死。

阎乐率军直入宫内。宫内的太监、小吏见了这些刀尖滴血的士兵,吓得抱头鼠窜,少数想要反抗的人被乱箭射杀,宫中一时间血肉横飞,惨不忍睹。

秦二世从来没见过这样的阵势,吓得目瞪口呆,瘫软在地。

赵成和阎乐进来后,他才明白是这二人作乱,既惊又怒,急忙喊左右护驾,但侍卫们早已吓破了胆,四散而逃,他的身边只剩下一个小太监。

秦二世惊恐万状,连连后退,躲进内室中。突然,他发疯似的抓住小太监,歇斯底里地吼道:"公公为什么不早点告诉朕,否则怎么会到这种地步!"小太监说:"正因为我没有告诉你,我才活到了今天。否则,早就被杀死了,哪能活到现在?"

阎乐等人冲进内室,开口说道:"你这个无道暴君,搜刮民膏,残害无辜,天下人人得而诛之,事到如今,你自己看着办吧!"

直到现在,秦二世还不知道这次政变的主谋是他最为信任的赵高,竟然问道:"我可以见一见丞相吗?"

"不行!"

"那给我一个郡王当可以吗?"

阎乐摇摇头。

"万户侯总行了吧?"

阎乐依旧摇头。

秦二世绝望了:"只要能保住性命,做百姓也行!"

阎乐不耐烦了，干脆地说："我奉丞相之命为天下铲除暴君，无论你怎么说我也不会上报的，你还是快快自裁吧！"

面对凶神恶煞的阎乐，面对全副武装的士兵，面对一件件血迹未干的兵器，秦二世知道自己的生命已经到了尽头，于是拔剑自杀，结束了他可悲、可怜、可恨的一生。

按照之前的计划，赵高召集了皇室成员和王公大臣，将玉玺交给子婴，立子婴为新君主。他对子婴说："秦过去原本就是个王国，始皇统一了天下才称为皇帝。现在六国重新独立了，秦王朝的疆域越来越小，仍然以一个空名称帝，不可。应该像过去那样称王才合适。"面对秦朝的力量被大大削弱的现实，子婴接受了赵高的建议，取消帝号，复称秦王。

赵高还对子婴说，要先斋戒，然后在宗庙召见群臣和皇室成员，最后才能正式接受玉玺，加冕为秦王。

对于赵高提出的要求，子婴表示一一照办，但他心里明白，赵高这次拥立他和上次拥立胡亥的目的是一样的，都是想扶植一个傀儡，自己独揽大权。一来子婴不愿重蹈胡亥的覆辙，而且他耳闻目睹了赵高的各种罪行，早就有了除掉赵高的想法，因此他欣然答应了赵高的一系列要求，目的就是为铲除赵高争取必要的时间。

子婴找来自己的两个儿子，对他们说："赵高在望夷宫杀害了胡亥，害怕朝臣对他群起而攻之，才没有自己做皇帝而是立了我。我听说赵高和楚军已经串通好了，想要将我们秦宗室灭掉。而今赵高让我斋戒完了就去宗庙，一定是想在宗庙将我宗室全部杀掉。如果我称病不去，他必定会来催我，他若来了，我们一定要趁机杀掉他。"

按照赵高的计划，五天之后就是子婴正式登基的日子。但到了那天，子婴称病不去。果然不出所料，赵高连续派人来请子婴到宗庙接受群臣拜见，子婴坚持不去。三番五次之后，赵高不耐烦了，就亲自来请子婴。权倾朝野的他根本没把子婴放在眼里，当然也不会怀疑其中有诈，他大摇大摆地进了子婴的住所，语带指责地说："国家大事，大王为什么不去呢？"

子婴本来就要杀赵高,现在看到赵高这种嚣张跋扈的态度,怒火更炽,二话不说,拔剑直刺赵高。赵高毫无防备,一时吓得不知所措,被子婴一剑刺中心窝,当场毙命。

干净利落地诛杀赵高后,子婴立即召集王公大臣,宣布赵高的罪状,夷其三族。

秦王子婴元年(公元前206年),子婴祭告祖庙,在风雨飘摇中登上了王位。同年十月,刘邦入关,秦王子婴投降,秦王朝彻底灭亡。

五、王朝覆灭功与过

随着秦王朝的覆灭,它的创建者秦始皇也成为褒贬不一的历史人物,称赞他的人称他为"千古一帝",贬损他的人称他为"暴君",各执一词,争论不休。

汉朝虽然继承了秦王朝的诸多制度,但是汉代政论家对秦始皇的评价普遍带有批判性,认为秦亡的原因就是因为秦始皇施行了暴政。比如陆贾①的《新语》、贾谊的《过秦论》、贾山的《至言》、桓宽②的《盐铁论》,以及伍被③、晁错、董仲舒、主父偃等人的对策、上书等,都以历史事实为依据,评判历史与现实,有的甚至引据秦的教训,批评、指导现实政治。他们围绕秦亡汉兴的历史经验教训,罗列了秦朝的诸多罪状,比如废先王之道、焚百家之言、废五等之制、除井田之制、背弃礼义、刑罚酷虐、赋敛无度、暴兵露师、吏治刻深、多忌讳之禁、灭四维而不张、穷奢极欲等。总之,汉代人普遍认为秦始皇的罪恶前所未有,

---

① 陆贾:汉初楚国人,西汉思想家、政治家、外交家。早年追随刘邦,因能言善辩常出使诸侯国。高祖和文帝时,两次出使南越,说服赵佗臣服汉朝,对安定汉初局势做出了极大的贡献。著有《新语》等。

② 桓宽:字次公,汉代汝南郡(治所在今河南上蔡西南)人,治《公羊春秋》。汉宣帝时举为郎,后官至庐江太守丞。他知识广博,善为文,著有《盐铁论》六十篇。

③ 伍被:楚国人,据说是伍子胥的后代。因才能出众,做了淮南国的中郎。当时淮南王刘安喜欢学术,屈身礼贤,召集了上百名博学之士,伍被列居首位。

秦制、秦政的祸乱首屈一指，秦始皇就是一个跟夏桀、商纣一样的暴君。

自汉代以来，绝大多数人谈及"秦朝""秦始皇"，总会冠以"暴"字。许多思想家、政论家以评价秦始皇为中心，总结亡秦的经验教训，提出了一系列有针对性的对策，进一步完善了君主政治的统治术。他们这样评价秦朝是有一定原因的，就是想借"秦始皇"的"暴"来教化、劝谏帝王。比如，唐太宗及其群臣指责秦始皇"背师古以训，弃先王之道"，因此唐太宗以秦始皇为戒，说："秦始皇平六国，隋炀帝富有四海，既骄且逸，一朝而败，吾亦何得自骄也？言念于此，不觉惕焉震惧！"唐太宗把历史上的圣王与暴君、成功与失败一一加以比较，引以为戒，决心躬行奉天、法道、节用、惠民、任贤、纳谏、明德、慎罚的为君之道，从而开创了著名的"贞观之治"。

宋明以后，政治思想上逐渐形成了一股一概否定春秋以来、本朝以前的政治的潮流。以朱熹为代表的宋代理学家，将儒家的"内圣外王""王霸之辩"发挥到了极致。邵雍①以皇、帝、王、霸来区分君主，认为汉唐"王而不足"，晋隋"霸而不余"，一部政治史，"治世少，乱世多"。而朱熹认为自战国以来，道统与治统彻底分离，没有一个帝王是合格的，这是一种更为悲观的评价。号称三教外人的邓牧②，称颂尧舜之政，忧民之饥，拯民之溺，功德无量，彻底否定秦汉以来的制度和帝王，认为"后世为君者，歌颂功德，动称尧舜，而所以自为乃不过如秦"。

到了清代，否定战国秦汉以来的制度和帝王的思想汇成一股潮流，其中黄宗羲、唐甄③等人具有否定一切的倾向。黄宗羲对秦政做了系统

---

① 邵雍：字尧夫，北宋著名理学家、数学家、道士、诗人，与周敦颐、张载、程颢、程颐并称为"北宋五子"。

② 邓牧：字牧心，宋末元初思想家，自称三教外人，又号九锁山人，世称文行先生。他淡泊名利，遍游名山，终身不仕不娶，以道家思想为基础作为批判黑暗社会的武器，从而发展了先秦道家"异端"思想的一面。

③ 唐甄：初名大陶，字铸万，号圃亭，帝师唐瑜的第十一世孙，明末清初的思想家和政论家。与遂宁吕潜、新都费密合称"清初蜀中三杰"，与王夫之、黄宗羲、顾炎武并称明末清初"四大著名启蒙思想家"。

的批评，指出秦汉以来的皇帝制度是一种大私的制度，其法制是"一家之法，而非天下之法"；唐甄的言辞更加激烈："自秦以来，凡为帝王者皆贼也。"

近代以来，政治批判思想进一步发展。力主维新变法的谭嗣同深刻指出："二千年来之政，秦政也，皆大盗也；二千年来之学，荀学也，皆乡愿也。"继谭嗣同之后，政治评论家往往以民主主义价值尺度来认识和评判"秦始皇现象""孔夫子现象"，彻底否定中国古代君主专制制度及其价值体系的思想潮流日益蓬勃兴起。由于秦制、秦政是君主专制制度的典型代表，彻底否定君主专制制度等同于彻底否定秦始皇的帝制，所以这种思想必然会抨击秦始皇。

不过，对秦始皇持分析态度的政治家、思想家、史学家还是有的。比如，汉武帝时期的主父偃认为秦始皇"海内为一，功齐三代"，而明代著名思想家李贽更是提出了"千古一帝"的评语。

李贽少年时就习诵五经，后中过举人，做过官僚，受当时流行的"心学"影响颇深。后来，他脱离儒学阵营，对传统儒学的政治价值体系进行了系统的批判，反对圣化孔子、神化经典，非议"咸以孔子之是非为是非"的学风。他的史学研究在很大程度上摆脱了儒学价值观的束缚，具有较强的客观性，他不仅看到了"祖龙种毒，久暂必发"，还一反世俗之论，充分肯定了秦始皇的历史功绩。他认为，秦始皇"开阡陌，置郡县，此等皆是应运豪杰，因时大臣，圣人复起不能易也"。秦始皇采纳李斯之策，不封诸子功臣而"以公赋税重赏赐之"，以"千古创论"。秦始皇修长城是"万世之利"。李贽说："始皇出世，李斯相之，天崩地坼，掀翻一个世界，是圣是魔，未可轻议。"又说，"祖龙千古英雄，挣得一个天下。又以扶苏为子，子婴为孙，有子有孙。卒为胡亥、赵高二竖子所败。惜哉！"这样一来，秦始皇就被摆在了与其他开国君主同等的地位。李贽主张不可轻易给秦始皇加上"魔"的头衔，认为"是圣是魔，不可轻易议论"。可以说，在当时的历史条件下，李赞对秦始皇的评论是难能可贵的，具有里程碑的意义。

近代以来，许多研究者在很大程度上调整了历史评论的视角，逐渐抛弃以儒家为代表的传统政治价值观、历史观，从而看到了秦始皇许多值得肯定的人格特征和政治行为。章太炎的观点在当时最有代表性。章太炎针对各种彻底否定性的议论，以驳论的形式撰写了《秦政记》，对秦始皇做了更细致的点评。他提出了与李贽的"千古一帝"具有同等价值的评价，说："上古的国君，能够做到政治公平的不能不推秦朝。"他主要肯定了秦始皇及秦政的几个优点：

一是守法。在章太炎看来，秦政的最大特征是守法而治。秦国的法制源自商鞅，秦国的国君也世代严守法制，秦始皇继承本国的政治传统，全面贯彻法治精神。可见秦始皇是能够坚守先王法制的，不仅在刑罚上依据法律条文，用人也是如此。章太贤认为，秦朝如此治理国家，但最后还是亡国了，这并不是法制的罪过。

二是任贤。章太炎认为，秦始皇控制他的伯叔兄弟，不让他们争权，在这一点上比其他帝王高明很多。由于坚持唯功、唯能、唯才是举的用人制度，所以秦始皇拥有王位统治天下，但他的子弟都是平民，没有官职；他所任用的大将、丞相，如李斯、蒙恬等，都是有功勋、有才能之人。

三是纳谏。章太炎在《秦政记》中列举了许多事实，以证明秦始皇"好文过于余主"，不仅深受儒家、法家、杂家等学派的影响，而且对于众多敢言直谏的臣下，他"一切无所追究"。另外，章太炎充分肯定了秦始皇善于控制政治，办事有分寸、有节度，皇后妃嫔等人谁都不能为了个人目的而弄权。巴郡有个寡妇叫清，依靠经营祖业成了富人，秦始皇为了表彰她，就为她修建了怀清台。但是他极力镇压那些豪门大族，防止他们吞并扩张。在章太炎看来，秦始皇只有极为细微的缺点，那就是兴建了阿房宫，以及派徐福率三千童男童女去为他寻仙求药。秦始皇是受方士儒生的欺骗才在一怒之下坑杀术士，在其他方面并没有错。章太炎认为，如果秦始皇能够活得久一点，死后由扶苏来继承帝位，即使那些能够与三皇五帝并列而成四皇六帝的君主，也无法与秦朝的昌盛相匹敌。

章太炎之后，更多社会名家开始对秦始皇持积极评价。比如著名的文学家、思想家鲁迅说："不错，秦始皇烧过书，烧书是为了统一思想，但他没有烧掉农书和医书。他收罗许多别国'客卿'，并不专重'秦的思想'，倒是博采各种思想的。"鲁迅认为，"秦始皇实在冤枉得很，他的吃亏是在二世而亡，一班帮闲们都替新主子去讲他的坏话了"。鲁迅从世界性历史现象的角度看待秦始皇焚书，这种观点颇有见地。许多著名学者对这个观点做了令人信服的学术论证。此后，一批当代著名史学家对秦始皇的历史功绩给予了不同程度的肯定。其中，许多人对历史上的秦始皇持基本肯定的态度。最具代表性的是毛泽东的看法和点评。

毛泽东作为一个马克思主义者和共产党人，对专制主义制度及其价值体系进行过深刻的理论批判，还在行动上对旧的统治秩序进行过激烈的批判。在彻底否定君主专制制度、打倒帝制和孔家店方面，他不仅是言者，还是行者。所以，他对秦始皇的肯定并不意味着对君主专制的肯定，而是将一个历史人物放到一个恰当的历史地位上去品评。在比较历代帝王的基础上，毛泽东充分肯定了秦始皇厚今薄古、变革政治、统一中国、统一度量衡、统一文字、实行郡县制、修筑驰道和长城等历史功绩，得出了"秦始皇是好皇帝"的结论。他认为，"秦始皇是第一个把中国统一起来的人物，不但政治上统一了中国，而且统一了中国的文字、中国的各种制度，如度量衡，有些制度后来一直沿用。中国过去的封建君主还没有第二个超过他的"。与大多数为秦始皇翻案的思想家一样，毛泽东对儒家的政治价值体系持基本否定态度。他说："中国历来分两派，一派讲秦始皇好，一派讲秦始皇坏。我赞成秦始皇，不赞成孔夫子。"他还说："孔夫子有些好处，但也不是很好的，我们应该讲句公道话，秦始皇比孔子伟大得多，孔夫子是讲空话的。"总之，毛泽东既彻底否定君主专制制度，又充分肯定秦始皇的历史功绩，这种评说是公平公正的。

历史是发展的，人们对历史的认识是没有止境的，所以关于秦始皇的争论也会继续下去，我们应该依据现有的和不断发现的材料，进一步推进分析性认识，从而对秦始皇作出更加科学、更加全面的认识。